庫

33-622-2

エ　ミ　ー　ル

中

ルソー著
今野一雄訳

岩波書店

Rousseau

ÉMILE OU DE L'ÉDUCATION

1762

目次

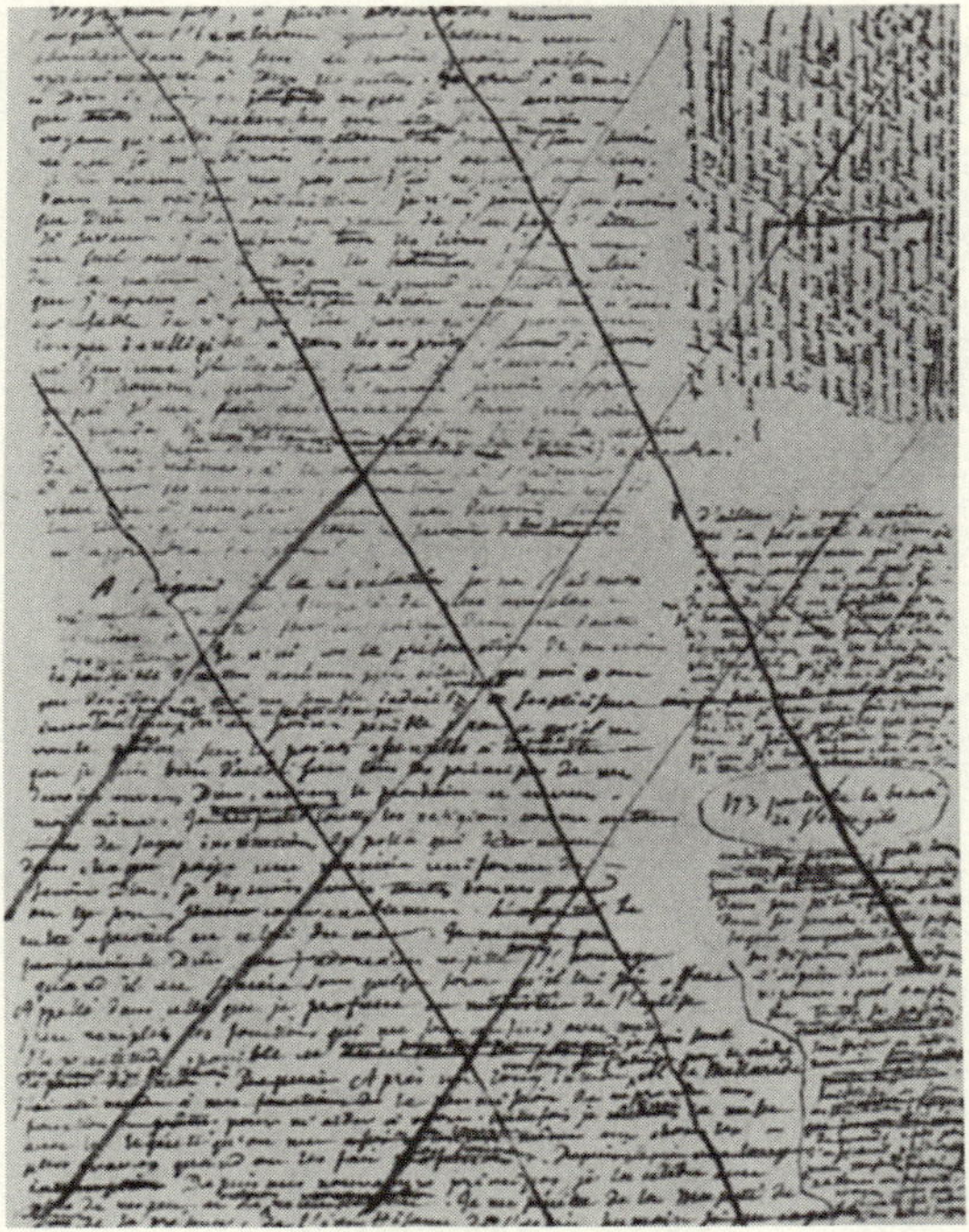

ルソー自筆の下書き（本文 269 ページ
「わが子よ……」以下に相当する部分）

第四編

わたしたちはこの地上をなんという速さで過ぎていくことだろう。人生の最初の四分の一は人生の効用を知らないうちに過ぎてしまう。最後の四分の一はまた人生の楽しみが感じられなくなってから過ぎていく。はじめわたしたちはいかに生くべきかを知らない。やがてわたしたちは生きることができなくなる。さらに、この最初と最後の、なんの役にもたたない時期にはさまれた期間にも、わたしたちに残されている時の四分の三は、睡眠、労働、苦痛、拘束、あらゆる種類の苦しみのためについやされる。人生は短い。わずかな時しか生きられないからというよりも、そのわずかな時のあいだにも、わたしたちは人生を楽しむ時をほとんどもたないからだ。死の瞬間が誕生の瞬間からどれほど遠くはなれていたところでだめだ。そのあいだにある時が充実していなければ、人生はやっぱりあまりにも短いことになる。

わたしたちは、いわば、二回この世に生まれる。一回目は存在するために、二回目は生きるために。はじめは人間に生まれ、つぎには男性か女性に生まれる。女を未完成の男と考える人たちはたしかにまちがっている。けれども外見的な類似を考えればそれは正しい。思春期にいたるまでは、男の子も女の子も、見たところ全然ちがわない。同じ顔だち、姿、顔色、声、なにもかも同じだ。女の子も子どもだし、男の子も子どもだ。こんなによく似ている生きものは同じ名称で呼んでさしつかえない。その後も性の発達をさまたげられている男性は一生のあいだそういう類似をもちつづける。かれらはいつまでたっても大きな子どもなのだが、女性は、そういう類似を失うことがないので、多くの点において、けっして子どもとは別のものにならないようにみえる。

しかし男性は、一般に、いつまでも子どもの状態にとどまっているようにつくられてはいない。自然によって定められた時期にそこからぬけだす。そして、この危機の時代は、かなり短いとはいえ、長く将来に影響をおよぼす。

暴風雨《あらし》に先だってはやくから海が荒れさわぐように、この危険な変化は、あらわれはじめた情念のつぶやきによって予告される。にぶい音をたてて醱酵《はっこう》しているものが危険の近づきつつあることを警告する。気分の変化、たびたびの興奮、たえまない精神の動揺が子どもをほとんど手におえなくする。まえには素直に従っていた人の声も子どもには聞こえなくなる。それは熱病にかかったライオンのようなものだ。子どもは指導者をみとめず、指導されることを欲しなくなる。

気分の変化を示す精神的なしるしとともに、顔かたちにもいちじるしい変化があらわれる。容貌が整ってきて、ある特徴をおびてくる。頰の下のほうにはえてくるまばらな柔かい毛はしだいに濃く密になる。声が変わる。というより声を失ってしまう。かれは、子どもでも大人《おとな》でもなく、そのどちらの声も出すことができない。目は、この魂の器官は、これまではなにも語らなかったが、ある言語と表情をもつことになる。燃えはじめた情熱が目に生気をあたえ、いきいきとしてきたそのまなざしにはまだ清らかな純真さが感じられるが、そこにはもう昔のようにぼんやりしたところがない。目が口以上にものを言うことをかれはもう知っているのだ。かれは目を伏せたり、顔を赤らめたりすることができるようになる。なにを感じているのかまだわからないのに、それに感じやすくなる。理由もないのに落ち着かない気持ちになる。こういうことがすべてすこしずつあらわれてきて、あなたがたにはまだ十分に余裕があるばあいもある。しかし、子どもの激しさがとうてい押さえることができなくなり、興奮が熱狂に変わり、瞬間的にいらだったり、感動したりしたら、わけもわからずに涙を流すようになったら、かれにとって危険になりはじめた対象に近づくと動悸《どうき》が高まったり、目を輝かせたりしたら、女性の手がかれの手にふれると身をふるわせるようになったら、女性のかたわらにいるととりみだしたり、臆病になったりしたら、そのときは、オデュッセウスよ、おお、賢明なオデュッセウスよ、気をつけなければいけない。おんみがあれほど用心して閉じておいた袋の口はあいてしまったのだ。もう風は吹きはじめている。*ちょっとのあいだでも舵《かじ》を放してはいけない。でなければ、なにもかもだめになってしまう。

これがわたしのいう第二の誕生である。ここで人間はほんとうに人生に生まれてきて、人間的ななにものもかれにとって無縁のものではなくなる。これまでのわたしたちの心づかいは子どもの遊びごとにすぎなかった。ここではじめて、それはほんとうに重要な意味をもつことになる。ふつうの教育が終わりとなるこの時期こそ、まさにわたしたちの教育をはじめなければならない時期だ。しかし、この新しい局面を十分に説明するために、それに関連する事態を遠くさかのぼって考えてみることにしよう。

情念はわたしたちの自己保存のための主要な手段である。だから、それをなくそうとするのは無益な努力、笑うべき努力だ。そういうことは自然を制御すること、神のつくったものをつくりなおすことだ。神が、みずから人間にあたえている情念を、なくせと命じているとすれば、神は欲し、かつ欲していないことになる。神はみずから矛盾したことを言っていることになる。けっして神はそういう理屈にあわない命令をあたえてはいない。そういうことはなにひとつ人間の心のなかにしるされてはいない。そして神は、人間が行なうように望んでいることを、ほかの人間の口から言わせはしない。みずから人間にそれを語り、人間の心の底にそれをしるすのだ。

ところで、情念が生まれてくるのをさまたげようとする人がいるとしたら、それも、情念をなくそうとする人とほとんど同じ程度に愚かな人だ、とわたしは思う。だから、これまでのわたしの計画はそういうところにあったと考える人たちは、たしかにひどくわたしを誤解しているのだ。

しかし、情念をもつのは人間の自然だからといって、わたしたちが自分のうちに感じ、ほかの人たちのうちに見ている情念を、すべて自然のものだと結論しようとするのは、正しい推論といえるだろうか。たしかに、情念の源は自然のものだ。しかし、ほかからくる無数の流れがそれを大きくしている。それはたえず水量を増していく大きな川であって、その流れには、源からの水はやっと数滴みいだされるにすぎない。自然に生まれてくるわたしたちの情念はごく限られている。それらがわたしたちの自由の手段になり、わたしたちを保存させることになる。わたしたちを押さえつけ、身を滅ぼさせる情念は、すべてほかからやってくる。自然はそういう情念をわたしたちにあたえはしない、わたしたちは自然を犠牲にしてそれらをとりいれるのだ。

わたしたちの情念の源、ほかのすべての情念の初めにあって、そのもとになるもの、人間が生まれるとともに生まれ、生きているあいだはけっしてなくならないただ一つの情念、それは自分にたいする愛だ。それは原始的な、人が生まれながらにもつ情念で、ほかのあらゆる情念に先だち、ほかの情念はすべて、ある意味で、それの形を変えたものにすぎない。この意味では、すべての情念は自然のものといってもいい。しかし、そういう形を変えた情念の大部分は、外部的な原因をもつのであって、その原因がなければけっして生じてこない。そして、そういう形を変えた情念は、わたしたちにとって有益なものではなく、かえって有害である。それは、最初の目標を変えて、その根元にあるものと反対のことをさせる。そこで人間は自然の外へ出ることになり、自分と矛盾することになる。

自分自身にたいする愛は、いつでもよいもので、いつでも正しい秩序にかなっている。人はだれでも、とくに自己を保存しなければならないのだから、なによりも心がけなければならないこと、いちばんだいじなことは、当然、この自己保存ということにたえず心をくばることだ。ところで、なによりもそれに関心をもつということがなければ、どうしてたえず心をくばることができよう。

だからわたしたちは、自己を保存するために自分を愛さなければならない。どんなものよりもいっそう自分を愛さなければならない。そして、こういう感情の直接の結果として、わたしたちは、わたしたちの身をまもってくれるものを愛する。子どもはみな乳《う》母《ば》に執着《しゅうちゃく》をもつ。ロムルスは乳を飲ませてくれた狼に執着をもっていたにちがいない。*こういう執着は、はじめは純粋に機械的なものだ。ある個人の快い生活を助けてくれるものは、その人をひきつける。有害なものは嫌悪を感じさせる。こういうことは盲目的な本能にすぎない。この本能を感情に変えるもの、執着を愛に、嫌悪を憎悪に変えるもの、それは、わたしたちに害をくわえたり、わたしたちの役にたったりしようとする明らかな意図だ。ほかからあたえられる衝動に従っているだけの無感覚な存在にたいしては、人はなんの情熱も感じない。ところが、その内面の傾向から、その意志から、よいこと、あるいは悪いことが期待される人々、わたしたちのために、あるいはわたしたちに逆らって、自由に行動することがわかっている人々は、かれらがわたしたちに示す感情と同じような感情をわたしたちに起こさせる。人は、自分の役にたつものはもとめるが、自分の役にたとうとするものは愛する。自分の害になるものはさけるが、自分に害をあたえようとするものは憎む。

子どもの最初の感情は自分自身を愛することだ。そして第二の感情は、この最初の感情から生じてくるのだが、かれに近づく人々を愛することだ。無力の状態にある子どもは、助けをうけ、世話をされることによってのみ、人々を知ることになるからだ。最初は、乳母と付き添いの女にたいする子どもの執着は習慣的なものにすぎない。彼女たちをもとめるのは、彼女たちを必要とするからだし、彼女たちがそばにいるとぐあいがいいからだ。それは好意をもつことではなく、むしろ知り分けることだ。彼女たちが自分にとって役にたつばかりでなく、役にたとうとしていることを理解するまでには、長い時がかかる。そして、それを理解したときにはじめて、子どもは彼女たちが好きになる。

そこで子どもは、生まれながらに人に好意を感じる傾向をもつ。かれに近づくすべてのものがかれを助けようとしていることがわかるからだし、それに気がつくことによって、自分と同じ人間にたいして好感をおぼえる習慣を身につけるからだ。けれども、子どもがその関係、必要、能動的または受動的な依存状態を拡大していくにつれて、他人との結びつきという感情がめざめ、義務とか好き嫌いとかの感情が生まれてくる。そこで子どもは、命令的になり、嫉妬《しっと》を感じるようになり、人をだましたり、仕返しをしたりするようになる。服従をしいられると、命令されていることがなんの利益になるのかわからない子どもは、それを気まぐれのせいにしたり、わざと自分を苦しめようとしているのだと考えたりして、それに反抗する。他人のほうでかれの言いなりになっていると、なにかかれに抵抗するものがあると、すぐにそれを自分にたいする反抗とみなし、わざと抵抗しようとしているのだと考える。いうことをきかないからといって、かれは椅子《いす》や机をたたく。自分にたいする愛は、自分のことだけを問題にするから、自分のほんとうの必要がみたされれば満足する。けれども自尊心は、自分をほかのものにくらべてみるから、満足することはけっしてないし、満足するはずもない。この感情は、自分をほかのだれよりも愛して、ほかの人もまたかれら自身よりもわたしたちを愛してくれることを要求するのだが、これは不可能なことなのだ。こうして、なごやかな、愛情にみちた情念は自分にたいする愛から生まれ、憎しみにみちた、いらだちやすい情念は自尊心から生まれるのだ。*だから、人間を本質的に善良にするのは、多くの欲望をもたないこと、そして自分をあまり他人にくらべてみないことだ。人間を本質的に邪悪にするのは、多くの欲望をもつこと、そしてやたらに人々の意見を気にすることだ。この原則によれば、子どもと大人《おとな》のあらゆる情念を、どうすればよいほうに、あるいは悪いほうにむけることができるか容易にわかる。たしかに人間は、いつもひとりで暮らすことはできないから、いつも善良でいることはむずかしい。このむずかしさそのものが、人間関係がひろがるにつれて必然的に大きくなっていくのだ。そしてとくにこの点において、社会のいろいろな危険は、新しい必要から生まれる堕落を人間の心に生じさせないようにするための技術と心づかいを、わたしたちにとっていっそう不可欠のものにしているのだ。

人間にふさわしい研究は自分のいろいろな関連を知ることだ。肉体的な存在としての自分だけしかみとめられないあいだは、事物との関連において自分を研究しなければならない。これは子ども時代にすることだ。道徳的な存在としての自分が感じられるようになったら、人間との関連において自分を研究しなければならない。これは今わたしたちが到達している地点からはじめて、一生かかってすることだ。

伴侶《はんりょ》を必要とするようになれば、人間はもう孤立した存在ではない。かれの心はもう孤独ではない。人間にたいするかれの関係はすべて、かれの魂の愛着はすべて、それとともに生まれてくる。かれの最初の情念はやがてほかの情念を醱酵《はっこう》させる。

本能にもとづく好みははっきりと決まってはいない。一方の性が他方の性にひきつけられる。これが自然の衝動だ。よりごのみ、個人的な愛着は、知識、偏見、習慣からつくられる。わたしたちに恋愛が感じられるようになるためには、時と知識が必要なのだ。判断をしたあとではじめて人は恋をする。くらべてみたあとではじめて人はよりごのみをする。その判断は気がつかないうちに行なわれるのだが、とにかく、それは現実に行なわれるのだ。ほんとうの恋愛は、人がなんと言おうと、いつも人々から敬意を寄せられるだろう。恋愛の興奮はわたしたちの心を迷わせるにしても、恋愛はそれを感じている者の心からいまわしい性質を失わせることにならないにしても、そういう性質を生みだすことさえあるにしても、それにしても恋愛はいつも、すぐれた性質のあることを示しているのであって、それなしには人は恋愛を感じることはできないのだ。理性に反したことと考えられている選択は、じつは理性から生じてくるのだ。愛の神はめくらだといわれている。この神はわたしたちよりもするどい目をもっているからだ。そして、わたしたちにみとめられない関連を見ぬいているからだ。すぐれた点とか、美しさとかいうことについてなんの観念ももたない者にとっては、どんな女性でもけっこう、ということになり、最初に出会った女性がかならずいちばん好ましい女性、ということになる。恋は自然から生まれるなどとは、とんでもないことだ。それは自然の傾向を規制するもの、そのブレーキになるものだ。恋を感じればこそ、愛する対象を除けば異性はなんの意味もない存在になる。

特別の愛着をもてば、相手からも特別の愛着をもたれたいと思う。恋愛は相互的なものでなければならない。愛されるには愛すべき人間にならなければならない。特別に愛されるためには、ほかの者よりもいっそう愛すべき者にならなければならない。ほかのだれよりも愛すべき者にならなければならない。少なくとも愛の対象の目にはそう映らなければならない。そこではじめて、自分と同じような人間に注目することになる。そこではじめて、自分をかれらにくらべてみる。そこから競争心、嫉妬《しっと》心が生まれてくる。ある感情にみちあふれている人は、自分の心をうちあけたいと思う。愛人を必要とする気持ちから、やがて友人を必要とする気持ちが生まれる。愛されることがどんなにうれしいことかわかっている者は、すべての人から愛されたいと思うだろうが、だれもかれも特別に愛されることを願うとすれば、その願いをかなえられない者がかならずたくさんできてくる。恋愛と友情とともに、不和、敵対、憎悪が生まれてくる。こういう多くのさまざまの情念が渦巻くなかに、臆見が揺がしがたい王座をうちたて、愚かな人間たちは、その権威にしばられて、かれら自身の生活をひたすら他人の判断のうえに築いている、そういう光景をわたしは見ている。

これらの観念を拡張して考えてみれば、わたしたちが自然だと考えているわたしたちの自尊心の形がどこからくるかわかるだろうし、どうして自分にたいする愛が絶対的な感情であることをやめて、偉大な人の心のうちでは傲慢《ごうまん》となり、卑小な人の心のうちでは虚栄となり、あらゆる人の心のうちに、たえず近くにいる人を犠牲にしながらはぐくまれていくことがわかるだろう。こういった種類の情念は、子どもの心のなかにはその種子をもたないので、そこに自然に芽ばえてくるものではない。わたしたちだけがそれを子どもの心にもたらすので、わたしたちがまちがったことをしなければ、それはけっして子どもの心に根を張るようなことはない。しかし、青年の心についてはもうそうはいえない。わたしたちにどんなことができるにしても、わたしたちの意志にかかわらず、それは生まれてくる。そこで、これからは方法を変えなければならない。

いまここで問題にしている転換期についてのいくつかの重要な考察からはじめよう。子ども時代から思春期への移り変わりの時期は、それほどはっきりと自然によって定められているものではなく、個人にあっては体質によって、国民にあっては風土によって、ちがってくる。この点について暑い国と寒い国とのあいだにみとめられるちがいはだれでも知っているし、血の気の多い体質はそれほどでないものよりもはやくできあがることもみんなが知っている。けれども、原因がまちがって考えられていることもあるし、道徳的なことのせいにしなければならないことが、肉体的なことのせいにされていることもしばしばある。これは現代の哲学にもっともひんぱんにみられる誤りの一つだ。自然の教えはおそくなってからはじめられ、ゆっくりとすすめられる。人間の教えはほとんどいつも時期に先だってあたえられる。自然の場合には官能が想像をめざめさせる。人間の場合には想像が官能をめざめさせる。想像は官能をはやくからはたらかせるが、これはまず個人を、やがては人間ぜんたいを弱く無気力にせずにはおかない。風土の影響ということよりも、もっと一般的に、そしてもっと確実にみとめられる事実は、教養のあるひらけた国民のあいだでは、無知で野蛮な国民のあいだにおけるよりも、思春期と性の能力がかならずいっそうはやくあらわれることだ（一）。子どもは特有の明敏さをもって、礼節のあらゆる猿まねのかげに隠された悪い風習を見破ってしまう。人が子どもにつかわせる洗練されたことば、かれらにあたえる品《ひん》をよくするようにとの教訓、かれらの目のまえに張りめぐらそうとする神秘の幕《とばり》、これらはすべて好奇心を刺激するものとなるにすぎない。この点において人がやっていることをみれば、子どもに隠すつもりでいることをかれらに教えているにすぎないことは明らかだ。しかも子どもにあたえられるすべての教えのなかで、それがいちばんよくかれらの身につけることなのだ。

経験に照らして考えてみるがいい。そういう考えのないやりかたがどれほど自然の仕事をいそがせることになり、体質をそこなうことになるかがわかるだろう。これこそ都会に住む人間を退化させる主な原因の一つだ。青年は、はやくから生気を失って、体が小さく、弱く、十分に発育しないままに、成長しないで老いこんでしまう。春に実をならせたぶどうの木が秋を待たずにしおれて死んでしまうのと同じことだ。

粗野で単純な国民のあいだで暮らしたことがなければ、そういう国では幸福な無知がどれほど長いあいだ子どもの純真さをもちつづけさせるか知ることはできない。そういう国の男女が青春の美しい盛りになんの不安も心に感じないで子ども時代の無邪気な遊びをつづけ、かれらの親しげな様子そのものがけがれのない楽しみを示しているのを見るのは、感動的でもあり、ほほえましくもなる光景だ。そういう愛すべき若者たちがやがて結婚することになると、夫も妻もたがいにういういしい肉体を相手にささげ、そのためになおさらたがいにいとしい存在になる。健康で強壮な多くの子どもがどんなことがあっても変わらない結びつきの保証となり、若い時代の知恵の果実となる。

人間が性を意識することになる時期は自然の作用と同じ程度に教育の結果によってもちがってくるとするなら、子どもの育てかたによってその時期をはやめたりおくらせたりすることができるわけだ。そして、その歩みをおくらせるかはやめるかによって体が丈夫になったりならなかったりするものとすれば、その歩みをおくらせるように努力すればするほど青年はいっそうのたくましさと力を獲得することにもなるわけだ。いまのところわたしはたんに肉体的な結果について語っているだけだが、結果はそれだけにとどまらないことはすぐにわかるだろう。

これらの考察から、わたしは、よく論議されている問題にたいする解答をひきだす。それは、子どもの好奇心のまとになっていることについてははやくからかれらに説明してやったほうがいいか、それとも、お上品なうそでかれらをだましておいたほうがいいか、という問題だ。そういうことはどちらもしてはならない、とわたしは考える。だいいち、そういう好奇心はきっかけをあたえなければ子どもに起こってこない。だからそういう好奇心をもたせないようにしなければならないのだ。つぎに、解答をあたえる必要のない問題は、それについて質問する者をだますことを必要としない。うそをついて答えるより、黙らせたほうがいい。どうでもいいようなことではいつも黙らせることにしていれば、そう命じられても相手は別に意外とは思うまい。それに、答えてやろうと決心したばあいには、できるだけ率直に、はっきりと答え、困ったような顔を見せたり、微笑を浮かべたりしないことだ。子どもの好奇心は、刺激するよりも満足させてやったほうが、はるかに危険が少ない。

答えはいつもまじめに、かんたんに、きっぱりとあたえなければならない。ためらっているような様子をけっして見せてはならない。真実を告げなければならないことは言うまでもない。大人《おとな》にうそをつくのは危険であることを子どもに教えるなら、大人としても、子どもにうそをつくのはなおさら危険であることを感ぜずにはいられない。先生が生徒に言ったことが一言でもうそだとわかれば、教育の効果は完全に失われることになる。

ある種の事柄についてはぜんぜん知らないでいるのが子どもにはいちばんいいのかもしれない。けれども、いつも隠しておくわけにはいかないことは、はやくから教えてやるがいい。ぜったいに好奇心をめざめさせないようにするか、でなければ、危険をともなわないうちに好奇心をみたしてやるか、どちらかにしなければならない。生徒にたいするあなたがたの態度は、この点においては、生徒の個人的な境遇、かれをとりまく社会、いずれかれがおかれることになると予想される状況などに大きく依存している。ここではなにごとも偶然にまかせないことがたいせつだ。そして、十六歳になるまで性のちがいということについてなにも知らせないでおける自信がなければ、十歳になるまでにそれを教えてやるようにするがいい。

事物をそのほんとうの名称で呼ぶことをさけようとして、子どもにむかってあまりにも洗練されたことばをつかったり、子どもにはすぐにわかってしまうのだが、まわりくどいことを言ったりするのをわたしは好まない。そういうことについては、品行の正しい人々はいつもひじょうに率直な態度を示している。ところが、不徳によってけがされた想像力は耳を敏感にし、たえず表現に細かく気をつかうことになる。粗野なことばづかいをしても、それはたいしたことではない。みだらな観念こそ遠ざけなければならない。

羞恥心《しゅうちしん》は人間にとって自然のものだが、子どもはそれを自然にもつわけではない。羞恥心は悪を知ることによってはじめて生まれてくるのだが、子どもは悪を知らないのに、知るはずもないのに、その知識の結果である感情をどうしてもつことができよう。恥を知れとか、品行を正しくせよとか子どもに教えるのは、世間には恥ずかしいこと、ふしだらなことが行なわれているのを教えることになる。そういうことを知りたいというひそかな欲望を感じさせることになる。おそかれはやかれ子どもはその望みをとげることになり、想像力にふれる最初の火花は官能が燃えあがるのを確実にはやめる。顔を赤らめる者はすでに罪を犯しているのだ。ほんとうに純真な者はなにも恥ずかしいとは思わない。

子どもは大人と同じような欲望をもたない。けれども、大人と同じように、感官に不快を感じさせる不潔なことをしないわけにはいかない。この必要だけからでも子どもはやはりたしなみということを教えられる。自然の方針に従っていくがいい。自然はひそかな快楽の器官と不愉快な必要の器官とを同じ場所におくことによって、あるときはある観念によって、またあるときは別の観念によって、大人には慎しみということによって、子どもには清潔さということによって、ちがう時期にも同じような心づかいをさせることにしている。

子どもに純真な心をもちつづけさせるよい方法は一つしかないと思われる。それは、子どものまわりにいるすべての人が純真なものを尊重し、愛することだ。そういうことがなければ、子どもにたいしていくら慎重な態度をとろうとしても、いずれはぼろがでてくる。ちょっとしたうす笑い、目くばせ、不用意な身ぶりが、子どもには言うまいと思っていることをなにもかも話してしまう。そういうことを知るには、人がそれを隠そうとしていることがわかるだけで子どもには十分なのだ。お上品な人たちがおたがいのあいだでつかっている繊細な言いまわしやことば、子どもはもつべきではない知識を予想したうえでの言いまわしやことばは、子どものいるところではまったく場ちがいのものだ。ところが、子どもの単純さを心から尊重していれば、子どもに話しかけるときには、かれらにふさわしい単純なことばを容易にみいだせるのだ。無邪気な者にふさわしいことば、かれらを喜ばせる素朴なことばづかいというものがある。それが危険な好奇心から子どもを遠ざける正しい話しかただ。なにごとについても率直に語れば、まだ自分に話さないでいることがなにかあるのではないかと子どもに疑いをもたせるようなことはしないですむ。粗野なことばにはそれにふさわしい不快な観念を結びつければ、想像の火はたちまち消しとめられる。そういうことばを口に出したり、そういう観念をもったりすることをとめられなくても、知らないうちに子どもはそういうことばや観念を呼び起こすことに嫌悪をおぼえるようになるのだ。こういう素朴な自由は、それを自分の心からひきだして、いつも言っていいことを言い、いつも感じたとおりのことを言う人々に、どれほど多くの当惑をまぬがれさせることだろう。

「子どもはどうしてできるの？」ごく自然に子どもに起こってくるやっかいな疑問だ

が、それにたいする不謹慎な解答、あるいは思慮ぶかい解答が、一生のあいだのその子の品行と健康を決定することもある。息子をだますようなことをしないでそれをきりぬけるために母親が思いつくいちばんかんたんなやりかたは、かれを黙らせることだ。どうでもいいような質問にたいしてははやくからそういうふうに慣らしておいたとしたら、急にそんな調子で答えてなにか秘密があるのではないかと疑いをもたせることにならないとしたら、それもけっこうなことだ。けれども、母親はそれだけですませるようなことはめったにない。「それは結婚した人の秘密です。」母親はこんなことを言いきかせるだろう。「小さい男の子はそんなことを聞きたがるものではありません。」これは母親を窮地から救いだすにはまことにけっこうなことだ。けれども、その小さい男の子は、そういう軽蔑《けいべつ》した調子に頰《ほ》っぺたをふくらまして、結婚した人の秘密を知るまではひとときも落ち着けないだろうということ、そして、遠からずその秘密を知ることになるだろうということを、母親は承知していなければならない。

同じ質問にそれとはまったくちがった返事をしているのを聞いたことがあるが、それをおつたえすることを許していただきたい。それはことばづかいも態度もつつましい婦人の言ったことだったので、いっそう感銘が深かったわけだ。けれどもその人は、必要なばあいには、息子のしあわせのために、また、美徳のために、人々の非難や、おどけ者のむだ話の種にされはしまいかというつまらない心配を無視することができるひとだった。まだいくらもたたないことだが、その子は尿といっしょに小さな結石を排出して、そのために尿道を傷つけたことがあった。しかしその痛みはもう忘れていた。「お母さん」と子どもは不意に言った。「どうして子どもはできるの」——「坊や」と母親はためらうこともなく答えた。「女の人はおしっこをするようにして子どもを生むんですよ。それはとても痛くてね、そのために死ぬこともあるんですよ。」ばか者は笑うがいい。頭のない連中は眉をひそめるがいい。だが、賢い人は、これ以上に分別《ふんべつ》のある、目的にかなった解答がほかにみあたるかどうか考えてみるがいい。

まず、子どもが知っている自然の必要という観念が神秘ないとなみという観念を遠ざける。それとともに苦痛と死の観念が悲しみのヴェールを投げかけて想像力を弱め、好奇心をおさえる。すべてが出産の結果に心をむけさせ、その原因を考えさせない。人間の本質的な弱さ、嫌悪すべきもの、苦悩の姿。その返事に嫌悪を感じながらもさらに子どもが説明をもとめたとしても、それはこうしたことの説明に導くことになる。こんなふうに話をすすめていけば、落ち着きのない欲望が生まれてくる余地はどこにあるのか。しかも、あなたがたにもおわかりのように、真実はゆがめられてはいないのだし、生徒を教えるかわりにだますようなことをする必要もなかったのだ。

あなたがたの子どもは書物を読む。読まなければもつことにならない知識を読書によって獲得する。勉強しているときには、静かな勉強部屋のなかで想像力が燃えあがり、激しくなっていく。人々のなかに出れば、奇妙な、わけのわからない話を聞き、思いがけないお手本を目にする。子どもは、自分が男であることを十分によく教えられているので、自分の目のまえで男たちがいろんなことをしているのを見て、すぐに、どうすれば自分にもうまくやれるかしらと考える。他人の判断を掟《おきて》にすれば、どうしても他人の行動を模範にしなければならない。子どもに付き添っている召使いたち、当然のことながら子どもの気に入ろうと心がけている召使いたちは、子どもの品行をよくしようなどとは考えずに、やたらに御機嫌《ごきげん》をとる。おどけ者の女中は、どんな恥知らずな女性でも十五歳の少年には言えないようなことを四歳の子どもを相手にしゃべる。女中のほうは言ったことをすぐに忘れてしまうが、子どもは聞いたことを忘れない。みだらな話はふしだらな身持ちのもとになる。悪者の従僕は子どもを放蕩者にする。そして、子どもの秘密が従僕の秘密をまもってやることになる。

その年齢にふさわしく育てられている子どもは孤独である。習慣から生じる愛着のほかには愛着をもたない。かれは自分の時計をだいじにするように妹をかわいがる。犬をかわいがっているのと同じように友だちを愛している。自分の性をぜんぜん意識していないし、人間仲間の一人であることも意識していない。男も女も同じようにかれにとっては無縁の存在なのだ。かれらがしていることも言ってることも、なにひとつ自分に結びつけて考えない。それを見もしなければ聞きもしない、あるいはそれにぜんぜん注意をはらわない。かれらの話もかれらの実例も同じようにかれの興味をひかない。そういうことはすべてかれにとっては関係のないことなのだ。それはこの方法によってあたえられる人工的な誤りではない。自然にもとづく無知なのだ。時がくれば同じ自然は生徒に説明してやることになる。そのときはじめて自然は、あたえられる教えをなんの危険もなしに生徒が利用できるようにしてやる。これが原則だ。細部の規則はわたしの主題ではない。それに、ほかのことでわたしが提案している方法は、この問題でもみならうべき範例になる。

あらわれはじめた情念に秩序と規則をあたえようとするなら、それが発達していく期間をひきのばして、あらわれてくるにつれて整理されていく余裕をあたえるがいい。こうすれば、それに秩序をあたえるのは人間ではなく、自然そのものであることになる。あなたがたの考えることは自然に自分の仕事を整理させることとだけだ。あなたがたの生徒がひとりでいるなら、あなたがたにはなにもすることはない。ところが、かれの周囲にあるすべての者がかれの想像を燃えたたせる。奔流のような偏見がかれを押し流す。

それをひきとめるには反対の方向にかれを引っ張っていなければならない。感情が想像をしばりつけ、理性が人々の意見を沈黙させなければならない。あらゆる情念の源は感受性であり、想像力がその流れの方向を決定する。自分に関連することを感じているあらゆる存在は、それらの関連が変化したばあいには、そして自分の本性にいっそうふさわしい関連をみいだしたばあい、あるいはみいだしたと信じたばあいには、それに影響されずにはいない。あらゆる有限な存在——たとえ天使であろうと情念を感じるとすれば*——の情念を不徳に変えるのは想像から生まれる誤りである。自分の本性にどんな関連がいちばん適当であるかを知るためにはあらゆる存在の本性を知らなければならないのだ。

そこで、情念をもちいるにあたっての人間の知恵のすべてを要約すればこんなことになる。一、人間一般としても、個人としても、人間の正しい関連を理解すること。二、その関連に従ってあらゆる心の動きに秩序をあたえること。

しかし、人間は自由にあれこれの関連に従ってその心の動きに秩序をあたえることができるのだろうか。かれの想像力を自由にあれこれのものにむけることができるなら、あるいは、自由にあれこれの習慣を想像力にあたえることができるなら、たしかにそういうこともできる。もっとも、ここで問題にするのは、ある人間が自分自身にたいしてなしうることではなく、むしろ、わたしたちが生徒をおく環境の選択によってかれにたいしてなしうることなのだ。自然の秩序のうちにとどめておくために適当な方法を述べることは、どうして生徒がそこから出ていくことになるかを十分に示すことになる。

かれの感受性が自分のことだけに限られているあいだは、かれの行動には道徳的なものはなにもない。感受性が自分の外へひろがっていくようになるとはじめて、かれはまず善悪の感情を、ついでその観念をもつことになり、それによってほんとうに人間になり、人類を構成する一員になる。だから、この最初の点にまずわたしたちの観察をむけなければならない。

これはむずかしいことだ。そういう観察をするには、わたしたちの目のまえにある実例を捨てて、あいついで行なわれる発展が自然の秩序に従っている実例をさがさなければならないのだ。

先ばしった知識をあたえられ、それを実行に移す能力をひたすら待ちこがれている、世なれて洗練された子ども、文化的な子どもは、その能力が生じてくる時期について思いちがいをするようなことはけっしてない。そういう子どもは、待っているどころではない、その時期をはやめ、はやくから血を沸きたたせて、欲望を感じるずっとまえから、欲望の対象がどういうものであるべきかを知っている。自然がかれを刺激しているのではなく、かれが自然をせきたてているのだ。自然はかれを大人《おとな》にするとき、かれに教えることはもうなにももたないのだ。かれはじっさいに大人になるずっとまえから、気持ちのうえでは大人になっていたのだ。

自然の正しい歩みはもっと段階的に徐々に行なわれる。すこしずつ血が熱くなり、精気がつくりあげられ、体質ができあがっていく。製作を指導する賢明な職人はすべての器械を入念に完成してからそれらをもちいさせる。長いあいだの落ち着かない気持ちが最初の欲望に先だち、長いあいだの無知が欲望の対象について思いちがいをさせる。なにかわけがわからずに欲望を感じている。血が醱酵《はっこう》し沸きたつ。ありあまる生命は外へひろがろうとする。目がいきいきしてきて、ほかの存在をながめ、わたしたちのまわりにいる人々に興味をもちはじめ、人間はひとりで生きるようにはつくられていないことを感じはじめる。こうして人間的な愛情にたいして心がひらかれ、愛着をもつことができるようになる。

注意ぶかく育てられた青年が感じることのできる最初の感情は、愛ではなく、友情である。あらわれはじめた想像力の最初の行為は青年に自分と同じような人間の存在を教えることであって、人類にたいする感情が異性にたいする感情よりもはやくめざめる。そこで、無知の状態をひきのばすことにはもう一つの利益があることになる。それはあらわれはじめた感受性を利用して年若い青年の心に人間愛の最初の種子をうえつけることだ。これは、一生のあいだでこの時期こそそういう心づかいがほんとうに実を結ぶことのできる唯一の時期であるだけに、なおさら貴重な利益である。

はやくから堕落して、女と放蕩に身をもちくずしている青年は不人情で残酷である事実をわたしはたえず見てきた。激しい気質がかれらを忍耐心に乏しく、復讐心の強い、兇暴な人間にする。かれらの想像力は、ただ一つのことにとらえられていて、ほかのことはいっさい考えようとしない。かれらは思いやりもあわれみも知らない。とるにたりない快楽のためにさえ、かれらは父親も母親も、宇宙ぜんたいも犠牲にしてしまうにちがいない。それとははんたいに、めぐまれた単純さのうちに育てられた青年は、自然の基本的な衝動によってやさしい愛情にみちた情念をもつようになる。思いやりのある心はかれと同じような人間の苦しみに動かされる。友だちに再会したときにはかれは喜びに身をふるわせ、かれの腕は温かい抱擁をみいだすことができ、かれの目は感動の涙を流すことができる。かれは人の不機嫌を買う恥ずかしさ、人の心を傷つけた遺憾《いかん》の念に感じやすい。燃えあがる熱い血がかれを奮激させ、興奮させ、怒らせることがあるとしても、一瞬ののちには、それを深く後悔している様子にその心の善良さがはっきりとうかがわれる。自分があたえた傷を見てかれは涙を流し、うめき声をあげる。かれの流した血をできれば自分の血であがないたいと思う。自分の過ちを考えて、はげしい興奮も消えうせ、高ぶった心も完全にうちくだかれてしまう。自分が辱しめられたばあいにも、どんなに激しい怒りを感じていても、ひとたび宥《ゆる》しをもとめられると、ただ一言で怒りをやわらげる。自分の過ちをつぐなうときと同じようにかれは心から他人の過ちを宥してやる。青年期は復讐心を燃やす時期でも憎悪を感じる時期でもない。同情、仁慈、寛大の時期だ。そうだ、こういうことを主張しても経験によって裏切られる心配はあるまい。生まれつき悪い子どもでなければ、二十歳になるまで童貞を失わなかった子どもは、そのときもっとも寛大で、善良で、だれよりも人を愛し、人に愛される人間になっているのだ。いままであなたがたはこういうことをぜんぜん聞いていない。それもそのはずだと思う。あなたがたの哲学者は、学院の頽廃《たいはい》しきった空気のなかで教育されたから、そういうことを知ることに関心をもたないのだ。

人間を社会的にするのはかれの弱さだ。わたしたちの心に人間愛を感じさせるのはわたしたちに共通のみじめさなのだ。人間でなかったらわたしたちは人間愛など感じる必要はまったくないのだ。愛着はすべて足りないものがある証拠だ。わたしたちのひとりひとりがほかの人間をぜんぜん必要としないなら、ほかの人間といっしょになろうなどとはだれも考えはしまい。こうしてわたしたちの弱さそのものからわたしたちのはかない幸福が生まれてくる。ほんとうに幸福な存在は孤独な存在だ。神だけが絶対的な幸福を楽しんでいる。といっても、わたしたちのだれがそういう幸福についての観念をもっていよう。何者か不完全な存在者が自分だけで満足できるとしたら、わたしたちに考えられるどんなことをかれは楽しむことになるのか。かれはひとりで、みじめな者になるにちがいない。なんにも必要としない者がなにものかを愛することができるとは考えられない。ところで、なにものも愛していない者が幸福でありうるとは考えられないのだ。

そこで、わたしたちがわたしたちと同じような人間にたいして愛着をもつのはかれらの喜びを考えることではなくむしろ苦しみを考えることによってなのだ。そこにわたしたちはいっそうよく、わたしたちの本性と一致するものを、そしてわたしたちにたいするかれらの愛着の保証となるものをみるからだ。わたしたちに共通の必要は利害によってわたしたちを結びつけるが、わたしたちに共通のみじめさは愛情によってわたしたちを結びつける。幸福な人の様子は、ほかの者に愛情よりも羨望の念を感じさせる。そういう人が自分ひとりの幸福を手に入れたのは、もってもいない権利を横どりしたからだとわたしたちは非難したくなる。そして自尊心は、その人がわたしたちをぜんぜん必要としていないことをわたしたちに感じさせ、なおさら苦しむことになる。ところが、目のまえで苦しんでいる不幸な人をかわいそうだと思わない者がいるだろうか。その人を不幸な境遇から救いだすにはただその気になればいいというばあいには、そうしたいと考えない者がいるだろうか。想像はわたしたちを幸福な人の地位において考えさせるよりもむしろみじめな人の地位において考えさせる。この二つの状態の一つはもう一つの状態よりもわたしたちにとっていっそう身近に感じられることがわかる。同情は快い。悩んでいる人の地位に自分をおいて、しかもその人のように自分は苦しんでいないという喜びを感じさせるからだ。羨望の念はにがい。幸福な人を見ることは、うらやましく思っている者をその人の地位におくことにはならないで、自分はそういう地位にはおかれていないという恨めしい気持ちを起こさせるからだ。一方はかれが悩んでいる苦しみをわたしたちにまぬがれさせるように、他方はかれが楽しんでいる喜びをわたしたちから奪っているように感じられる。

だから、青年の心にあらわれはじめた感受性の最初の動きに刺激をあたえ、それをはぐくんでいこうとするなら、かれの性格を慈悲と親切のほうへむけさせようとするなら、人々の幸福のいつわりの姿を見せて、傲慢な心、虚栄心、羨望の念を芽ばえさせるようなことをしてはならない。最初は、宮廷の花やかさ、宮殿の豪奢《ごうしゃ》な生活、さまざまな催しごとの魅力をかれの目のまえにひろげて見せてはいけない。いろいろな会合や輝かしい集まりに連れていってはいけない。上流社交界の内情を考えることができるようにしてやったあとでなければ、その表面の姿を見せてはいけない。人間を知らないうちに世間を見せてやることは、かれを教育することにはならないで、堕落させることになる。それはかれを教えることにはならないで、だますことになる。

人間は生まれながらに国王でも、貴族でも、宮廷人でも、財産家でもあるわけではない。みんなまる裸《はだか》の貧しい人間として生まれてくる。みんな人生のみじめさ、悲しみ、不幸、欠乏、あらゆる種類の苦しみにさらされている。さらに、みんな死ぬように運命づけられている。これがほんとうに人間にあたえられたことだ。どんな人間にもまぬがれられないことだ。そこでまず、人間の本性に属することで、なによりもそれと切り離せないこと、なによりもよく人間性を示していることを研究するがいい。

十六歳になれば、青年は悩むとはどういうことか知っている。自分で悩んだことがあるからだ。けれども、自分とは別の存在もまた悩んでいることはまだほとんど知らない。悩んでいるのを見てもそれを感じなければ知ることにはならないし、わたしがすでにくりかえし言ったように、子どもにはほかの者が感じていることは考えられないから、不幸といえば自分の不幸しかわからないのだ。しかし、感覚の範囲がひろがってきて、想像の火が点火されると、かれは自分と同じような人間のうちに自分を感じ、かれらの悲しみに心を動かされ、かれらの苦しみに悩みを感じるようになる。そこで、悩める人類のいたましい光景がこれまで味わったことのない感動をはじめてかれの心に呼び起こすことになる。

あなたがたの生徒のばあい、そういう時期をみとめるのは容易でないとしても、それはだれの責任でもあるまい。あなたがたはかれらに、はやくから感情をもてあそぶことを教えている。はやくから感情の言語を学ばせている。だから、かれらはいつでも同じような調子で語り、あなたがたの教えをあなたがた自身にたいして逆用し、いつうそをつくことをやめて言っていることを感じるようになるのか、みわける手段をぜんぜんあなたがたにあたえないのだ。ところが、わたしのエミールを見るがいい。わたしがかれを導いてきた時期には、かれは感じたこともなければ、うそをついたこともない。かれは、愛するとはどういうことか知らないうちに、だれかに「わたしはあなたをほんとうに愛します」と言ったことはない。父親の部屋《へ》屋《や》、母親の部屋、あるいは病気で寝ている教師の部屋にはいるときにはこういうふうにしなさい、などとかれはいいつけられたことはない。感じてもいない悲しみをよそおう技巧を教えられてはいない。だれが死んでも、そら涙を流したことはない。死ぬとはどういうことか知らないからだ。心情が無関心なら、態度も同じように無関心だ。ほかの子どももすべてそうであるように、自分のことのほかにはいっさい関心をもたないかれは、だれにも興味を感じない。ほかの子どもとちがう点は、興味を感じているようにみせかけようとはしないこと、ほかの子どものようにうそつきではないこと、それだけだ。

エミールは感覚をもつ存在ということについてあまり考えてみたことがないから、悩むとか死ぬとかいうことについてはずっとおくれて知ることになる。嘆き悲しむ声がやがてかれの心を動かしはじめる。血が流れるのを見れば目をそむけるようになる。息絶えようとしている動物の痙攣《けいれん》は、これまで感じたことのないその心の動きがどうして起こってくるのかわからないうちから、なんともいえない苦悶を感じさせることになる。感じがにぶくて野蛮だったとしたら、かれはそういうことは感じまい。もっと多くの知識をもっていたとしたら、かれはその原因を知るにちがいない。かれはもう多くの観念をくらべてみているからなにも感じないわけにはいかないのだが、感じていることを理解できるほどにはまだ十分に多くの観念をくらべてみていないのだ。

こうしてあわれみの心が生まれてくる。これは自然の秩序によれば最初に人の心を動かす相対的な感情である。感じやすく、あわれみぶかくなるためには、子どもは、自分が悩んだことを悩み、自分が感じた苦しみを感じ、自分もまた感じるかもしれないこととしてその観念をもっているほかの苦しみを感じている、自分と同じような存在があることを知らなければならない。じっさい、わたしたちをわたしたちの外へ移して、悩んでいる生き物に同化させるということがなければ、いわば、わたしたちの存在を捨ててそのものの存在になるということがなければ、どうしてわたしたちはあわれみに心を動かされよう。そのものが悩んでいると判断することによってのみわたしたちは悩む。わたしたちのことを考えてではなく、そのもののことを考えてわたしたちは悩むのだ。だから、想像がはたらかなければ、自分の外へ自分を移すことができなければ、だれも感じやすい人間にはなれない。

あらわれはじめたこの感受性に刺激をあたえ、それをはぐくんでいくためには、それを導いていく、というよりその自然の傾向に従っていくためには、わたしたちはいったいなにをしなければならないのか。青年の心にみちあふれている力がはたらきかけることのできる対象、心をのびのびとさせ、ほかの存在のうえにひろげ、いたるところで自分の外に自分をみとめさせる対象をかれに示してやることではないか。心をしめつけ、内部に集中させ、人間の自我を緊張させるような対象を注意して遠ざけることではないか。つまり、ことばをかえていえば、親切な心、人間愛、同情心、慈悲ぶかい心など、おのずから人々を喜ばせることになる、やさしく人をひきつけるあらゆる情念を刺激し、羨望の念、憎悪心など、人にいやがられる残酷な情念、いわば感受性を無意味にするばかりでなく、否定的にして、感じている者の心を苦しめることになるあらゆる情念を呼び起こさないようにすることではないか。
以上に述べた考察はすべて、正確、明快ですぐに理解できる二つ、いや三つの格率に要約できると思う。

第一の格率

人間の心は自分よりも幸福な人の地位に自分をおいて考えることはできない。自分よりもあわれな人の地位に自分をおいて考えることができるだけである。

この格率に例外がみいだされるとしても、それは現実的なことであるよりも、表面的なことであるばあいのほうが多い。だから人は、愛着を感じている金持ちや貴族の地位に自分をおいて考えることはない。心から愛着を感じているばあいにも、その楽な生活の一部分を同化するにすぎない。ときとして、人は不幸な境遇にあるかれらを愛することはある。しかし、輝かしい状態にあるかぎり、かれらのほんとうの友人になれる人は、表面的なことにだまされないで、どんなにかれらが富み栄えていようとも、それをうらやむようなことはなく、むしろあわれんでいる人だけだ。

ある種の状態の幸福、たとえば田園の牧歌的生活の幸福には、人は心を動かされる。あの幸福で善良な人たちをながめる魅力は羨望の念によって毒されることはない。人はかれらにたいしては心から興味を感じる。それはなぜか。あの平和で純朴な人々の身分に身を落として、同じような幸福を楽しもうと思えば、いつでも自由にそうすることができることがわかっているからだ。それは考えても愉快に感じられるだけの最低の生活だ。そういう生活は楽しもうと思えば楽しむことができるのだ。いつでも自分に残されている生活手段を見るのは、自分の財産をながめるのは、さしあたってそれをもちいようとは思っていないときでも、いつも楽しいことだ。

そこで、青年に人間愛を感じさせるには、ほかの人たちの輝かしい身分を感嘆させるようなことはしないで、それをみじめな側面から示してやらなければならない。それを恐れさせなければならない。そうすれば、明瞭な結果として、かれは人が歩いた道とはちがう幸福への道を切りひらいていくはずだ。

第二の格率

人はただ自分もまぬがれられないと考えている他人の不幸だけをあわれむ。

「不幸を知っていればこそ不幸なかたをお助けしたいと思うのです」*

この詩句のように美しく、意味ふかく、心にふれる、真実なことばをわたしは知らない。

なぜ王たちは臣下にたいして無慈悲なのか。けっしてふつうの人間になるつもりはないからだ。なぜ金持ちは貧乏人にたいしてあんなに苛酷なのか。貧乏人になる心配はないからだ。なぜ貴族は民衆をあんなに軽蔑するのか。けっして平民になることはないからだ。なぜトルコ人は一般にわたしたちよりも情けぶかく、快く人をもてなすのか。かれらはまったく恣意的な統治のもとにあるために、個人の地位や財産はいつも一時的なもの、変わりやすいものなので、卑しい身分や貧困を自分に無縁の状態とは考えないからだ。[三] だれでもきょう助けてやっている者と同じような者にあしたにでもなるかもしれないのだ。こういう考えは東洋の物語にたえずくりかえし述べられているのだが、それは読者になんともいえない感動を呼び起こす。それはわたしたちのひからびた教訓のあらゆるこしらえごとにみいだされないものだ。

だから、不幸な人の苦しみを、貧しい人の労苦を、光栄の高みから見おろしているといったようなことにあなたがたの生徒を慣れさせてはいけない。そして、かれがそういう人たちを自分には縁のない存在と考えているとしたら、かれらをあわれむことを教えることができると思ってはいけない。その不幸な人たちの運命はかれの運命になるかもしれないこと、かれらの不幸のすべてはかれの足もとに横たわっていること、無数の思いがけない不可避の出来事が一瞬ののちにかれをそこへ落としこむかもしれないこと、そういうことを十分に理解させるがいい。家柄も健康も富もあてにしないように教えるがいい。運命のあらゆる移り変わりを示してやるがいい。かれよりもっと高い状態からその不幸な人たちよりもっと低い状態に落ちてしまった人々の、いつもいくらでも見られる実例をさがしだしてやるがいい。それがかれら自身の過ちによるものであろうとなかろうと、いまのところ問題ではない。過ちとはなにかということさえかれは知ってはいまい。かれの知識の秩序を混乱させるようなことをしてはいけない。かれの能力に相応した知識の光りによってのみかれを照らしてやるがいい。一時間ののちに自分は生きているか死んでいるか、夜にならないうちに腎臓炎に苦しんで歯をガタガタさせないかどうか、一カ月後に金持ちになるか貧乏になるか、ことによると一年後には鞭《むち》で打たれながらアルジェの徒刑船で櫂《かい》を漕ぐことにならないかどうか、こういうことにはどんな思慮ぶかい人間でも答えられないということをさとるためにはそれほど物知りになる必要はないのだ。とくに、すべてそういうことを教理問答のように冷淡な調子で話してきかせようとしてはいけない。人間にふりかかる災厄を目で見て、じかに感じさせることだ。あらゆる人間がたえずとりまかれている危険によってかれの想像を揺りうごかし、おびえさせるがいい。かれの周囲にあるそういう深淵のすべてをのぞかせ、それを描いて見せるあなたがたの話を聞きながら、そこに落ちこみはしないかと心配してかれはあなたがたの胸にすがりついてくる、といったふうにするのだ。わたしたちはかれを小心な臆病者にしてしまうだろう、とあなたがたは言うかもしれない。それはあとでみることにしよう。とにかく現在のところは、まずかれを人間的にしてやることにしよう。これがわたしたちにとってなによりもたいせつなことだ。

第三の格率

他人の不幸にたいして感じる同情は、その不幸の大小ではなく、その不幸に悩んでいる人が感じていると思われる感情に左右される。

わたしたちが不幸な人をあわれむのは、その人があわれむべき状態にあると考えられるかぎりにおいてである。わたしたちの不幸の肉体的な感じは見かけ以上にかぎられている。それを連続的にわたしたちに感じさせるのは記憶力なのだ。それを未来にひきのばして、わたしたちをほんとうにあわれな人間にするのは想像力なのだ。共通の感受性はわたしたちを同じように動物にも同化させることになるとしても、動物の苦しみにたいしては人間の苦しみにたいしてよりもわたしたちが冷淡である原因の一つはそこにある、とわたしは考える。荷馬車ひきの馬が馬小屋にいるのを見てあわれみを感じるような人はほとんどいない。その馬は、まぐさを食いながら、さっき打たれたことや、これから骨を折らなければならないことを考えているとは思われないのだ。あの羊はまもなく殺されるだろうとわかっていても、それが草をはんでいるのを見て、やはり人はかわいそうだとは思わない。羊は自分の運命を見透してはいないと考えられるからだ。この考えをおしすすめると、人は人間の運命にたいしても冷淡になる。そして金持ちは、貧乏人を苦しめながらも、かれらは愚鈍だからなんにも感じはしないのだと考えて、みずからなぐさめている。一般的にいって、それぞれの人が自分と同じ人間の幸福をどのくらい重くみているかは、かれらがそれらの人間にたいしてはらっているようにみえる尊敬の程度によってわかるとわたしは考える。軽蔑《けいべつ》している人間の幸福を軽く考えるのはあたりまえのことだ。だから、政治家があんなに軽蔑した調子で民衆について語るとしても、多くの哲学者が人間をごくたちの悪い者にしようとしているとしても、もう驚くにはあたるまい。

人類を構成しているのは民衆だ。民衆でないものはごくわずかなものなのだから、そういうものを考慮にいれる必要はない。人間はどんな身分にあろうと同じ人間なのだ。そうだとしたら、いちばん人数の多い身分こそいちばん尊敬にあたいするのだ。考える人にとっては、社会的な差別はすべて消えうせる。かれはくずのような人間のうちにも輝かしい人のうちにも同じ情念、同じ感情をみとめる。もちいる言語のちがい、上っ面《うわつら》のよしあしをかれらのうちに区別するだけだ。もしなにか本質的なちがいがかれらを区別するとしたら、ごまかしの多いほうが不利になる。民衆はあるがままに自分を示し、愛想がよくない。ところが社交界の人たちはどうしても自分を隠さなければならない。あるがままの自分を示すとしたら、嫌悪をもよおさせるにちがいないのだ。*

さらに現代の賢者たちは言う。すべての状態には同じ分量の幸福と苦労が配合されている、と。有害な、そして筋の通らない格言だ。どんな状態にある人でも同じ程度に幸福だというなら、だれにたいして心を痛める必要がある。人はみなあるがままでいるがいい。奴隷《どれい》は虐待され、弱い人は苦しみ、貧乏人は死んでしまえばいい。状態を変えたところでかれらはなんにも得をすることはないのだ。現代の賢者は金持ちの苦労をかぞえあげ、その無益な快楽のはかなさを示してみせる。なんという見えすいた詭弁！　金持ちの苦しみはその身分から生じるのではない、それを悪用する金持ち自身から生じるのだ。貧しい人にくらべてさえ不幸だとしても、金持ちをあわれむことはいらない。不幸はすべて自分がつくりだしたものだし、自分の意志ひとつで幸福になれるのだから。ところが、貧しい人の苦しみはその境遇から、かれのうえに重くのしかかっているきびしい運命から生じるのだ。疲労、消耗、空腹からくる肉体的な感じをなくしてくれるような習慣はない。すぐれた精神も知恵も、かれがおかれた状態から生じてくる苦しみをまぬがれさせるにはなんの役にもたたない。エピクテトスは、主人が自分の足を折ろうとしていることをあらかじめ知ったところで、どんな得をしたことになるのか。*それがわかっていたところで、主人はやはりかれの足を折るのではないか。エピクテトスにはその苦しみにくわえて、先見の明による苦しみがある。わたしたちは民衆を愚鈍だと考えているが、まったくはんたいに、分別のある人たちだとしたところで、かれらは現にあるようなものとは別のどういうものになれよう。現にしていることとちがうどういうことができよう。この階級の人たちを研究してみるがいい。ことばづかいはちがっても、かれらはあなたがたと同じくらいの機知とあなたがた以上の良識をもっていることがわかるだろう。だから、あなたがたが属している人類に尊敬をはらうがいい。人類は本質において民衆の集合から成りたっていること、国王や哲学者がみんなそこから除外されても、ほとんどなんの変わりもないこと、事情はいっそう悪くなるわけでもないことを考えるがいい。一言でいえば、あなたがたの生徒に、あらゆる人間を愛すること、人間をいやしめる連中さえ愛することを教えるがいい。自分をどんな階級にもおくことなく、あらゆる階級に自分をみいださせるようにするがいい。かれをまえにおいて、感動をこめて、さらに、あわれみをこめて、人類について語るがいい。しかし、けっして軽蔑をこめて語ってはならない。人間よ、人間を辱しめてはいけない。

こういう道を通って、そのほかにも同じような、すでにきりひらかれている道とはまったく反対の道を通って、年若い青年の心に分け入り、そこに自然の最初の動きを刺激し、かれと同じような人間のうえに心をひらかせ、ひろげさせるがいい。それにつけくわえて、そういう心の動きにはできるだけ個人的な利害の念をまじえないようにすることが必要だと言っておこう。とくに虚栄心、競争心、名誉心など、わたしたちをほかの人間にくらべさせるような感情を起こさせてはいけない。そういう比較は、わたしたち自身の評価においてにすぎないとしても、わたしたちと優劣を争う人々にたいするなんらかの反感をかならずともなうことになるからだ。そうなると、盲目になったり、いらだったりして、意地わるになるかばか者になるかせずにはすまない。こういうことはどちらもさけることにしよう。そういう危険な情念はいずれにしてもおそかれはやかれ生まれてくるだろう、と人はわたしに言う。わたしはそれを否定しない。あらゆるものにはその時機がある。ただわたしは、そういう情念が生まれてくるのを助けるようなことをすべきではない、と言おう。

これがとらなければならない方法の精神だ。ここで例をあげたり、細かいことにたちいって述べたりしてもむだだろう。ほとんど無限にみられる性格の相違がここにみとめられてくることになるので、わたしがあげる例の一つ一つは、おそらく十万人のなかの一人にしかあてはまらないからだ。この時期においてこそまた、有能な教師は、心情を形づくる仕事をするにあたって、人の心の中を深くきわめる技術をこころえた観察者、哲学者としてのほんとうの役割をはたすことになる。青年がまだ自分をいつわるようなことを考えないあいだは、そういうことをまだ学んでいないあいだは、かれに見せる一つ一つのものからかれがどんな印象をうけとるかを、その様子、目つき、動作によって知ることができる。かれの顔にはかれの心のあらゆる動きが読みとられるのだ。それによく注意していることによって、かれの心の動きを見ぬき、さらにそれを導いていくことができるようになる。

ひろくみとめられるところでは、血の滴《したた》り、傷、泣き声、うめき声、つらい手術の道具など、苦悩の対象を感官にもたらすものはすべて、いっそうはやくから、いっそう一般的に、あらゆる人の心をとらえる。破壊の観念は、もっと複雑なので、同様には感じられない。死の姿はもっとあとになってから心にふれ、それほど強く心を動かすこともない。だれも自分のこととして死んだ経験をもつ者はいないからだ。瀕死《ひんし》の人の苦悶を感じるには死骸《しがい》を見たことがなければならない。しかし、ひとたび死の姿がはっきりとわたしたちの精神にきざみつけられると、わたしたちにとってそれ以上に恐ろしい光景はなくなる。それは、死の姿がそのとき感官を通してあたえる完全な破壊という観念のためであり、また、人は、その瞬間があらゆる人間にとって避けがたいことを知って、まぬがれられないことが確実にわかっている状態にいっそう激しく心を揺さぶられる思いがするからでもある。

こういうさまざまな印象には変化と段階があって、これは各人の個別的な性格と以前からの習慣に依存している。けれども、それは普遍的なもので、それを完全にまぬがれている人はいない。そのほかにもっとおそくなってから感じられるそれほど一般的でない印象があり、これは感じやすい心をもつ人にいっそうよく感じられる。それは精神的な苦痛、内面的な苦しみ、悩み、憂い、悲しみなどからうける印象である。泣き声を聞き、涙を見なければ、心を動かされないような人たちもいる。こういう人たちは、悩みにしめつけられた胸からもれる長いあいだのひそかなうめき声に嘆息させられたことはけっしてない。がっかりした様子、やつれて血の気のない顔、もう泣くこともできないうつろな目、そういう人を見て、こちらが泣いたというようなことはけっしてない。こういう人たちにとっては、心の苦しみなどはなんの意味もない。それがわかっていても、かれらの心はなにも感じない。こういう人たちには、やわらげることのできないきびしさ、頑固な心、残酷な心以外のものを期待してはいけない。かれらは廉潔な正しい人になれるかもしれないが、寛大であわれみぶかい人にはけっしてなれない。かれらは正しい人になれるかもしれないとわたしは言った。しかしそれは、人間はあわれみをもたなくても正しい人になれるとしたら、としての話だ。

しかし、こういう規則によって早急に若い人たちを判断してはならない。当然そうでなければならない教育をうけて、まだ感じさせられたことのない精神的な苦痛についてなんの観念ももたない青年のばあいにはなおさらのことだ。もういちど言えば、こういう青年は自分が知っている苦しみのほかにはあわれむことができないのだ。そして、その表面的な無関心はただ無知のせいなので、人生には自分の知らない無数の苦しみがあることを知るようになれば、無関心はたちまち感動に変わってしまうのだ。わたしのエミールについて言えば、子ども時代にはかれは単純さと良識をもっていたが、青年時代になれば、やさしい心と豊かな感受性をもつことになるとわたしは確信している。正しい感情は正確な観念にもとづくことが多いからだ。

しかし、なぜここへかれを呼んでくるのか。わたしの最初の決心を、わたしが生徒に約束したいつも変わらない幸福を、わたしが忘れていることを責める読者は一人にとどまらないだろう。不幸な人たち、死んでいく人、苦痛と悲惨の光景。人生にめざめた青年の心にとってなんという幸福、なんという喜び！　陰気な教師は楽しい教育をするつもりだと言っておきながら、苦しめるために目をひらかせているにすぎない。こんなことを読者は言うだろう。だがわたしはかまわない。わたしはかれを幸福にしてやると約束した。幸福らしく見えるようにしてやると約束したのではない。あなたがたはいつも表面的なことにだまされ、それを現実と思いちがいしているのだが、それはわたしのせいだろうか。

初期の教育を終えて、まったく反対の二つの門から世の中にはいっていく二人の青年を考えてみよう。一方はひと跳びでオリュンポスの頂上をきわめ、このうえなく輝かしい社交界で羽根をのばしている。かれは宮廷へ、高位高官の邸《やしき》へ、金持ちの家へ、美しい女性たちのいるところへ連れていかれる。いたるところでかれはちやほやされているとしよう。そういう歓待がかれの理性におよぼす効果は問題にしない。理性はそれに耐えるものとしよう。楽しみごとはあちらからもこちらからもかれのまえにとんでくる。毎日のように新しいことがかれを楽しませる。かれは心をそそる興味を感じてあらゆることに身をまかせている。あなたがたは、かれが目を見はり、胸をわくわくさせ、好奇心に燃えているのを見る。かれの最初の感嘆の声があなたがたの耳をうつ。かれは満足しているのだとあなたがたは考える。しかし、かれの心の状態をみるがいい。あなたがたは、かれは楽しんでいるのだと信じているが、わたしは、かれは苦しんでいるのだと考える。

目をひらいてまずかれがみとめるものはなにか。かれの知らなかった無数のいつわりのしあわせ、その大部分は一瞬間しかかれの手にとどまっていてくれないので、それを奪われた恨めしさを感じさせるためにかれのまえにあらわれたとしか思われないようなしあわせだ。宮殿のなかを歩いているときは、かれの落ち着かない好奇心をみとめて、なぜ自分の父親の家はこんなふうではないのだろうと考えこんでいることがわかる。かれがたずねることはすべて、かれがその家の主人と自分をくらべてみていることをあなたがたに語っている。そして、そんなふうにくらべてみることによってかれの心を苦しめることになるすべてのものが、かれの虚栄心をかきたて、反抗を感じさせる。自分よりよい服装をしている青年に会えば、もの惜しみをする自分の親たちに心のなかで不平を言っている様子が見られる。ほかの者よりも飾りたてているばあいにも、そのほかの者が家柄によって、あるいは才能によって、かれの影を薄くし、かれの金ピカの服も質素な服のまえにおじぎをしなければならないことを知って、つらい思いをする。人々の集まりでかれ一人だけが輝かしく見えたとしても、人々からよく見てもらうために背のびをしてみたところで、きざな若い男のからいばりをやっつけてやろうと心のなかで考えない者がいるだろうか。申しあわせたようにすべての人がやがて結束することになる。まじめな人のどぎまぎさせるようなまなざし、しんらつな人のあざけりのことばがいずれかれにむけられることになるし、かれを軽蔑している人はたった一人だけだとしても、その人の軽蔑はほかの人々の喝采《かっさい》をたちまちにがにがしいものにする。

かれにすべてをあたえよう。人の気に入られるようなものを、すぐれた点を、惜しみなくかれにあたえよう。姿がよくて、才気にみちた、愛すべき人間だとしよう。かれは女性にちやほやされるだろう。けれども、まだ女性を愛することができないかれをちやほやすることによって、女性たちはかれを恋人ではなく、むしろ気ちがいにしてしまうだろう。かれは幸運に恵まれるだろう。けれども、それを利用するための感激も情念ももたないだろう。いつも先を越されている欲望は、けっして生まれてくる機会をもたないので、かれは、快楽に浸《ひた》されていながら、やりきれない間《ま》の悪さを感じるだけだ。男性の幸福のために存在する異性も、まだそれを知らないうちに、もうかれに嫌悪をおぼえさせ、あきあきした思いをさせる。それでも、あいかわらず女性に会っているとしたら、それはもう虚栄心のためにすぎない。そして、ほんとうの好みから愛着を感じているばあいにも、かれ一人が若くてすばらしい愛すべき人間というわけではないだろうから、自分の愛人のうちに奇跡的な忠実さをみいだせるとはかぎらないだろう。

そういう生活にかならずついてまわるあらゆる種類のいやがらせ、裏切り、腹黒さ、後悔についてはなにも言うまい。社交界にはそういうことがうんざりするほどあることは、だれでも知っている。最初の幻想に結びついたやりきれない思いについてだけ話しておく。

これまで家族の者と友だちのあいだに閉じこもっていて、かれらのあらゆる心づかいの唯一の対象になっていた者が、とつぜん、かれなどほとんど勘定にはいらないような状況におかれたとき、長いあいだ自分の世界の中心であった者がいわばちがった世界の海で溺れているような感じをもったとき、かれにとってはなんというひどい変わりかただろう。自分の周囲にいた人たちのあいだで意識していた、そして大きくなっていった、自分は重要な存在だという偏見を、知らない人たちのあいだにあって失うことになるまでには、どれほどの侮辱と卑屈な思いを忍ばなければならないことか。子どものときには、みんながかれのいうことをきいてくれた。みんなが急いでかれのまわりに集まってきてくれた。青年になったかれは、すべての人に譲らなければならない。そうしないで、すこしでも自分を忘れて、以前のような態度をもちつづけるとしたら、どんなに苛酷な教訓がかれに反省させることになることか。ほしいものをすぐに手に入れていた習慣は、かれに多くのことを望ませながらも、なにひとつ手に入れることができないことをたえず感じさせる。気に入ったものはなんでもかれの心を誘う。ほかの人がもっているものはなんでももちたいと思う。かれはあらゆるものをほしがり、すべての人をうらやましく思い、どこへいっても他人を支配したいと思う。虚栄心がかれの心をむしばみ、際限のないはげしい欲望が若い心を燃えあがらせる。その欲望とともに嫉妬《しっと》と憎悪が生まれる。あらゆる貪欲な情念が同時に羽根をひろげる。かれは騒々しい社交界を飛びまわる。毎晩のようにそわそわした姿を見せ、自分にも他人にも不満を感じて帰って行く。さまざまなむなしい計画を描き、さまざまな気まぐれに悩まされながら眠りにつく。そしてかれの傲慢《ごうまん》な心は夢のなかでまでらちもない幸福を描いている。それをもとめて心をいらだたせながらも一生かかってても手に入れることのできないらちもない幸福を夢みている。これがあなたがたの生徒だ。つぎにわたしの生徒を見ることにしよう。

わたしの生徒の目にまず触れるのは悲しみの対象であるとしても、自分をかえりみてまず感じるのは喜びの感情である。どれほどの不幸から自分がまぬがれているかを知って、かれはまえに考えていたよりもずっと自分が幸福であることを感じる。かれは自分と同じ人間の苦しみをわかつ。けれども、苦しみをわかつことは自分の意志ですることで、快いことだ。かれは人々の不幸にたいして同情をおぼえると同時に、そういう不幸をまぬがれている自分の幸福を感じる。わたしたちをわたしたちの外にまでひろげさせ、快い生活を送ってなおあまりあるわたしたちの活動力をほかのもののうえにそそがせる、そういう力の状態にある自分をかれは感じる。他人の不幸をあわれむには、たしかにその不幸を知っていなければならないが、それを現に自分が感じていてはだめだ。苦しい目にあったことのある人は、あるいは苦しい目にあうことを恐れている人は、苦しんでいる人をあわれむ。けれども、現に苦しんでいる人は自分をあわれむだけだ。ところで、人はみんな人生の苦しみを感じなければならないのだから、人はだれでも現在自分が必要としない感受性だけをほかの人にむけるのだとすれば、同情ということはひじょうに快い感情でなければならないことになる。それはわたしたちが恵まれた状態にあることを示しているからだ。そしてはんたいに、冷酷な人間はいつも不幸だということになる。かれの心の状態は他人の苦しみにむけられる余分の感受性をぜんぜんもたせないことになるからだ。

わたしたちは表面的なことで幸福を判断していることがあまりにも多い。どこよりも幸福のみあたらないところにそれがあると考えている。幸福がありえないところにそれをもとめている。陽気な気分は幸福のごくあいまいなしるしにすぎない。陽気な人は他人をだまし、自分でも気をまぎらそうとしている不幸な人にすぎないことが多い。人の集まったところでは微笑をたたえ、快活で、朗らかな様子をしている人は、ほとんどみんな、自分の家では陰気な顔でどなりちらしていて、召使いたちは主人が世間でふりまいている愛嬌のために苦しむことになるのだ。ほんとうの満足感は、陽気でもなければ、ふざけちらしたりすることでもない。その快い感情をだいじにして、それを味わいながらよく考え、十分に楽しみ、それを発散させてしまうことを恐れている。ほんとうに幸福な人間というものは、あまりしゃべらないし、ほとんど笑わない。かれは幸福をいわば自分の心のまわりに集中させる。騒々しい楽しみごと、はねっかえるような喜びは、嫌悪と倦怠を覆《おお》いかくしている。一方、メランコリーは快楽の友だ。感動と涙がこのうえなく快い楽しみにともなう。そして、大きな喜びもまた、叫び声ではなく、むしろ涙をもたらすのだ。

はじめは、いろいろと変化のある楽しみごとが幸福に役だつようにみえるとしても、一様な変化のない生活ははじめは退屈なようにみえるとしても、もっとよく見れば、はんたいに、いちばんなごやかな心の習慣は、欲望と嫌悪感にとらえられることが少ない、節度ある楽しみのうちにあることがわかる。落ち着きのない欲望は、好奇心を、変わりやすい気分を生みだす。騒々しい楽しみのむなしさは倦怠感を生みだす。もっと快い状態を知らなければ、人はけっしてその状態に退屈することはない。世界のあらゆる人間のなかで、未開人は、いちばん好奇心をもつことが少なく、いちばん退屈することの少ない人間だ。かれらはどんなことにも無関心だ。かれらは事物を楽しんでいるのではなく、自分を楽しんでいるのだ。かれらはなにもしないで人生を過ごしているが、けっして退屈しない。

社交界の人は完全に仮面をかぶって生きている。ほとんどいつも自分自身であることはなく、いつも自分とは縁のないものになっていて、自分に帰ることを余儀なくされたときには、窮屈な感じがする。かれにとっては、じっさいにあるものにはなんの意味もなく、表面的なことがすべてなのだ。

さっき話したような青年の顔を見ると、落ち着いた人に不快の念をあたえ、やりきれなくなるような、なんとなく生意気なところ、猫をかぶったようなところ、気どったところを感じずにはいられない。ところが、わたしの生徒の顔には、満足感、ほんとうに朗らかな心を示し、尊敬、信頼感を呼び起こす表情、かれに近づく人々に友情を感じるためにひたすら相手の友情の発露を待っているようにみえる、人をひきつける素直な表情を見ずにはいられない。容貌というものは、自然によってすでにしるされている線をたんに拡大したものにすぎないと人は考えている。わたしは、そういう拡大ということのほかに、人間の顔の線は、ある種の心の動きのひんぱんな、習慣的な印象によって知らずしらずのうちにできあがってきて、一定の特徴をもつようになると考えたい。そういう心の動きは顔に示される。これ以上にたしかなことはない。そして、それが習慣になると、そこに永続的な印象を残すことになる。こういうわけで、容貌は性格を示すものとわたしは考える。そして、ときには容貌で性格を判断することができるのであって、それには、わたしたちがもたない知識を予想する神秘的な説明をもとめるようなことをする必要はないとわたしは考えている。

子どもは、喜びと苦しみという、はっきりわかる二つの感情しかもたない。子どもは笑うか泣くかするだけだ。中間的な感情は子どもにはなんの意味もない。子どもはたえずそれら二つの感情の一方から他方へ移っていく。このたえまない交代は、それらの感情が子どもの顔に変わらない印象をあたえることをさまたげ、その顔が特徴をおびることをさまたげる。ところが、もっと感じやすくなって、もっと強く、あるいはもっと継続的に心を動かされる年ごろになると、いっそう深い印象がもう容易には消しさることのできない跡を残すようになる。そして、習慣的な心の状態から線の配列ができあがり、それは時とともにぬぐいさることのできないものになる。それにしても、時期によって人の容貌が変わるというのはめずらしいことではない。わたしはそういう例をいくたびか見たことがある。そして、わたしにいつもわかったことは、わたしが十分によく観察して変化の跡をたどることができた人たちは、習慣的な情念も同時に変わっていったことだ。十分に確認されたこの事実だけでも決定的だと思われるし、これは教育論のなかでもちだしてもおかしくないことだと思う。教育においては、外部のしるしによって心の動きを判断することを学ぶのはたいせつなことだ。

世間のしきたりになっているやりかたをまねることを学ばなかったために、そして、感じてもいない感情をよそおうことを学ばなかったために、わたしの青年はそれほど人に好かれないようになるかどうか、わたしにはわからないが、それはここでは問題にしない。ただ、かれがいっそう人を愛する人間になることだけはわかっている。そして、自分だけを愛している者が、じょうずに自分の感情をいつわって、他人にたいする愛着からあらたな幸福感をひきだす者と同じ程度に、人に気に入られるとはわたしにはとても考えられない。もっとも、この幸福感がどういうものであるかについては、この点について理性的な読者を導いていけるだけのことは、そして、わたしが矛盾したことを言っているのではないことを証明するにたるだけのことはもう十分に話しておいたと思う。

そこで、ふたたびわたしの方法にかえって、わたしはこう言おう。危険な年齢に近づいたら、青年にかれらの気持ちを押さえるようなものを見せるがいい。かれらを刺激するようなものを見せてはならない。官能を燃えたたせるようなことはしないで、そのはたらきを弱めるようなものであらわれはじめたかれらの想像力をだますがいい。かれらを大都会から遠ざけるがいい。そこでは、女性たちのはなやかな装いと慎しみのない態度が自然の教えをはやめたり、先ばしったことをしたりする。そこでは、あらゆるものが青年の目に、選択できるようになったあとでなければ知ってはならない快楽をひろげて見せる。かれらを最初の住処《すみか》へ連れもどすがいい。田園の純朴な生活がかれらの年齢の情念をそれほどはやく発達させることにならないところへ連れもどすがいい。あるいは、芸術にたいする趣味がかれらをまだ都会にひきとめておくとしたなら、ほかならぬその趣味によって、かれらが危険な有閑生活を送るのをさまたげるがいい。かれらの友人を、仕事を、楽しみを、注意ぶかく選んでやるのだ。感動的な、といってもつつましい絵だけを見せるがいい。かれらの心を動かしても、迷わせることなく、感受性をはぐくんでも、官能を刺激しないような絵だけを見せるがいい。また、どんなことにも恐れなければならないなんらかの行き過ぎがあること、節度のない情熱は避けようとする害よりももっと多くの害をおよぼさずにはおかないことも考えなければならない。あなたがたの生徒を看護人、慈善会の修道士にすることなどは問題にならない。痛ましいもの、悩ましいものでたえず目を悲しませ、病人から病人へ、病院から病院へ、グレーヴの広*場から刑務所へとかれを連れて歩くことなどは問題にならない。人間の悲惨な光景によってかれの心を動かさなければならないが、冷酷にしてはいけない。長いあいだ同じような光景を目にしていると、人はその印象に無感覚になってくる。習慣はどんなことにも人をなれさせる。あまりひんぱんに見ていることは、人はもう思い浮かべることもなくなるものだが、わたしたちに他人の不幸を感じさせるのは想像にほかならない。だから、人が死んだり苦しんだりするのをたびたび見ているうちに坊主や医者は無慈悲な人間になってくる。そこで、あなたがたの生徒には、人間の運命と自分と同じ仲間の者のみじめさを知らせるがいい。けれども、あまりにもしばしばそういうことを目《ま》のあたりに見せないことだ。ただ一つのものでも、適当なものを選んで、適当な機会に見せることにすれば、一カ月のあいだかれを感動させ、反省させることになる。かれが見るものではなく、むしろ見たものについて自分で考えてみることが、それにたいするかれの判断を決定することになるのだ。そして、あるものからかれがうける永続的な印象は、もの自体から生ずるよりも、むしろそれをかれに思い出させる観点から生じるのだ。だから、実例や教えやイメージを適当にあたえることによって、あなたがたは長いあいだ、官能の刺激をにぶらせ、自然そのものの方針にそって進みながら自然をだましておくことになる。

かれが知能を獲得してくるにつれて、それに関連する観念をよく選ぶがいい。わたしたちの欲望が燃えあがってくるにしたがって、それを静めてくれるような画面を選ぶがいい。その品行によっても、勇敢さによっても、人にぬきんでていたある年老いた軍人がわたしに話してくれたところでは、かれがまだごく若いころ、良識のある、しかし、ひじょうに信心ぶかいかれの父親は、あらわれはじめた情欲が女性にたいしてかれを夢中にならせているのをみて、それを押さえつけようとしてできるだけのことをしていた。しかし、ついに、どんなことをしてみても、もう手におえなくなったと感じて、父親は息子を黴毒《ばいどく》患者が収容されている病院に連れていくことを考えついた。そして、まえもってなんにも言わずに、あのみじめな連中が恐ろしい手当てをうけながらそういう状態にたちいたらせたふしだらな生活のつぐないをしている部屋《へや》にはいらせた。あらゆる感覚に同時に嫌悪をおぼえさせる醜い光景を見て、青年は自分も病気になってしまいそうだった。そのとき、父親は激しい口調で息子に言った。「さあ、みじめな道楽者、おまえをひきずっていく卑劣な傾向にしたがっていくんだ。いずれおまえは、この部屋にいれてもらえたらありがたいしあわせということになるだろう。ここでまったくけがらわしい苦しみにさいなまれておまえが死んだことを、おやじは神に感謝せずにはいられないことになるだろう。」

青年に目を見はらせた強烈な光景とともに、この手短なことばは、その後けっして消えさることのない印象を青年にあたえた。その身分のために青年時代を兵営で過ごさなければならなかったかれは、同僚の放恣《ほうし》な生活をまねるよりはかれらのあらゆるあざけりのことばを浴びることを選んだ。かれはわたしに言った。「わたしは男でした。わたしは弱い人間でした。けれども、この歳になるまで、娼婦を見ると恐怖を感ぜずにはいられませんでした。」教師よ、ことばは少な目にするがいい。しかし、場所、時、人物を選ぶことを学ぶがいい。そして、あなたの教訓をすべて実例によってあたえるのだ。そうすれば効果は確実だと思っていい。

子ども時代にすることはたいしたことではない。そこに忍びこんでくる悪には対策がないわけではない。そして、そこに生まれる善はおそくなってからでも生まれてくるものだ。しかし、人間がほんとうに生きはじめる最初の時期についてはそうはいかない。この時期は、そのあいだになすべきことをするのに十分なくらい長くつづくことはけっしてないし、しかも、これは重要な時期だから、たえまない注意を必要とする。だからこそ、わたしはこの時期を長くひきのばす技術について強調するのだ。すぐれた栽培法のもっとも有益な教えの一つは、なにごともできるだけおくらせるということだ。ゆっくりと確実に前進させるがいい。青年が大人になるためになすべきことがなにも残っていないことになるまで、大人にならせないようにするのだ。肉体が成長しつつあるあいだに、血液に芳香をあたえ、筋肉に力をあたえることになっている精気がつくられ、精製されていく。あなたがたがそれにちがった道をとらせるなら、そして、ある個体を完成させることになっているものが別のものをつくることになるなら、二つのものはいずれも無力な状態にとどまり、自然の仕事は完成されないことになる。精神のはたらきもまたやがてそういう変質を感じさせることになる。そして魂は、肉体と同じように弱々しく、無気力で衰弱した機能しかはたさないことになる。太い頑丈な手足は勇気も才能もつくりだすことにはならないし、また、魂と肉体をつなぐ器官がうまくできあがっていなければ、魂の力は肉体の力にともなわないということもわかる。しかし、その器官がどんなにうまくできあがっていたとしても、そのもとになるものが無気力な乏しい血液、体のあらゆる機構に力とはずみをあたえる実体を欠いた血液にすぎないなら、その器官はやはり弱いはたらきしかしないことになる。一般に、若いころ、早期の堕落からまもられていた人たちには、ふしだらな生活をすることができるようになるとすぐにそういう生活をはじめた人たちにおけるよりも、豊かな魂の力がみとめられる。そして、これは疑いもなく、よい風習をもつ国民が、ふつう、そうでない国民よりも、良識においても、勇気においても、まさっていることの理由の一つだ。後者はただ、かれらが才気とか明敏とか繊細とか呼んでいるなにかよくわからないつまらないおしゃべりの才能で知られている。けれども、りっぱな行為、美徳、ほんとうに有益な仕事によって人間をすぐれたものにし、かれに尊敬をはらわせることになる、知恵と理性にもとづく偉大な、高貴な営みは、ほとんど前者においてのみみいだされる。

教師たちはこの時期の激しさが青年を手におえなくすることを嘆いている。それはわたしにもわかる。しかし、それは教師の罪ではないのか。ひとたびあの激しい火を官能にそそぎこませたら、それを別のところへ導いていくことはもうできないことをかれらは知らないのだろうか。衒学者《げんがくしゃ》の冷やかな長ったらしいお説教が、わかってきた快楽の姿を生徒の心から消すことになるだろうか、かれを苦しめている欲望を心から追いだすことになるだろうか。そのもちいかたを知った熱い血を冷ますことになるだろうか。その観念をもっているただ一つの幸福をさまたげようとするものにたいして、かれはいらだつことにならないだろうか。そして、人が命じても理解させることのできないきびしい掟《おきて》のうちにかれはなにを見ることになるだろう。自分を苦しめようとしている一人の人間の気まぐれと憎しみを見るだけではないか。かれが反抗するとしても、かれのほうでもその人間を憎むことになるとしても、それはふしぎなことだろうか。

ゆるやかな態度をとることによってそれほどやりきれない存在にならないようにすることはできるし、表面的には権威をもちつづけることもできる、ということはよくわかる。しかし、押さえなければならない悪いことを助長しなければ生徒にたいして保てない権威がなんの役にたつのか、わたしにはあまりよくわからない。それは、あばれ馬を静めるために、馬丁が馬を断崖にとびこませるようなものだ。

青年の情熱は教育のさまたげになるどころではなく、それによってこそ教育は仕上げられ、完成されるのだ。青年があなたがたよりも力において劣る存在ではなくなったとき、それこそかれの心をつかむ手がかりをあなたがたにあたえるのだ。かれの最初の愛情は、それによってあなたがたがかれの心のあらゆる動きを導く手綱《たづな》となる。かれは自由だったのに、いまでは服従することになるのだ。なんにも愛していないあいだは、かれは自分自身と自分の必要にしばられているだけだった。愛するようになるとすぐに、かれはその愛着にしばられることになる。こうして、かれをその同類に結びつける最初の絆《きずな》がつくられる。あらわれはじめたかれの感受性をそこへ導いていきさえすれば、かれはいきなりあらゆる人間を抱擁するなどと思ってはいけない。人類ということばがかれにとってなんらかのものを意味することになると考えてもいけない。そんなことはない、その感受性は、はじめはかれの仲間にむけられるだけだろうし、かれにとっては、仲間とは知らない人ではなく、自分に関係のある人たち、習慣によって親しいものになっているか、必要になっている人たち、明らかに自分と共通の考えかた、感じかたをしていると思われる人たち、自分が悩んだ苦しみにさらされていることが、自分が味わった喜びを感じることがわかっている人たち、一言でいえば、本性の同一性がほかのものにおけるよりもいっそうはっきりあらわれていて、たがいに愛し合おうとする気持ちを、ほかのものよりもいっそう強く感じさせる人たちをさす。天性をいろんなふうに育てていったのちにはじめて、自分自身の感情と他人のうちに観察される感情について多くの反省をしたのちにはじめて、かれはその個人的な観念を人類という抽象的な観念に一般化するにいたり、かれをその同類に同化することができる愛情を個人的な愛情に結びつけることができるようになるのだ。

愛着をもつことができるようになると、かれは他人の愛着に敏感になり、(三)それだからこそ、その愛着のしるしに注意ぶかくもなる。あなたがたには、かれにたいしてどんな新しい影響力が獲得されることになるか、おわかりだろうか。あなたがたは、かれが気づかないうちに、かれの心の周囲にどれほど頑丈な鎖をめぐらしてしまったことになるか。目をひらいて自分をながめ、あなたがかれのためにしたことを知るとき、自分を同じ年ごろのほかの青年にくらべ、あなたがたをほかの家庭教師にくらべてみることができるようになったとき、かれはどれほど多くのことを感じることか。かれが知るとき、とわたしは言ったが、あなたがたのほうからなにかかれに言わないようにすることだ。あなたがたが言えば、かれはもう知ろうとはしまい。あなたがたがかれにしてやったことのかわりに服従をもとめるとすれば、かれは、あなたがたはだましたのだ、と考えるにちがいない。あなたがたは無償で親切なことをしているようにみせかけて、かれに負債をおわせ、かれが同意した覚えのない契約でかれをしばりつけようとしたのだ、と考えるにちがいない。あなたがたが、かれにもとめていることは、かれ自身のためになるばかりだ、とつけくわえたところでむだだろう。とにかく、あなたがたは要求しているのだし、かれが承認していないのにしてやったことを盾《たて》にとって要求しているのだ。貧しい男が相手がくれるという金をもらって、そのために心ならずも軍隊に入れられたとしたら、それは正しいことではない、とあなたがたは叫ぶだろう。生徒が承知していなかったのに、世話をやいたからと言って、その代償をもとめるあなたがたはなおさら不正なことをしているのではないか。

高利で恩を売るようなことがそれほど知られていなければ、恩知らずな行為ももっと少なくなるにちがいない。人は自分によいことをしてくれる者を愛する。これはまったく自然な感情だ。忘恩は人間の心には存在しない。しかし、そこには利害の念がある。だから、利害を考えて恩恵をほどこす者よりも、恩をうけてそれを忘れる者のほうが少ない。あなたが贈り物をわたしに売りつけようとすれば、わたしは値段をまけろと言うだろう。しかし、くれるようなふりをしていて、あとで高い値段で売りつけようとするなら、あなたは詐欺をはたらいているのだ。無償であればこそ贈り物にははかりしれないねうちがあるのだ。人の心は自分の掟《おきて》のほかには掟をみとめない。人の心はつなぎとめようとすればはなれていき、自由にさせておけばつなぎとめられる。

漁夫が撒き餌《え》をすると、魚はやってきて、警戒もせずにそのまわりを泳いでいる。しかし、餌の下に隠された針にひっかかって、糸がたぐられるのを感じると、魚は逃げだそうとする。漁夫は恩恵をほどこしているのだろうか。魚は恩知らずなのだろうか。恩人に忘れられた人がその恩人を忘れるようなことがあるだろうか。はんたいに、その人はいつも喜んで恩人のことを語り、恩人のことを考えるたびに感動せずにはいられない。たまたまなにか思いがけない奉仕をすることによってその人がしてくれたことを忘れないでいる証拠を見せる機会がみつかれば、どれほど大きな心の満足を感じながら感謝の念を示すことだろう。どんなに快い喜びをもって自分はだれであるかを知らせることだろう。どんなに大きな感激をもってその人に言うことだろう。やっとわたしの番になりました、と。これこそほんとうの自然の声だ。ほんとうの恩恵はけっして恩知らずをつくりはしなかった。

そこで、感謝の念は自然の感情だとすれば、そして、あなたがたの過ちでその効果を無にしなければ、あなたがたの生徒は、あなたがたのほうから代償をもとめるようなことをしなかったなら、あなたがたの心づかいのねうちがわかってきて、それをありがたく感じるようになることは確実だと思っていい。そして、あなたがたの心づかいは生徒の心のうえにどんなことがあっても失われない大きな権威をあたえることになるのは確実だと思っていい。けれども、そういう有利な態勢が確立されないうちに、生徒にむかってあなたがたの功績を誇ってそれを台なしにしないように気をつけるのだ。かれのためにあなたがたがしたことを自慢すれば、かれにやりきれない思いをさせる。それを忘れてしまえば、かれに思い出させることになる。かれを大人としてとりあつかえる時期がくるまでは、あなたがたにたいするかれの義務というようなことをけっして問題にしてはいけない。ただ、自分自身にたいするかれの義務を問題にすべきだ。かれを従順にするためには、完全な自由をあたえるがいい。あなたがたは身をかくして、かれにさがさせるがいい。かれの利害ということのほかにはけっして口に出さないで、感謝という高貴な感情にかれの魂を高めるがいい。相手がしていることはかれの幸福のためだということをかれが理解できるようになるまでは、かれにむかってそれを言うことをわたしは望まなかった。そういうことを言えば、かれはそこにあなたがたの依存状態をみるだけで、あなたがたはかれの召使いにすぎないと考えたにちがいない。しかしいまでは、愛するとはどういうことかわかりはじめてきたかれは、一人の人間を愛する者に結びつけるのはどんなに快い絆《きずな》であるかということも知っている。そして、たえずかれのことを考えているあなたがたの熱意のうちにも、もう奴隷の愛着ではなく、友人の愛情を感じている。ところで、人間の心にとっては、はっきりとわかっている友情の声以上に重みのあるものはなにもない。友情がわたしたちに語ることばはすべてわたしたちの利益のためであることがわかっているからだ。友人もまちがったことを言うばあいはある、しかし、友人はけっしてわたしたちにまちがったことをさせようとはしない、と信じていい。ときには友人の忠告を聞き入れないことはあっても、それを無視するようなことをけっしてしてはならない。

わたしたちはやっと道徳的な秩序のなかへはいっていく。わたしたちは人間の第二の段階を経過したのだ。ここでそういうことを語るべきだとするなら、心の最初の動きから良心の最初の声が聞こえてくることの、愛と憎しみの感情から善悪の最初の観念が生まれてくることの証明をわたしはこころみたい。「正義」と「善」はたんに抽象的なことば、悟性によってつくられるたんなる倫理的なものではなく、理性によって照らされた魂がほんとうに感じるものであること、それはわたしたちの原始的な感情の正しい進歩の一段階にほかならないこと、良心とかかわりなしに、理性だけではどんな自然の掟《おきて》も確立されないこと、そして、自然の権利も、人間の心の自然の要求にもとづくのでなければ、すべて幻影にすぎないこと、そういうことをわたしは証明したい。けれども、ここでは形而上学や倫理学の概論を書くべきではないし、どんな種類の講義もすべきではないと考える。わたしたちの形成過程に関連させて、わたしたちの感情と知識の秩序と進歩を示せばそれでいい。わたしがここで指摘するにとどめることは、たぶんほかの人が証明してくれるだろう。(四)

わたしのエミールは、いままでは自分のことしか考えていなかったが、かれと同じ人間に注目するようになると、すぐに自分をかれらにくらべてみることになる。そして、この比較がかれのうちに呼び起こす最初の感情は、第一位を占めたいということだ。これは自分にたいする愛が自尊心に変わる地点、そしてそれに関係するあらゆる情念があらわれてくる地点だ。けれども、そういう情念のなかでかれの性格において支配的になるのが人間的なやさしい情念であるか、それとも、残酷でよくない情念であるか、好意と同情にみちた情念であるか、それとも、人をうらやみ、人のものをほしがるような情念であるか、それを決定するには、人々のなかで自分はどういう地位にあるとかれは感じるか、また、かれが獲得したいと思っている地位に到達するためにどんな種類の障害を克服しなければならないと考えることになるか、それを知る必要がある。

その地位の獲得をめざすかれを導いていくために、人間に共通の偶有性によって人々の姿を示してやったのちに、こんどは、たがいにちがう点によって人々の姿を示してやらなければならない。ここで、自然的な、また社会的な不平等の程度が示され、社会秩序ぜんたいの一覧表が示されることになる。

人間を通して社会を、社会を通して人間を研究しなければならない。政治学と倫理学を別々にとりあつかおうとする人々は、そのどちらにおいてもなにひとつ理解しないことになるのだ。まず原始的な関係に注目して、どうして人間はその影響をうけなければならないか、そして、そこからどういう情念が生まれてくるかをみる。逆に、情念が発達することによってその関係が複雑になり、緊密になることがわかる。人間を自由独立にするのは腕力ではなく、むしろ節度をわきまえた心である。少数のものにしか欲望を感じない人は少数の人にしか執着をもたない。ところが、わたしたちの無益な欲望を肉体的な必要とたえず混同しながら、肉体的な必要を人間社会の基礎としている人々はいつも結果を原因と考え、かれらのあらゆる推論においてまちがってばかりいる。

自然の状態には現実的な事実にもとづく破棄することのできない平等がある。自然の状態にあっては人間同志のたんなるちがいが一方を他方に隷属させるほど大きいことはありえないのだ。社会状態には架空のむなしい権利の平等がある。この平等を維持するための手段そのものがそれをぶちこわしているのだ。そして、弱者を押さえつけるために強者にあたえられている国家権力は、自然が両者のあいだにおいた一種の均衡を破っているのだ。(五) この最初の矛盾から、社会秩序のうちにみとめられる表面的なことと現実的なこととのあいだのいっさいの矛盾が生じてくる。いつでも大衆は少数者のために犠牲にされ、公共の利益は個人の利益のために犠牲にされるだろう。いつでも正義とか従属とかもっともらしいことばが暴力の手段、不正の武器としてもちいられるだろう。だから、ほかの階級にとって有益であるとみずから主張している選ばれたる階級は、じつはほかの階級の犠牲においてその階級自体に有益であるにすぎない。正義と理性の名においてそういう階級にはらわなければならないとされている尊敬をそこから考えてみなければならない。あとは、そういう階級が手に入れている地位がその地位を占めている人々の幸福にいっそう役だつものであるかどうかをみて、わたしたちの一人一人が自分の状態についてどう考えなければならないかを知ることだ。こういうことがいまやわたしたちの重要な研究題目になる。しかし、十分に念を入れて研究するためには、人間の心を知ることからはじめなければならない。

人間を仮面をかぶったままで青年に示してやることが問題なら、人間を見せてやる必要はない。かれらはいつも必要以上に見ていることになる。しかし、仮面は人間ではないし、上《うわ》っ面《つら》に心を迷わされてもいけないのだから、人間を描いてみせるなら、あるがままの人間を描いてみせるがいい。それは、青年を人間嫌いにさせるためではなく、人々をあわれみ、かれらと同じような者にはなりたくないと考えさせるためだ。これは、わたしの考えでは、人間が人類にたいしてもつことのできるいちばん筋の通った考えかただ。

そのためには、ここでは、いままでわたしたちがたどってきた道とは反対の道をとって、自分の経験によってではなく、むしろ他人の経験によって青年を教育する必要がある。人々がかれをあざむくならば、かれは人々を憎むだろう。しかし、自分は人々からはなれたところにいて、かれらがたがいにだましあっているのを見るとしたら、それをあわれと感じるだろう。ピタゴラスはこんなことを言っていた。世の中の光景はオリンピック競技の光景に似ている。ある者は、そこに店を出して、もうけることだけを考えている。他の者は、体をはって名誉をもとめている。また、ある者は競技を見るだけで

満足しているが、この最後の人たちはいちばんつまらないことをしている人たちではない、と。＊

青年がいっしょに暮らしている者にたいして好感をもつことができるようにその仲間を選んでやることをわたしは望みたい。また、世の中というものを十分によく知ることを学ばせ、そこで行なわれているあらゆることに嫌悪を感じさせたい。人間は生まれつき善良であることを知らせ、それを感じさせ、自分自身によって隣人を判断させたい。けれども、どんなふうに社会が人間を堕落させ、悪くするかを見させ、人々の偏見のうちにかれらのあらゆる不徳の源をみいださせ、個人の一人一人には尊敬をはらわせるが、群衆を軽蔑させ、人間はみんなほぼ同じような仮面をつけていること、しかしまた、なかには顔を覆《おお》っている仮面よりもずっと美しい顔があることを知らせたい。

この方法には、正直のところ、不都合な点もあって、実行するのは容易でない。かれがあんまりはやくから観察者になると、他人の行動をあんまりこまかく見ているようにかれを仕込むと、あなたがたはかれを、人の悪口を言ったり、あてこすりを言ったりする人間にすることになる、早急に断定的な判断をくだす人間にすることになる。かれはなにごとにおいてもいまわしい解釈をもとめ、なにかよいことでさえいい目で見ないことにいとうべき喜びを感じることになる。とにかくかれは不徳をながめることになれ、恐怖を感ぜずに悪人を見ることになれてしまう。人々があわれとも思わずにかわいそうな人たちを見るのになれてしまうのと同じだ。やがては、一般的な不正はかれに教訓をあたえることなく、むしろ、弁解の口実をあたえることになる。人間がこんなふうなら、自分もそれとちがったものになろうとすべきではない、とかれはつぶやくことになる。

もしもあなたがたが根本からかれに教えようとして、人間の心の本性とともに、わたしたちの傾向を悪へむかわせる外部的な原因の適用を知らせようとするなら、そんなふうに感覚的なものからいっぺんに知的なものへかれを移行させることによって、あなたがたはまだかれが理解することのできない形而上学をもちいているのだ。これまで注意ぶかく避けてきた不都合なことに、教訓めいた教訓をあたえ、生徒自身の経験と理性の歩みのかわりに先生の経験と権威をかれの心におくという不都合なことに、ふたたびあなたがたは落ちこんでいるのだ。

こうした二つの障害を同時にとりのぞくために、そして、かれの心をそこなうようなことはしないで、人間の心を理解させるために、わたしは遠いところにいる人間を見せてやることにしたい。別の時代、あるいはほかの場所にいる人間を見せてやることにしたい。そして、かれは舞台を見ることはできても、そこに登場することはけっしてできないようにしてやる。ここで歴史を教える時期がきたわけだ。歴史を通してかれは人の心を読み、哲学の授業などうけなくてもすむことになる。歴史を通してかれは人の心を見るのだ。たんなる観客として、なんの利害も情念も感じることなく、仲間としてでも検事としてでもなく、裁判官として見るのだ。

人々を知るためにはかれらの行動を見なければならない。社交界では人々の話は聞ける。かれらは弁舌を示して、行動を隠す。ところが、歴史のなかでは行動が明らかにされ、人々は事実にもとづいて判断される。かれらのことばそのものもかれらを評価する助けになる。かれらが言ってることと、していることとをくらべて、かれらはじっさいにどういう者であるかということと、またどういう者に見せかけようとしているかということが同時にわかるからだ。自分を隠そうとすればするほど、ますますよくかれらを知ることができるのだ。

困ったことにこの研究にはいろいろな危険、不都合がある。自分と同じ人間を公平に判断できるような地点に身をおくことはむずかしい。歴史の大きな欠点の一つは、人間をよい面からよりも、はるかに多く悪い面から描いていることだ。歴史は革命とか大騒動とかいうことがなければ興味がないので、温和な政治が行なわれてなにごともない状態のうちに国民の人口がふえ、国が栄えているあいだは歴史はなにも語らない。その国民が自分の国だけでは満足できなくなって、隣りの国の事件にくちばしをいれるか、それとも、自分の国の事件に隣りの国からくちばしをいれられるかしたときに、はじめて歴史は語りはじめる。歴史は、ある国がすでに衰えはじめているときに、それに輝かしい地位をあたえる。わたしたちの歴史はすべて終わりにすべきところではじまっているのだ。たがいに滅ぼしあっている国民についてはわたしたちはひじょうに正確な歴史をもっている。わたしたちに欠けているのは富み栄えていく国民の歴史だ。そういう国民は、十分幸福で、賢明なので、それについては歴史はなにも語ることがないのだ。そして、じっさい、現代においても、もっともうまくいっている政府はもっとも話題にのぼることの少ない政府であることをわたしたちは知っている。わたしたちはだから悪いことしか知らないのだ。よいことが一つの時期を画したというようなことはほとんどない。有名になるのは悪人だけだ。善良な人間は、忘れられているか、笑いものにされている。だから、歴史は、哲学と同じように、たえず人類を中傷していることになる。

さらに、歴史に述べられている事実は、その事実が起こったとおりに正確に描かれたものだとはとても言えない。それらの事実は、歴史家の頭のなかで形を変え、かれの利害によって型どられ、かれの偏見によって着色されている。ある事件を経過したとおりに見せるために、読者をその舞台となった場所に正確に連れていくことがだれにできよう。無知あるいは党派性がいっさいのことをつくりかえる。ある歴史的な事実を変えるようなことをしなくても、それに関係のある状況を大げさにつたえたり、手短に語ったりすることによって、その事実にどれほどちがった様相があたえられることだろう。同じものでもちがった観点から見れば、ほとんど同じものとは見えないのだが、見る者の目のほかにはなにも変わっていないのだ。あったこととはまるでちがったふうにある事実を見せながらその話をわたしに聞かせたところで、十分に真実を尊重したことになるだろうか。木が一本余計にあったとか、なかったとか、岩が右手にあったとか、左手にあったとか、風で埃《ほこり》の渦が巻き起こったとかいうこと、そういったことが戦闘の結果を決定したのだが、だれもそれに気がついてはいないばあいがどれほどあったことだろう。それにもかかわらず歴史家は、自分がいっさいのことを見ていたかのように、確信をもって、敗戦あるいは勝利の原因を語っているではないか。ところで、理由がわからないとしたら、事実それ自体になんの意味があるのか。そして、ほんとうの原因がわからない事件からどんな教訓をひきだせるのか。歴史家はある原因を指摘する。しかし、それはかれがこしらえたものだ。そして、批判というものも、人はやかましいことを言っているけれど、それは推測の術にすぎない。いくつかのうそのなかからいちばんよく真実に似ているうそを選びだす術にすぎない。

あなたがたは「クレオパトラ」とか「カッサンドル」*とか、あるいはそういった種類のほかの書物をお読みになったことはないだろうか。作者はよく知られた一つの事件を選んで、それから、それを自分の構想にあわせながら、創作した細部描写や、存在したこともない人物や、想像でつくりあげた人物描写で飾りたて、つくりごとを積み重ねておもしろい読物にしている。こういう小説とあなたがたのいわゆる歴史とのあいだにわたしはちがったところをほとんどみとめない。ただ、小説家はいっそう多く自分の想像に身をゆだねているが、歴史家はもっと他人の想像にしばられているだけだ。さらに、お望みとあればつけくわえて言うが、小説家は、よいにせよ悪いにせよ、ある道徳的な目的を設定しているが、歴史家はそういうことにほとんど関心をもっていない。

人はわたしにこう言うかもしれない。歴史の忠実さは風俗や性格の真実性よりも興味をひくことが少ない、人間の心が十分によく描きだされていれば、事件が忠実に語られているかどうかはたいして重要なことではない、結局のところ、と人はつけくわえて言うだろう、二千年まえに起こったことがわたしたちにどうだっていうのか、と。人物の面影が自然のままに十分によく表現されているなら、なるほどそのとおりだ。けれども、大部分の人物は歴史家の想像のうちにその原型をもっているにすぎないとすれば、それは避けようとした不都合なことにふたたびおちいって、教師の権威からとりあげたいと思うものを作家の権威にあたえることになるのではないか。わたしの生徒はいつも想像画だけを見ることになるというなら、わたしはその絵を、ほかのだれの手でもなく、自分の手で描くことにしたい。それは、とにかく、ずっとよくかれに理解されるだろう。

青年にとっていちばん悪い歴史家は判断をくだしている歴史家だ。事実を！　事実を！　そして生徒自身に判断させるのだ。そうしてこそ、かれは人々を知ることを学ぶのだ。著者の判断がたえず生徒を導いていたのでは、生徒は他人の目で見ているにすぎない。だから、その目がみあたらないときには、なにも見えなくなってしまう。

近代の歴史は除外することにする。それにはもう特徴がなくなっているし、近代の人間はみんな似たりよったりであるばかりでなく、近代の歴史家は光彩を放つことに専念して、色彩あざやかな肖像を描くことばかり考え、しかもそれらの肖像はしばしばなにものも表現してはいないからだ。(六)一般的にいって、古代作家は肖像を描くことが少なく、その判断に才気を示すよりも豊かな良識を示している。それにしても、古代作家についても慎重な選択をしなければならない。そしてはじめは、もっとも正確な作家ではなく、もっとも単純な作家をとらなければならない。わたしは青年の手にポリュビオスもサルスティウス*も渡したくない。タキトゥスは老人の読む書物だ。若い人はそれを理解するまでになっていない。人間の心の奥底をさぐるまえに、その基本的な様相を人間の行動のうちに見ることを学ばなければならない。一般的な格言を読むまえに、個々の事実がよく読めるようにならなければいけない。格言で語られる哲学は経験をつんだ者だけにふさわしい。若い人はなにごとも一般化すべきではない。かれらに教えることはすべて特殊な規則として教えられなければならない。

トゥキュディデスは、わたしの考えでは、歴史家の真の模範である。かれは判断せずに事実をつたえている。しかし、それについてわたしたちに判断させるために必要な事情を一つも言い落としていない。かれが語るすべてのことを読者の目のまえにおいてくれる。事件と読者とのあいだにわりこんでくるようなことはしないで、自分は姿を消している。人は読んでいるような気がしないで、見ているような気がしてくる。ただ、困ったことに、かれは戦争の話ばかりしていて、その物語にはこのうえなく非教育的なこと、つまり戦争のほかにはほとんどなにもみあたらない。「一万人の退却」とカエサルの「ガリア戦記」にはほぼ同じような知恵の輝きと同じような欠点がみられる。よきヘロドトスは肖像を描かず、格言を語らず、しかも流暢で素朴で、大きな興味を起こさせ、ひじょうに人を喜ばせることのできる細かい叙述を含み、おそらくだれよりもすぐれた歴史家となるべき人なのだが、しかし、その叙述はしばしば子どもじみた単純なことになってしまっていて、これは青年の趣味を養うよりも、むしろそこなうものになっている。ヘロドトスを読むにはすでに鋭い判別力をもっていなければならない。ティトゥス・リウィウスについてはなにも言わないでおく。いずれかれについて語る機会がくるだろう。ただ、かれは政治家であり、修辞学者であって、いまの時期には全然ふさわしくない人だ。

一般史は欠陥だらけだ。それは名前、場所、日付によって記憶される目だったいちじるしい事実だけを記録しているのだが、これらの事実が徐々に展開されていく原因は、同じような方法で示すことはできないので、いつも不明なままになっているからだ。ある戦いに勝ったこと、あるいは敗れたことに、人はしばしば革命の理由をみているが、この革命はその戦いに先だってすでにさけがたくなっていたこともある。戦争は道徳的な原因によってすでに決定されている事象を明るみに出すだけであることが多いのだが、そういう原因を歴史家たちはめったに見ぬくことができない。

哲学的な精神は今世紀の幾人かの作家の考察をこの方面にむけさせた。しかし、かれらの仕事によっていっそう多くの真実が明らかになったかどうかはおぼつかないと思う。体系熱がかれらのすべてをとらえているので、だれも事物をあるがままに見ようとはせず、みんな自分の体系に一致するように見ようとしているのだ。

こういう考察のすべてにつけくわえて、歴史は人間よりもはるかに多く行動を示していることを考えるがいい。歴史は人間をある選ばれた時期に、はなばなしい服装をしているときにとらえているのだ。それは人から見られるためにちゃんと身じまいをした公人を見せるだけだ。その人のあとを追って、家のなかへ、書斎のなかへ、家族の者のあいだへ、友人たちのあいだへはいりこんでいくようなことはしない。なにかを代表している者としてその人を描くにすぎない。歴史が描いているのはその人自身ではなく、むしろその人が着ている服なのだ。

　人間の心の研究をはじめるにあたって、わたしはむしろ個人の伝記を読むことにしたい。そこでは、人間はいくら姿をかくそうとしてもむだで、歴史家はどこへでもついていくのだ。歴史家はその人間に息つくひまもあたえない。見ている者の鋭い目をさけるための片隅もあたえない。そして、その人間がうまく身をかくせたと思っているときにこそ、歴史家はいっそうよくかれを知らせることになるのだ。モンテーニュは言っている。「伝記を書く人たちは、事件よりも意図に多くの興味をもっているし、外部で起こることよりも内部から出てくることにいっそう興味をもっているので、こういう人たちがわたしにはいっそうむいている。だからこそ、あらゆる種類のことで、プルタルコスはわたしにぴったりした人なのだ。*」

　たしかに、集合した人々つまり国民の精神は個々の人の性格とはひじょうにちがっているし、人間の心を集団においても検討しないのはきわめて不完全にそれを知ることになる。しかし、人々について判断をくだすにはまず人を研究しなければならないということ、そして各人の傾向を完全に知る者は国民ぜんたいのうちに結びあわされたその作用をすべて予想できるということもやはりたしかなことだ。

ここでもまた古代人にたよらなければならない。その理由はすでに述べたが、さらに、日常的で卑近な、しかし真実で特徴的な細部描写はすべて近代の文体からは遠ざけられているために、近代の著者によって人間は個人生活においても世界の舞台に立ったときと同じようにはなやかな衣裳を着せられているからだ。礼節は書物においても行動におけると同じようなきびしさを要求して、公衆の面前で行なうことを許していることのほかには語ることを許さないし、わたしたちは、人間をいつも代表者としてしか示すことができないので、演劇においても同じことだが、書物のなかでも人間を知ることはできない。いくら国王たちの伝記を書いても、百回も書きなおしてもだめだ。わたしたちはもうスエトニウス*をもつことはあるまい(七)。

プルタルコスは、わたしたちがもはやあえてたちいろうとはしない、そういう細かい点ですぐれている。かれは偉大な人々を些《さ》細《さい》な事実によって描きだすことに追随を許さない魅力をもっている。そして、逸話を選びだすことにきわめてたくみで、しばしば一言で、ちょっとした微笑で、身ぶりで、十分によく主人公の特徴を示している。冗談《じょうだん》ひとってハンニバルはおびえた軍隊を安心させ、イタリアをかれにひきわたすことになった戦いにむかって笑いながら進軍させる。棒にまたがったアゲシラオスはペルシャ大王を打ち破った人を愛すべき人間にしている。貧しい村を通りながら友人たちと語るカエサルは、ポンペイウスと肩をならべる者になりたいと思っているだけだ、と言っていた狡猾な人間をうっかり暴露する。アレクサンドロスは薬を飲みほして、ただのひと言もいわない。それはかれの生涯のもっとも美しい瞬間だ。アリステイデスは陶片のうえに自分の名をしるして、かれの渾名《あだな》が正当なことを証明した。フィロポイメンはマントを脱ぎすてて、泊めてもらった家の調理場で薪を切る。*こういうことこそ人間を描くほんとうの技術だ。人の面影は重大な事実には見られないし、性格は偉大な行動にはあらわれない。天性が明らかにされるのはつまらないことによってなのだ。国家的なことはあまりにもありふれているか、わざとらしく感じられるのだが、近代的な格調がわたしたちの著者にくわしく述べることを許しているのはこういうことに限られているといっていい。

疑いもなく、チュレンヌ殿*は前世紀のもっとも偉大な人物の一人だった。この殿のことを知らせ、好きにならせる細かいことをいろいろと述べて、その伝記を興味あるものにすることをあえてした人があった。けれども、もっとよく知らせ、好きにならせるようなことを、どれほどはぶいてしまわなければならなかったことか。わたしはただ一つだけ例をあげるが、これはたしかな筋から聞いたことで、プルタルコスならそれを言い落とすようなことはしなかったろうが、ラムジーはたとえ知っていたところで書くつもりはなかったにちがいない。

たいへん暑い夏の日だった。チュレンヌ子爵は短い白の上着をきて、縁《ふち》なし帽をかぶり、控えの間《ま》の窓のところにいた。そこへ召使いの一人がはいってきて、服装に思いちがいをして、その召使いと仲好しのコックだと思った。かれはそっとうしろから近づいていく。そして、かわいらしくもない手で思いきり相手の尻をひっぱたく。ぶたれた男はくるっとふりかえる。召使いは主人の顔を見てふるえあがる。すっかり度を失って、膝をつく。「閣下、わたくしはジョルジュだと思いましたので。」チュレンヌはお尻をさすりながら叫ぶ。「ジョルジュだってあんなに強くたたいちゃいけない。」まあ、こういうことは、みじめな連中よ、きみたちにはとても言えまい。いつまでも自然の心をもたず、情けを感じることもない人間でいるがいい。きみたちの鋼鉄の心をいやしい礼節できたえ、固くするがいい。威厳をたもとうとして軽蔑すべき人間になるがいいのだ。しかし、おまえは、おお、善良な若者よ、この逸話を読んで、それが教えている、瞬間的な動きにさえ見られるやさしい心のすべてを知って感動しているおまえは、この偉大な人物も、自分の生まれとか家名とかいうことが問題になると、たちまちけちくさい人間になったことも読むがいい。どこへ行っても自分の甥に一歩ゆずるようなわざとらしいことをして、その子どもが主権をもつ家の主《あるじ》であることを人々によくわからせようとしたのも、この同じチュレンヌだったことを考えるがいい。こういう対照的なことをくらべてみて、自然を愛し、臆見を軽蔑するがいい、そして人間を知るがいい。

こんなふうに指導される読書が青年のまったく新鮮な精神におよぼす効果を理解できる人はひじょうに少ない。わたしたちは子どものころから書物のうえにかがみこんで、考えもせずに読むことにならされているので、読んでいることも心にはふれない。歴史や伝記にいっぱいみられる情念や偏見をすでにわたしたち自身のうちにもっているので、人物がしていることはみんなわたしたちにはあたりまえのことのようにみえるからなおさらのことだ。わたしたちは自然の外に出てしまっているし、わたしたち自身によって他人を判断しているのだ。しかし、わたしの格率に従って教育された青年を考えてみよう。わたしのエミールを思い浮かべてみよう。十八年間のたゆみない心づかいは健全な判断力と健康な心をかれにもちつづけさせることだけを目的としてきたのだ。幕があいて、はじめて世の中という芝居を目にしたときのエミール、というよりもむしろ、舞台裏に位置を占めて、俳優たちが衣裳をつけたりぬいだりするのをながめ、観客の目をだます粗雑な魔術の道具である綱や滑車《かっしゃ》の数々を見ているエミールを思い浮かべてみよう。最初の驚きにつづいて、すぐに、自分と同じ人間を恥ずかしく思う心とかれらにたいする軽蔑の念がわきあがってくるだろう。そんなふうに全人類が自分自身にだまされ、そういう子どもじみた遊びごとをして自分をいやしめているのを見て、かれは憤慨するだろう。自分の同胞が夢みたいなことのためにたがいにつかみあっているのを見て、人間であることに満足できなかったために猛獣に変わっているのを見て、かれは悲しくなるだろう。

たしかに、生徒に素質があって、先生がいくらかでも慎重さと選択をもって読書をさせることにすれば、読書からひきだされる考察への道をすこしでもひらいてやることにすれば、こういう勉強は生徒にとって実践哲学の講義となる。それはわたしたちの学校で青年の頭を混乱させているあらゆるくだらない思弁的な研究よりもたしかにすぐれた、そして筋の通った講義になるだろう。ピュロスの夢みたいな計画を聞いたあとで、キネアスはピュロスにたずねた、世界を征服することによって、どんな現実の幸福を手に入れることができるのか、そんなに苦しい思いをしなくても、いまここですぐにもその幸福を楽しむことはできないのか、と。* わたしたちはそこにただ気のきいたことばをみいだすだけで、すぐにそれを忘れてしまう。しかしエミールは、そこにひじょうに賢明な考察をみいだすにちがいない。それはかれがはじめてみいだしたことになるかもしれないのだが、その後かれの頭から消えさることはあるまい。かれの頭にはその印象をさまたげるような反対の偏見は一つもみいだされないからだ。ついで、その無分別な男の伝記を読んで、かれの偉大な計画のすべてがけっきょく一人の女の手で殺される結果をもたらしたことがわかったとき、そういう偉大な将軍のあらゆる功績のうちに、そういう大政治家のあらゆる策略のうちに、エミールはなにをみとめることになるだろうか。不名誉な死によってかれの生涯と計画を終わらせることになった致命的な瓦《かわら》をもとめていくためにそんなに遠いところまで行ったということではないか。

征服者はみんな殺されたわけではない、簒奪者《さんだつ》はみんな計画に失敗したわけではない、一般の意見に毒された人々の目には、幾人かは幸運であったようにみえるだろう。けれども、表面的なことに足をとめないで、人間の幸福をその心の状態によってのみ判断する人は、かれらが成功したばあいにもみじめであることを知るだろう。かれらの心をさいなむ欲望と心配が、幸運に恵まれるにつれてひろがり、大きくなっていくことを知るだろう。息を切らして前進しながら、けっして目的地に到達できないことを知るだろう。経験のない旅行者がはじめてアルプスの山中にはいりこむと、一つの山を越えるたびに、これでアルプスを越えたことになるのだと思いながら、頂上に立ったときに自分の目のまえにもっと高い山をみいだしてがっかりしているが、かれらはそういった旅行者のようにみえるだろう。

アウグストゥスはローマの市民を服従させ、競争者を滅ぼしたのちに、四十年にわたってこれまでに存在した最大の帝国を支配した。しかし、その巨大な権力のすべてをもってしても、頭を壁にうちつけ、ひろい宮殿に叫び声を響かせて、全滅した軍団を返してくれとワルス*に言わずにいられなかったではないか。すべての敵を征服したとしても、そのむなしい勝利がなんの役にたったろう。あらゆる種類の苦しみがたえずかれの周囲に生まれていたではないか。もっとも親しい友人たちがかれの生命に危害をくわえていたではないか。身近な者のすべての恥ずべき行ないや死に泣かなければならなかったではないか。この不幸な男は世界を治めようとした。しかも自分の家を治めることもできなかったのだ。家をかえりみなかったためにどういうことになったか。かれは甥が、養子が、婿《むこ》が若い盛りに死んでいくのを見た。孫はみじめな生涯を数時間生きながらえるために、ベッドにつめてある毛を食わなければならなかった。娘と孫娘はいまわしい身持ちによってかれの顔に泥をぬったあげく、一人は離れ小島で窮乏と飢えのために死に、もう一人は牢獄で刑吏の手にかかって死んだ。最後に、かれ自身は、いまわしい一家の最後の生き残りになって、自分の妻のおかげで、後継者として一個の怪物を残すよりほかに手がないということになった。その光栄と幸運によってあれほど有名な世界の支配者の運命はこうしたものだった。* かれの光栄を賞め讃えている人々のなかに、同じような犠牲をはらってもそういう光栄を手に入れたいと思っている人がたった一人でもあると考えられようか。

わたしは野心を例にとりあげた。しかし、自分を知り、死者の犠牲において賢明になるために歴史を研究しようとする者にたいしては、人間のあらゆる情念のたわむれは同じような教訓をあたえる。アントニウスの生涯がアウグストゥスの生涯よりも青年にとってもっと身近な教訓になる時期が近づきつつある。* エミールはその新しい勉強のあいだに、かれの目を驚かす奇怪なもののうちに自分の姿をみとめるようなことはあるまい。かれは情念が生まれてこないうちにその幻想をあらかじめ遠ざけることができるだろう。そして、あらゆる時代において情念が人間を盲目にしたことをみて、たとえ自分が情念に溺れることになるにしても、どんなふうにそれが自分を盲目にするかをまえもって知ることになるだろう。(八) そういう教訓はかれにはふさわしくない。それはわたしも知っている。おそらく、必要なばあいには、それはもう間《ま》にあわないもの、不十分なものになるだろう。けれども、わたしがこの勉強から得たいと思ったのは、そういう教訓ではないことを思い出していただきたい。この勉強をはじめるにあたって、わたしはそれとは別の目的をたてていたのだ。その目的が十分に達せられないなら、それはたしかに教師の誤りだろう。

自尊心が発達してくるとすぐに相対的な「自我」がたえずはたらいてくることを、そして、青年は他人を観察しているときには必ず自分のことを考え、自分を他人とくらべてみていることを考えなければいけない。そこで、自分と同じような人間をしらべてみたあとで、かれらのあいだにあって自分はどういう地位に身をおいたらいいかを知ることが問題になる。青年に歴史を読ませるやりかたをみていると、かれらがみているあらゆる人物にいわばかれらを変えてしまうようなことをしていることがわかる。あるときはキケロに、あるときはトラヤヌス*に、あるいはアレクサンドロスにしようとしているのだ。自分のことを考えるとがっかりしたくなるようにしているのだ。自分以外のものにはなれない恨めしさをみんなに感じさせようとしているのだ。こういう方法にもある種の長所はあって、わたしもそれをみとめないわけではない。けれども、わたしのエミールについていえば、かれがそういう比較をして、自分とは別の者になりたいと思うようなことがたった一回でもあるとしたら、その別者がソクラテスだろうとカトー*だろうと、万事は失敗したのだ。自分とは縁のない者になろうと考える者は、やがては完全に自分を忘れてしまう。

人間をいちばんよく知っているのは哲学者ではない。哲学者は哲学の偏見を通して人間をみているにすぎない。あんなに多くの偏見をもっている連中をわたしはほかに知らないと言っていいくらいだ。未開人は哲学者が判断するよりももっと健全にわたしたちを判断している。哲学者は自分の不徳を感じて、わたしたちの不徳に腹をたてている。そしてこんなことをつぶやいている。「われわれはみんな悪人なんだ。」未開人はわたしたちを見ても心を動かされないで、こう言う。「あんたがたは気ちがいなんだ。」未開人の言うことは正しい。だれも悪いと知って悪いことをする者はいないのだ。わたしの生徒はそういう未開人だ。ただエミールは、もっとよく考え、もっとよく観念をくらべ、わたしたちの誤りをもっと身近に見ているから、自分をもっとよく警戒していて、自分の知ってることについてだけ判断をくだすというちがいがある。

他人の情念にたいしてわたしたちをいらだたせるのはわたしたちの情念だ。わたしたちに悪人たちを憎ませるのはわたしたちの利害だ。かれらがわたしたちになにも害をおよぼさないなら、わたしたちはかれらにたいして憎しみよりもむしろあわれみを感じるにちがいない。悪人たちがわたしたちにおよぼす害は、かれらが自分自身に害をあたえていることをわたしたちに忘れさせる。かれら自身の心がかれらの不徳をどれほど重く罰しているか知ることができるなら、わたしたちはもっと容易にかれらを赦《ゆる》すだろう。

わたしたちは害を感じているが、罰をみていないのだ。有利な点は目に見えるが、苦しみは内面的なのだ。自分の不徳の結果を楽しんでいるつもりでいる者は成功しなかったばあいよりも苦しんでいないわけではない。対象は変わっても、不安はもとのままなのだ。かれらがいくら運命の恵みを誇って自分の心をかくそうとしても、それはむだだ。かれらの行動は、かれらがなんと言おうと、その心を明らかにしている。しかし、それを見るためには、同じような心をもっていてはだめだ。

わたしたちが他人と同じように感じている情念はわたしたちを迷わせる。わたしたちの利益を傷つける情念は反抗を感じさせる。そして、そこからわたしたちの心に生まれてくる矛盾によって、わたしたちは自分がまねしたいと思うようなことを他人にむかって非難する。自分が同じ状態におかれていたとしたらしたかもしれない悪いことを他人からされて苦しまなければならないときには、反撥と錯覚をさけることはできない。

そこで、人々を十分によく観察するにはどういうことが必要になるのだろうか。人々を知ろうとする大きな関心、人々を判断するにあたってできるだけ公平であること、人間のあらゆる情念を理解できる程度に感じやすく、情念にとらえられずにすむ程度に平静な心だ。人生においてこの研究に都合のいい時期があるとすれば、それはエミールのためにわたしが選んだ時期だ。もっとはやければ、そういう研究はかれには縁のないことだったろうし、もっとおそくなれば、かれのほうがそういう勉強に縁のない者になったにちがいない。かれがそのたわむれを見ている臆見はまだかれにたいして勢力をもっていない。かれがその結果を感じている情念はかれの心を乱してはいない。かれは人間として、同胞にたいして関心をもっている。かれは公平な人として自分の仲間を判断するのだ。ところで、もしかれが十分によく人々を判断するなら、かれは、たしかに、かれらのなかのだれにも代わりたいとは思わないだろう。かれらが自分にあたえているあらゆる苦しみの目的は、かれがもっていない偏見に基礎をおいているのだから、かれにとっては宙に浮いた目的とみえるからだ。かれにとっては、かれが望んでいることはすべて自分の手の届くところにあるのだ。自分で自分のことができ、偏見にとらえられていないかれは、だれに依存しているわけでもあるまい。かれには腕がある、健康がある。(九)かれは節制をまもり、わずかな欲望を感じるだけで、それをみたす手段をもっている。このうえなく完全な自由のうちに育てられたかれに考えられるこのうえなく大きな不幸は隷属ということだ。みじめな国王たち、かれらに服従しているすべての者の奴隷である国王たちを、かれはかわいそうだと思う。むなしい名声にしばられているまがいものの賢者をあわれだと思う。豪奢な生活の殉教者になっている愚かな金持ちを気のどくに思う。楽しみをみせびらかして一生退屈な生活を送っているはでな放蕩者をあわれむ。

かれはかれに害を加える敵さえあわれむだろう。邪悪さのうちに敵の不幸を見るにちがいないからだ。かれはこうつぶやくことだろう、わたしに害を加える必要を感じることによって、この男は自分の運命をわたしの運命に依存させてしまったのだ、と。

もう一歩すすめばわたしたちは目的地に着く。自尊心は有効なしかし危険な道具だ。それはしばしばそれをもちいるものの手を傷つけ、悪いことをもたらさずによいことをすることはめったにない。エミールは人類のうちにある自分の地位を考え、恵まれた状態におかれていることを知って、あなたがたの理性の仕事を自分の理性の名誉とし、幸運の結果を功績の結果としたくなるだろう。かれはつぶやくだろう、わたしは賢くて、みんなはばかなんだ、と。かれは人々をあわれみながら軽蔑するだろう。自分を祝福しながらいっそう高く評価するだろう。そして自分が人々よりも幸福であることを感じて、自分は幸福であるのにいっそうふさわしい人間なのだと考えるだろう。こういうことこそなによりも恐れなければならない誤りだ。それはなによりも改めさせることがむずかしい誤りだから。もしそういう状態にいつまでもとどまっているとしたら、わたしたちのあらゆる心づかいにもかかわらず、かれはほとんど得るところはなかったことになる。そこで、どちらかをとらなければならないとしたら、傲慢《ごうまん》から生まれる錯覚よりも偏見から生まれる錯覚のほうがまだましだということにならないかどうか、わたしにはよくわからない。

偉大な人々は自分がすぐれた者であることについて思いちがいをしてはいない。かれらはそれを見、感じながらも、謙遜な態度をとる。多くのものをもっていればいるほど、かれらはなおさら自分に欠けているすべてのものをよく知っている。かれらはわたしたちにたいする優位を誇るよりも、むしろ自分のみじめさを感じてへりくだった態度をとる。そして、人がもたない財産をもちながらも、かれらには十二分の良識があるから、自分がつくりあげたわけでもない授かりものを自慢するようなことはしない。君子は自分の美徳を誇ることができる。その美徳はかれのものだからだ。しかし、才人はなにを誇りとするのか。ラシーヌはプラドンにならないためになにをしたというのか。ボワローはコタンにならないためになにをしたというのか。*

ここでは、それもまたまったく関係のないことだ。いつもふつうの状態にとどまっていることにしよう。わたしはわたしの生徒がとびぬけた天才をもっている者とも、にぶい悟性をもっている者とも仮定してはいない。ふつうの精神をもつ者のなかから生徒を選んで、人間にたいして教育がなにをすることができるかを証明しようとしたのだ。めったにない場合はすべて規則にはあてはまらない。だから、わたしの心づかいの結果、エミールがほかの人々のやりかたよりも自分の生きかた、見かた、感じかたを選ぶとしたら、エミールは正しいのだ。けれども、そのために自分はほかの人々よりもすぐれた本質をもつ者であり、生まれながらにいっそう恵まれているのだと考えるなら、エミールはまちがっているのだ。かれは思いちがいをしているのだ。その迷いをさましてやらなければならない。あるいはむしろ、そういう迷いに落ちこまないようにしてやらなければならない。でなければ、すっかり手おくれになって、誤りを改めさせることがもうできなくなる恐れがある。

　気ちがいでない人間になおしてやれない狂気沙汰はないが、虚栄心だけは別だ。虚栄心だけは、それをなおせるものがなにかあるとすればだが、経験による以外にはなおす方法はない。少なくとも、芽ばえてきたばかりのときなら、それが大きくなるのをふせぐことはできる。だから、青年にかれもほかの人間と同じような人間であり、同じような弱さにしばられていることを証明しようとしてむなしい議論に迷いこむようなことをしてはならない。そのことをかれに感じさせるのだ。そうしなければ、かれにはけっしてそれがわからないだろう。これもまたわたしの本来の規則では例外的なばあいだ。それは、わたしの生徒がわたしたちよりも賢いわけではないことをかれに証明することになるあらゆる事件にこのんでかれを遭遇させようとすることだ。手品使いの話*がいろんなふうにくりかえされることになり、わたしはかれにたいしてへつらい者を完全に有利な状態においてやることになる。考えのない連中がなにかばかげたことにかれをひっぱりこむとすれば、わたしはかれをあぶない目にあわしてやる。いかさま師がばくち場でかれにねらいをつけたとすれば、かれをその連中にひきわたして、かれらのなぶりものにしてやる。(一〇) かれらにやたらにおせじを言わせたり、羽根をむしらせたり、持ち物をはぎとらせたりしてやるのだ。そしてかれをまる裸にしたすえにあざ笑ったとき、わたしはまだかれがいるところでかれらがあたえてくれたありがたい教訓にお礼をいうことにする。わたしが注意してまもってやるただ一つの落とし穴は、娼婦がしかける落とし穴だろう。わたしがかれにたいしてもちいる手心は、ただ、かれに遭遇させるすべての危険と、受けさせるすべての侮辱を、わたしも一緒に受けたり、耐えたりすることだけだろう。どんなことでも、わたしは、黙ってぐちもこぼさず、非難もせず、それについてけっして一言もいわないで耐え忍ぶことにする。こういう慎重な態度を十分によくもちつづけるなら、かれの目のまえでかれのためにわたしが苦しんだすべてのことが、かれが自分で苦しんだこと以上に強い印象をかれの心にあたえることになるのは確実だと思っていい。

ばかげた賢者の役割を演じて、生徒をこきおろし、かれらをいつまでも子どもあつかいにして、かれらになにをさせるにしても、自分をいつもかれらよりえらい者に見せかけようとしている教師たちのまちがった威厳を、わたしはここで指摘せずにはいられない。そんなふうに、青年の勇気をくじくようなことはしないで、かれらの魂を高めるためにあらゆることを惜しみなくもちいるがいい。かれらをあなたがたと同等にとりあつかって、じっさいにかれらがそうなるようにしてやるがいい。そして、もしかれらがまだあなたがたのような高いところに到達できないとしたら、恥ずかしがらずに、遠慮しないで、かれらのところまで下りていくがいい。あなたがたの名誉は、もはやあなたがたのうちにはなく、あなたがたの生徒のうちにあることを考えるがいい。かれらと過ちをともにして、それを改めさせるがいい。かれの恥となることをひきうけて、それをぬぐいさってやるがいい。自分の部下たちが逃げていくのを見て、それを呼び戻すことができなかったので、自分が兵隊たちの先頭に立ち、「兵隊は逃げているのではない。隊長のあとに従っているのだ」と叫んだあの勇敢なローマ人のまねをするがいい。*このローマ人はそのために名誉をけがすことになったろうか。とんでもない。そうして自分の名誉を犠牲にすることによって、さらに大きな名誉を得たのだ。義務の力、徳の美しさはおのずからわたしたちの同感を誘い、良識に反したわたしたちの偏見をくつがえす。エミールにたいするわたしの務めをはたしているのに、平手打ちをくわせられたとしたら、その平手打ちの仕返しをするようなことはしないで、わたしはどこへ行ってもそれを自慢してやる。そして、そのためにわたしをいっそう尊敬してくれないほど卑俗な人間が世の中に一人でもいるかどうか、わたしには疑問だ。(二二)

　生徒は先生を自分と同じ程度の限られた知識しかもたず、自分と同じように誘惑されやすい人間と考えるべきだというわけではない。そういう意見は、なにも見ることができず、なにもくらべてみることができずに、だれもかれも自分と同じようなものと考えて、じっさいに同じようなものになることができる者にしか信頼をおかない子どもにとってはけっこうな考えだ。けれども、エミールの年ごろの青年、そして、かれと同じくらい分別のある青年は、もうそんなふうにだまされるほど愚かではないし、だまされるとしたらよいことではない。かれがその教師にたいしてもつべき信頼はそれとはちがったものだ。それは理性の権威、すぐれた知恵、青年が知ることのできる長所、そして自分にたいするその効用がわかる長所、そういうものにもとづかなければならない。長いあいだの経験によって、かれは自分を導いてくれる人から愛されていることをよく承知している。自分を導いてくれるその人は、賢明な人で、かれの幸福を願い、その幸福をかれの手に入れさせてくれるものを知っている。そういうことをかれは承知している。かれは自分自身の利益のためにその人の意見に耳をかたむけたほうがいいということを知っているはずだ。ところが、弟子と同じようにだまされてしまうことになったら、先生は弟子の尊敬を要求したり、弟子に教訓をあたえたりする権利を失うことになる。生徒は、先生が故意にかれを落とし穴に誘いこんだり、単純なかれに罠《わな》をしかけたりしているなどとは、なおさら考えるべきではない。そこで、この二つの不都合を同時にさけるためにはどうしなければならないか。いちばんいいことは、そしていちばん自然なのは、生徒と同じように単純で、正直にすることだ。かれが落ちこもうとしている危険を注意してやること、それをはっきりとわかるように教えてやることだ。しかし、誇張してはいけない。興奮してはいけない。衒学的《げんがく》なことをならべたててはいけない。とくにあなたがたの忠告を命令としてあたえてはいけない。忠告が命令にならなければならないときまでは、そして、そういう命令的な口調がぜったいに必要になるときまでは、そうしてはならない。命令してもまだがんばっている、といったようなばあい、それはよくあることだろうが、そのときはどうするか。そのときはもうなにも言ってはいけない。かれの自由にまかせるがいい。かれのあとについていき、かれのまねをするがいい。しかも、陽気にうちとけてそうするのだ。できるなら、かれと同じように自分を忘れて楽しむがいい。結果があまりにも重大になったら、いつでもそれを防止する用意をととのえているのだ。そうすれば、あなたがたの先見の明と好意ある態度をいつも見ている青年は、一方では深い驚きを感じるとともに、他方では深く感動することになるのではないか。かれの過ちはすべて、必要に応じてかれをひきとめる手綱《たづな》をあなたがたの手にあたえることになる。ところで、このばあい、教師のいちばんたいせつな技術となることは、どういうときに青年がこちらのいうことをきくか、そして、どういうときにしつこくがんばるか、あらかじめわかるように機会をつくりだし、勧告をかげんして、かれをすっかり経験の教えでとりまき、あまりにも大きな危険にけっしてさらさないようにすることだ。

過ちにおちいらないうちにかれに警告するがいい。しかし、過ちをおかしてしまったら、それをとがめてはいけない。それはかれの自尊心をたきつけ、反抗させるだけだろう。反抗心を起こさせるような教訓はなんの利益にもならない。「あれほど言っておいたのに。」このことば以上に能のないことばをわたしは知らない。言っておいたことを思い出させるいちばんよい方法は、それを忘れてしまったようなふりをすることだ。はんたいに、あなたがたのことばを信じなかったことを恥じているのを見たら、静かにやさしいことばでその恥ずかしさをなくしてやるがいい。あなたがたがかれのために自分を忘れ、徹底的にかれをうちのめすようなことはしないで、なぐさめているのを見れば、きっとかれはあなたがたになついてくるだろう。ところが、悲観しているかれをさらに非難するようなことをすれば、かれはあなたがたに憎しみを感じ、今後はもう、あなたがたの言うことに耳をかたむけないことにして、あなたがたの忠告をそんなに重要なことだとは考えていないことを、あなたがたに示すつもりになるだろう。

あなたがたのなぐさめのことばもまた、かれはそれを教訓とは考えないだけになおさらかれにとって有益な教訓になることがある。たとえば、ほかにもいくらでもそういう過ちをする人がある、とかれに言ってやれば、あなたがたはかれに思いがけないことを知らせることになる。あなたがたはただかれを気のどくに思っているようなふりをしながら、かれを矯正することになる。ほかの人間よりもすぐれていると思っている者には、他人を例にとって自分をなぐさめるのは、まったくつらいいいわけになるのだ。それは、かれが願うことのできる最上のことは他人が自分よりもすぐれた者ではないということにある、と理解することだ。

過ちの時期は寓話の時期だ。過ちをおかした者を別の仮面のもとに批判することにすれば、かれの心を傷つけずに教えることができる。そこでかれは、寓話がうそではないことを、自分に適用される真実によって理解する。賞讃のことばにだまされたことのない子どもには、わたしがまえに検討した寓話*はぜんぜんわからないが、へつらい者にだまされたばかりのまぬけ者には、鳥はばか者にすぎないことがすばらしくよくわかる。こうしてかれは一つの事実から一つの格率をひきだす。そして、すぐに忘れられてしまったかもしれない経験は、寓話のおかげで、かれの判断力にきざみこまれる。他人の経験あるいは自分の経験によって獲得することのできない道徳的な知識はない。それが危険な経験であるばあいには、自分でそういう経験をしないで、歴史からその教訓をひきだすことができる。試練がたいしたことではないときには、青年はそれをうけさせられたほうがいい。それから、寓話のおかげで、かれに知られている特殊なばあいが一般的な格率にまとめられる。

しかしわたしは、そういう格率はくわしく述べられるべきだとは考えない。はっきり言いあらわされるべきだとさえも考えない。大部分の寓話を結んでいる教訓ぐらい意味のない、わけのわからないものはない。その教訓は、寓話そのもののなかで読者によくわかるように述べられてはいない、あるいは述べられてはならないとでも思っているのだろうか。いったいなぜ、そういう教訓を終わりにつけくわえて、読者が自分でそれを発見する楽しみを奪うようなことをするのか。人を教える才能は、弟子に喜んで教えをうけさせることにある。ところで、喜んで学ぶためには、かれの精神はまったく受け身の状態であなたがたの言うことをきき、あなたがたの言ってることを理解するには全然なにもしなくていい、ということであってはならない。教師の自尊心はいつも弟子の自尊心にいくらか余地を残しておかなければならない。わたしにはわかる、わたしは深く考えてみる、わたしは積極的に学んでいるのだ、と弟子が自分に言えるようでなければならない。イタリア喜劇のパンタローネ*を退屈なものにしていることの一つは、もうわかりすぎるくらいわかっている平凡なことを観客に説明しようとすることだ。教師はパンタローネであってもらいたくないものだ。作者にはなおさらなってもらいたくない。いつでも自分の言うことをわからせなければならないが、いつでもなにもかも言ってしまってはいけない。すべてを語る者はわずかなことしか語っていないのだ。しまいには相手は聞いていないからだ。おなかをふくらませる蛙の話にラ・フォンテーヌがつけくわえている四行の詩句はどういう意味なのか。*この寓話が理解されなかったのではないかと心配しているのだろうか。この偉大な描き手はかれが描いているものの下にそのものの名をしるす必要があったのだろうか。それによって教訓を一般化するどころではなく、かれはそれを特殊なものにしている。つまり、名をあげた例だけにそれを限定して、読者がほかのものにそれを適用することをさまたげているのだ。わたしは、この比類ない作家の寓話を青年の手にわたすまえに、はっきりと、そしておもしろく述べてきたことをわざわざ説明しているあの結びのことばをみんな削除してしまいたい。説明してやらなければ寓話の意味がわからないとしたら、あなたがたの生徒は、説明されてもやっぱりわからないだろう、と思っていい。

さらに、これらの寓話にもっと教育的な順序を、青年の感情と知識の歩みにもっとふさわしい順序をあたえる必要があると思う。あの書物の番号順に正確に従っていって、必要とか機会とかいうことに考慮をはらわないことくらい筋の通らないことが考えられるだろうか。最初に烏が出てくる。それから蟬(二二)、それから蛙、それから二匹の騾馬《らば》、等々。わたしはとくにこの二匹の騾馬のことを思い出す。将来は金をとりあつかう仕事にたずさわるように教育されていて、やがてすることになる仕事のことをうるさく言われていた子どもに会ったことを思い出したからだ。かれはこの寓話を読み、覚え、語り、百回も千回もくりかえし話していたものの、自分がすることになっていた職業にたいしてすこしも反感をもつことにはならなかった。* わたしはこれまで、習っている寓話を堅実に応用している子どもを見たことがないばかりでなく、堅実に応用させようと心がけている人にも会ったことはない。寓話の勉強の口実は道徳教育ということだが、母親と子どものほんとうの目的はただ、子どもが寓話を暗誦しているあいだ、その場にいるすべての人の注意を子どもにむけさせることにある。だから、大きくなって、寓話を暗誦することではなく、そこから利益をひきだすことが問題になったときには、子どもは寓話をきれいさっぱりと忘れてしまっている。もういちど言えば、寓話から教訓をくみとるのは大人だけのすることだ。だからいまやエミールにとっても、それをはじめるときだ。

わたしもまたすべてを語りたくはないから、正しい道からそれていく道を遠くから示して、そういう道をさけることを学ばせる。わたしがしるした道をたどっていけば、あなたがたの生徒は人間と自分自身についての認識を、できるだけ安い値段で仕入れることになる、あなたがたは、恵まれた人々の運命をうらやむことなしに運命のたわむれをながめ、自分は他人よりも賢い人間だと考えるようなことはしないで自分に満足していられるところにかれをおくことになる、とわたしは信じている。あなたがたはまた、かれを観客にするために俳優にする仕事をはじめた。それをなしとげなければならない。観客席からはあらわれるようにものが見られるが、舞台ではあるがままにものが見られるのだ。全体を見渡すためには展望のきくところに身をおかなければならない。細部を見るためには近寄って見なければならない。それにしても、どういう資格で青年は世の中の事件に介入していくのか。その暗い神秘に参加するどんな権利をかれはもっているのか。快楽のたくらみがかれの年齢の興味を狭い限界にとじこめている。かれの自由になるのはまだかれ自身だけだ。それはなんにも自由にならないのと同じことだ。人間はいちばん安い品物だ。そして、わたしたちにはいろいろとたいせつな所有権があるが、人権はいつでもあらゆる権利のなかでいちばんとるにたりないものだ。

いちばん盛んな活動期にあるのに、青年がたんなる思索的な勉強にとじこめられているのを見ると、そしてそのあとで、まるで経験がないのに、急に世の中と仕事のなかへ投げこまれているのを見ると、人々は自然と同じく理性にも反したことをしているように思われるし、自分を導いていくことができる人がまったく少ないとしてもわたしはもう驚きはしない。どんな奇妙な頭の回転のせいで、人々はわたしたちにたくさんの無益なことを教え、行動の技術はぜんぜん考慮されないのか。人々はわたしたちを社会的人間にするのだと言っている、しかし、わたしたちの一人一人が個室でひとり考えにふけりながら、あるいはどうでもいい人たちと一緒に宙に浮いたことを論じながら、一生を過ごすことになるとでも思っているような教えかたでわたしたちを教えている。あなたがたは子どもに生きることを教えているつもりで、体をある方法でねじまげることや、ある形式の意味のないことばをかれらに教えている。わたしもまた、わたしのエミールに生きることを教えた。わたしは自分自身とともに生きることをかれに教えた。そしてさらに、パンを手に入れる方法を教えたのだ。だがそれだけではたりない。世の中で生きるには、人々とつきあうことを知らなければならない。かれらの心をつかむ道具を知らなければならない。市民社会における個別的な利害の作用と反作用を計算しなければならない。そして、出来事を正しく予測して、計画がめったに狂わないようにしなければばならない。あるいは、とにかく、成功するためにいつでも最善の方法をとったことにならなければならない。法律は未成年者に自分で事業をしたり、自分の財産を処分したりすることを許していない。けれども、きめられた年齢までにすこしも経験を獲得することができなければ、そういう配慮もかれらにとってなんの役にたつのか。待っていたところでなにひとつ得をするわけではなく、二十五歳になっても、十五歳のときとまったく同じような世間知らずの青年だろう。無知のために目が見えず、あるいは情念にだまされて、青年が自分の害になるようなことをするのはもちろんやめさせなければならない。けれども、善行をほどこすことはあらゆる年齢に許されているし、人はあらゆる年齢において、賢い人の指導のもとに、たよりになるものだけを必要としている不幸な人々をまもってやることはできる。

乳母たち、母親たちは、子どもにあたえる心づかいを通して子どもに愛着をもつ。社会的な徳の実践は人の心の底に人類愛をもたらす。人はよいことをすることによってこそよい人間になる。これ以上に確実な方法をわたしは知らない。あなたがたの生徒に、かれにできるあらゆるよい行ないをさせるがいい。貧しい人々の利害はいつもかれの利害になるようにするのだ。財布だけでなく、かれの心づかいによって貧しい人々を助けさせるのだ。かれらのためになることをし、かれらをまもり、自分の体と時間をかれらに捧げさせるのだ。かれを貧しい人々の代理人にならせるのだ。かれは一生のあいだこれ以上に高尚な職務をはたすことはあるまい。これまで人に耳をかたむけてもらえなかったどれほど多くのしいたげられた人々が正しい裁きをあたえられることだろう。かれは徳の実践があたえる断固たる勇敢さをもってそういう人々のために正しい裁きをもとめるのだ。貴族や財産家の家の門をあけさせるのだ。必要とあれば、王座の下に行って不幸な人々の声を聞かせるのだ。そういう不幸な人々は、貧しいためにあらゆる道をとざされ、ひどい目にあわされながらも、罰せられはしないかという心配のために訴えて出る勇気さえなくしているのだ。

それにしてもわたしたちは、エミールを遍歴の騎士、不正をこらしめる者、正義の勇士にしたものだろうか。かれはおこがましくも国政にくちばしをいれ、貴族や高官や国王のところへでかけていって賢者を気どり、法の擁護者をもって任じ、裁判所の判事や弁護士のところへいって請願することになるのだろうか。そういうことはわたしには全然わからない。ふざけた名称、こっけいな名称は事物の本質をすこしも変えることにはならない。かれは有益なこと、よいこととわかっていることを、なんでもするだろう。それ以上のことはなにもしないだろう。そしてかれは、自分の年齢にふさわしくないことはなにひとつとして、自分にとっては有益なことでもよいことでもないことを知っている。自分の第一の義務は自分自身にたいする義務だということ、青年は自分に不信の念をもち、行動においては用心ぶかく、年長者にたいしてはうやうやしい態度を示し、ひかえ目で、必要もないのに話をするようなことはつつしみ、どうでもいいようなことでは謙遜に、しかし、よいことをするときには大胆に、そして、勇敢に真実を語る、というふうでなければならないことを知っている。あの輝かしいローマ人たちはそういうふうだった。かれらは公職につくことを許されるまえに、青年時代を通じて、罪悪を追求し、罪なき人々をまもることを仕事にしていたが、それはただ、正義につかえ、よい風俗をまもることによって自分を教育することを念願としたからであった。

エミールは、人々のあいだにみられる騒ぎやけんかばかりでなく、動物たちのあいだに起こるそういうことも好まない（一三）。二匹の犬をけしかけて噛み合いをさせるようなことをかれはけっしてしたことはない。犬に猫を追っかけさせるようなこともけっしてしなかった。こういう平和の精神は、自尊心や自負心を刺激することなく、他人を支配することや他人の不幸のうちに喜びをもとめるようなことをさせなかった教育の結果だ。人が苦しんでいるのを見れば、かれは自分も苦しむ。それは自然の感情だ。青年を冷酷にし、感覚をもつ生き物が苦しんでいるのを見て喜ぶようなことをさせるのは、一種の虚栄心が、自分は利巧だから、あるいはえらいから、そういう苦しみからはまぬがれていると考えさせるからだ。こういう考えかたから遠ざけられている者は、その結果として生じる不徳におちいるようなことはありえない。エミールはだから平和を愛好している。幸福の姿がかれを喜ばせる。そして、幸福をもたらすことに貢献することができるときには、それは幸福をともに味わうさらに一つの手段になる。不幸な人々を見るとき、救ってやれる不幸をただあわれむだけで満足するむなしい残酷な同情心だけを、その人々にたいしてかれが感じるものとはわたしは考えなかった。かれの積極的な慈善心は、もっと冷酷な心をもっていたとすれば得られなかった知識を、あるいはずっとおそくなってから得られる知識を、はやくからかれにあたえることになる。友人たちの仲が悪いのを見れば、かれは仲なおりをさせてやろうとする。悲しんでいる人々を見れば、かれらの苦しみの理由をたずねる。二人の人間が憎みあっているのを見れば、かれらの憎しみの原因を知ろうとする。押さえつけられている者が権力者や財産家に迫害されて嘆いているのを見れば、その迫害がどういう形で行なわれているかをしらべる。そして、あらゆるみじめな人々にたいして関心を寄せているかれにとっては、そういう人々の不幸をなくす手段はけっして無関心でいられることではない。そこで、こういう素質からかれの年齢にふさわしいように利益をひきだすためには、わたしたちはなにをしなければならないか。かれの心づかいと知識に規則をあたえること、そして、それを育てていくためにかれの熱意を利用することだ。

わたしはあきることなくくりかえして言おう、若い人たちにたいする教訓はすべて、ことばよりもむしろ行動で示せ、と。経験に教えてもらえることはなにひとつ書物のなかで学んではならない。なにも話すことがないのに話の練習をさせるとは、だれになにをなっとくさせるという興味もないのに学校の腰かけのうえで情念の言語の力づよさと人を説得する技術のあらゆる力を感じさせるつもりでいるとは、なんというばかげたやりかただろう。弁論術のあらゆる教えも、自分の利益になるその用いかたがわからない者には、たんなるおしゃべりにすぎないように思われる。兵隊たちにアルプスを越える決心をさせるためにハンニバルがどうしたかを知ることが学校生徒になんのかかわりがあるのか。そういう壮大な演説をもちだすかわりに、生徒監に休暇をあたえる気にならせるにはどうすべきか、と言ったとしたら、生徒はあなたがたの規則にもっと注意ぶかく耳をかたむけることになるのは確実だと思っていい。

あらゆる情念がすでに発達している青年に弁論術を教えたいと思ったら、わたしはいつもその情念を喜ばせるようなものをかれに示し、かれの望みを叶えさせるようなことを他の人々にさせるにはどういうことを言わなければならないかを、かれといっしょになって検討するだろう。けれども、わたしのエミールは弁論術にとってそう都合のいい状況にはおかれていない。ほとんど肉体的な必要だけにしばられているかれは、他人がかれを必要とするように他人を必要とすることはない。だから、自分のために他人になにかもとめる必要はないので、かれが他人に承知してもらいたいと思っていることもひどくかれの心を動かすほど切実には感じられない。そこでかれは一般に単純な、ほとんど比喩をもちいない言語をつかうことになる。たいていことばを本来の意味でもちい、ただ相手にわかるように話をする。格言ふうなことはほとんど言わない。観念を一般化することを学んでいないからだ。かれはほとんどイメージをもたない。激情にとらえられることはめったにないからだ。

といっても、かれはまったくものに動じない冷静な人間だというわけではない。年齢からいっても、習慣からいっても、趣味からいっても、そういうことにはなりえない。青春期の火が燃えている血液のなかで蓄積され蒸溜された生命の気は、若い心に熱をあたえ、それはまなざしのなかに輝き、ことばに感じられ、行動にあらわれている。かれの言語は抑揚を、そしてときには激しい調子をおびている。かれを動かす高貴な感情がその言語に力と気高さをあたえている。人類にたいするやさしい愛情につらぬかれているかれは、話をするとき、かれの魂の動きをつたえる。かれの高潔な率直さには、他の人々の技巧的な雄弁よりももっと魅惑的ななにものかがある。というより、かれひとりがほんとうに雄弁なのだ。かれは感じていることをそのまま表現しさえすれば、聞いている人々にそれをつたえることができるのだから。

考えれば考えるほどよくわかってくることだが、そういうふうに慈善心を行動に移し、わたしたちの成功、不成功からその原因についての考察をひきだすことにすれば、青年の精神のうちに育てていくことのできない有益な知識はほとんどないし、学校で獲得することができるあらゆるほんものの知識のほかに、かれはさらにもっと重要な学問を身につけることになる。それは獲得した知識を生活に役だつように応用することだ。自分と同じ人間に大きな関心を寄せているかれが、はやくから、人間の行動、趣味、楽しみをしらべて評価することを、そして、人間の幸福に役だちうるもの、害となるものに、だれにも関心をもたないで他人のためになにもしてやらない者よりも、一般的にいって、いっそう正しい価値をあたえることを学ぶようにならないということはありえない。自分のことのほかにはぜったいに手を出さない者は、あんまり自分にばかり熱をいれているので、ものごとを健全に判断することができない。なにごとも自分本位に考え、善悪の観念を自分の利害だけできめているかれらは、無数の笑うべき偏見でその精神をみたし、ほんのちょっとしたことでも自分の利益を傷つけることがあると、たちまち全宇宙がくずれさったと感じるのだ。

自尊心を他の存在のうえにひろげよう。わたしたちはそれを美徳に変えることになる。そして、この美徳が根をもたない人間の心というものはないのだ。わたしたちの心づかいの対象が直接わたしたち自身に関係することが少なければ少ないほど、個人的利害にもとづく錯覚を恐れる必要は少なくなる。この利害を一般化すればするほど、それはいっそう公正になる。そして、人類にたいする愛とは、わたしたちにあっては、正義にたいする愛と別のものではないのだ。そこで、エミールが真実を愛することを望むなら、真実を知ることを望むなら、なにかするときにはいつもかれをかれ自身から遠いところにひきとめておくことにしよう。かれの心づかいが他人の幸福に捧げられることになればなるほど、それはいっそう賢明なことになるだろう。そして、かれは善いことと悪いことについて思いちがいをすることが少なくなるだろう。けれども、えこひいきや正しくない先入見にだけもとづいた盲目的な好みをかれに許すようなことはけっしてしまい。しかし、なんのためにかれはある者に害をあたえて他の者のためにつくすようなことをするのか。だれの手にもっとも大きい幸福のわけまえが落ちるかはかれにはどうでもいいことなのだ。すべての人の最大の幸福に協力することになりさえすればいいのだ。私生活の関心を別にすればそれが賢者の第一の関心だ。人はみな人類の一員であって、ほかの個人の一部ではないのだから。

同情が変じて弱みにならないようにするために、だから、それを一般化し、全人類のうえにひろげなければならない。そうすれば、正義と一致するかぎりにおいてのみ人は同情をもつことになる。あらゆる徳のなかで正義は人々の共同の幸福にいちばん役にたつものなのだから。道理からいっても、わたしたちにたいする愛からいっても、わたしたちの隣人よりも人類にたいしてはさらに大きな同情をもたなければならない。そして、悪人にたいする同情は人間にたいしてひじょうに残酷なことになる。

それに、忘れてはならないことは、こうしてわたしの生徒をかれ自身の外へ投げだすための方法のすべては、いつも直接かれに結びついていることでもある、ということだ。そこから内面的な喜びがわいてくるばかりでなく、他人のためにかれを情けぶかい人間にしながら、わたしはかれ自身の教育のためにつくしているからだ。

わたしはまず手段を示した。そこでこんどは、その効果をお目にかけよう。どれほどひろい見解がしだいにかれの頭のなかに整理されていくのをわたしは見ることか。かれの傾向が育てられることによって、可能なものの狭い限界に偉大な魂の願望を集中させる経験、ほかの者よりも高いところにある人間に、ほかの者を自分の水準にひきあげることはできないので、かれらの水準に下りていくことを教える経験によって、どれほど崇高な感情がかれの心のなかでけちくさい情念の芽ばえを押し潰してしまうことか。どれほど明確な判断力、どれほど的確な理性がかれのうちにつくられていくのをわたしは見ることか。正義のほんとうの原理、美のほんとうの典型、存在者のあらゆる道徳的な関連、秩序のあらゆる観念が、かれの悟性にきざみこまれていく。かれはそれぞれのものの場所と、それをそこからひきはなす原因を見ている。善となりうるもの、それを妨げるものを見ているのだ。人間の情念を感じたことはなくても、かれはその錯覚とそのたわむれを知っている。

事物の力にひきつけられて、わたしは先へ進む。けれども、読者の判断にわたしの考えを押しつけようとはしない。もうずっとまえから、読者はわたしが幻想の国にいるのを見ている。そしてわたしは、読者がいつまでも偏見の国にいるのを見ている。一般の意見から遠く離れながらも、わたしはたえずそれを念頭においている。それを検討し、それについて深く考えている。それに従うためでもなければ、それをさけるためでもない。推論の秤にかけてその重みをはかってみるためだ。それによって一般の意見から離れないわけにはいかなくなるたびに、経験によって教えられているわたしには、読者がわたしにならおうとはしないことは、すでにはっきりしている。わたしにはわかっているのだ。読者はいつまでも自分が見ていることだけをありうることだと考え、わたしが思い浮かべている青年を幻想的な想像から生まれた存在だと思っているのだろう。この青年は読者がくらべてみる青年たちとはちがうからだ。かれはどうしてもほかの青年たちとはちがうのだ。ほかの青年たちとはまったくちがったふうに育てられ、正反対の感情をあたえられ、まるっきり別のことを教えられているかれは、わたしが想定しているような者ではなくて、ほかの青年たちと同じような者であったとしたら、はるかに驚くべきことなのだが、読者はそれを考えようともしないのだ。これは人間のつくった人間ではない。自然のつくった人間なのだ。たしかにかれは、読者の目にはぜんぜん縁のないものに見えるにちがいない。

この著作をはじめるにあたって、わたしは、だれでもわたしと同じように観察することができないことはなにひとつ仮定してはいなかった。なぜなら、そこからわたしたちがみんな同じように出発していく一点、つまり、人間の誕生ということがあるのだから。けれども、わたしたちが、わたしは自然を育てていくために、あなたがたはそれを頽廃させるために、先へ進めば進むほど、わたしたちはますますおたがいに遠ざかっていく。六歳のときには、わたしの生徒はあなたがたの生徒とほとんど変わりなかった。まだいくらも歳月がたっていないので、あなたがたは生徒をゆがめてはいなかったのだ。いまではもう両者には似たところは一つもない。そして、わたしの生徒が近づいている成人の年ごろになれば、わたしがあらゆる心づかいをむだにしなかったとしたら、かれはまったくちがった姿であらわれるに相違ない。両者が獲得したものの量は似たようなものだろうが、獲得されたものはたがいに似ていない。あなたがたは、後者がほんの小さな芽ばえさえもっていない崇高な感情を前者のうちに発見して、びっくりする。けれどもまた、そちらはもうみんな、哲学者になり、神学者になっているのに、エミールはまだ、哲学とはどんなものかということさえ知らず、それに、神について語られるのを聞いたこともない、ということを考えていただきたい。

そこで、だれかがわたしのところへやってきて、こう言ったとしよう。あなたが考えていることはなにひとつ存在しない、青年はそんなふうにつくられてはいない、かれらはしかじかの情念をもっている、かれらはあれこれのことをしている、と。それはちょうど、わたしたちの庭にはちっぽけな梨の木しか見られないので、梨の木が大きな木になることを否定するようなものだ。

そんなふうに早急に批判する審判者たちに、よく考えてくれるようにお願いする。そこでかれらが言ってることは、かれらとまったく同様に、わたしもよく知っているのだ。たぶん、わたしはもっと長いあいだそのことを考えてみたのだ。それに、かれらをだますことになんの関心ももたないわたしには、少なくとも、どういう点でわたしがまちがっているかもっと時間をかけてしらべてくれるようにとかれらに要求する権利があるのだ。人間の構造を十分にしらべてもらいたい。それぞれの状況における心情の最初の発達をたどって、ある個人が教育の力によってほかの者とどんなにちがったものになりうるかをみてもらいたい。そのあとで、わたしの教育法を、わたしがそれにあたえている効果とくらべてもらいたい。そして、どういう点でわたしの推論が誤っているか言ってもらいたい。わたしにはなにも答えることはなくなるだろう。

わたしにほかの人よりもいっそう断定的に語らせるのは、そして、わたしは信じているのだが、そうしても宥《ゆる》されていい者にしているのは、わたしは、体系の精神にとらわれることなく、できるかぎり理論によらないで、観察だけにたよっているということだ。わたしは考えついたことではなく、見たことにもとづいて語っているのだ。なるほど、わたしは、経験を都市の城壁の囲みのなかにも、ただ一つの階級の人々のなかにも閉じこめはしなかった。そうではなく、さまざまの階級や国民を観察しながら過ごしてきた人生において見ることができたかぎりのものをくらべてみたあとで、わたしは、ある国民に見られてほかの国民に見られないもの、ある身分に見られてほかの身分に見られないものを人為的なものとして捨てさり、どんな時代、どんな階級、どんな国民に属する人であろうと、すべての人に共通したものだけを異議をさしはさむ余地なく人間に属するものとみなしたのだ。

そこで、この方法に従って、特別な形態をうけとったことにならない一人の青年、他人の権威や意見にできるだけしばられることにならない一人の青年を、子どものときから見ていくとしたら、この青年はわたしの生徒とあなたがたの生徒のどちらによけい似ていることになるか。わたしがまちがっているかどうか知るために解答をあたえなければならない問題はそこにあると思われる。

人間は容易に考えるようになるものではないが、考えるようになると、その後は考えることをやめない。考えた者はいつまでも考えるだろう。そして、ひとたび反省することを教えられた悟性はもはや静止状態にとどまっていられない。そこで人はこう考えるかもしれない。わたしは悟性を買いかぶっている、あるいはあまりにも幼稚なものにしている、人間の精神は生まれつきそうはやく発達してくるものではない、ところがわたしは、人間の精神がもってもいない能力をそれにあたえたあとで、もう乗り越えてしまったはずの狭い観念の範囲にあまりにも長いあいだそれを閉じこめているのだ、と。

しかし、まず考えていただきたい。自然の人間をつくりたいといっても、その人間を未開人にして、森の奥ふかいところに追いやろうというのではない。社会の渦のなかに巻きこまれていても、情念によっても人々の意見によってもひきずりまわされることがなければ、それでいい。自分の目でものを見、自分の心でものを感じればいい。自分の理性の権威のほかにはどんな権威にも支配されなければいいのだ。そういう状態にあれば、かれの目にふれる無数のもの、かれがたえず感じている感情、かれの現実の必要をみたすためのさまざまな手段が、ちがう状態にあってはけっしてもつことにならない多くの観念、あるいは、そうはやくは獲得されない多くの観念をかれにあたえることになるのは明らかだ。精神の自然の歩みは速められる、しかしその方向は逆にはならない。森のなかにいればいつまでも愚かなままでいなければならない人間も、都会にあってたんなる観察者になれば理性的な分別のある人間になるにちがいない。気ちがい沙汰を見ながらその仲間にはいらないでいることよりも人間を賢い人間にするのに適当なことはない。さらに、その仲間にはいっている人でも、それにだまされないで、気ちがいじみたことをしている連中の心の迷いをもたなければ、教えられることになる。

また、考えていただきたい、わたしたちの能力によって感覚的な事物の限界に閉じこめられているわたしたちは、哲学の抽象的な概念や純粋に知的な観念にほとんどなんの手がかりももたないということも。そこに到達するには、わたしたちが固くしばりつけられている肉体から解放されるか、事物から事物へと段階的にゆっくりと前進をつづけるか、それとも巨人の歩みをもって急速に、ほとんど一足とびに、空間を乗り越えなければならないのだが、これは子どもにはできることではなく、大人でも、そのためには、かれらのためにとくにつくられた梯子《はしご》が必要なのだ。最初の抽象的な観念はその梯子の一段目だ。といっても、どうすればその梯子を組み立てる才覚がつくのか、わたしにはとてもわからない。

いっさいのものを包容し、世界に運動をあたえ、存在するものの体系ぜんたいを形づくる、理解しがたい存在者は、わたしたちの目で見ることもできず、わたしたちの手でふれることもできない。それはわたしたちの感官にはまったく感じられない。作品は目に見えているが、作者はかくれている。それが存在するということをとにかく知るのも容易なことではないのだが、わたしたちがそこまでたどりついて、それはどういう者か、どこにいるのかと考えてみるとき、わたしたちの精神は混乱し、道に迷い、もうどう考えていいかわからなくなる。

ロックは、精神の研究からはじめて、つぎに物体の研究に移ることを望んでいる。それは迷信、偏見、誤謬に導く方法だ。それは道理にかなった方法でもなければ、自然の正しい秩序にかなった方法でさえもない。それは見ることを学ぶのに目をふさぐことだ。精神について正しい観念を得るためには、精神が存在するのではないかと考えるためにも、長いあいだ物体を研究していなければならない。これと逆の順序は唯物論をつくりあげることになるだけだ。

わたしたちの感官はわたしたちの知識の最初の道具なのだから、物体的、感覚的な存在だけがその観念をわたしたちが直接にもつ存在だ。哲学したことがない者にとっては「精神」ということばはなんの意味ももたない。民衆や子どもにとっては精神はある種の体にすぎない。かれらは叫んだり、話したり、ぶったり、騒いだりする精神〔精霊〕を考えているではないか。ところで、腕や舌をもっている精神は人の体にたいへんよく似ていることをあなたがたはみとめてくれるだろう。こんなわけで世界のすべての民族は肉体をもつ神々をつくりだしたのであって、ユダヤ人もその例外ではない。わたしたち自身も、聖霊、三位一体、人格というようなことばをもちいていて、大部分はいつわりのない神人同形論者なのだ。なるほど、わたしたちは、神はいたるところにある、と言うことを教えられている。けれども、わたしたちはまた、空気はいたるところにある、少なくとも大気圏内ではそうだ、とも考えている。しかも、「精神《エスプリ》」ということばそのものもはじめは「息」または「風」を意味していたにすぎない。ひとたび人々にわけのわからないことばを話す習慣をつけさせると、あとは容易になんでも言わせたいと思うことを言わせることができるものだ。

ほかの物体にたいするわたしたちの行動の意識は、それらの物体がわたしたちにはたらきかけるときにも、わたしたちがそれらにはたらきかけるときと同じようなしかたではたらきかけるのだ、とはじめわたしたちに考えさせることになったにちがいない。そこで人間は、なんらかの作用が感じられるあらゆる存在を生きているものと考えるようになった。それらの存在のたいていのものより自分は強くないと感じ、それらのものの力の限度を知らなかった人間は、その力を際限のないものと考え、それらの存在を肉体をもつものと考えるとともに神々に祭りあげた。原始時代を通じて、あらゆることに脅やかされていた人間は、自然のなかに死んだものをなにもみとめなかった。かれらにあっては物質の観念も精神の観念よりはやくつくりあげられたわけではない。物質の観念そのものもまた一つの抽象なのだ。そこで、かれらは宇宙を感覚的な神々でいっぱいにした。星、風、山、川、樹木、都市、さらに家も、すべてが魂をもち、神をもち、生命をもっていた。ラバンがもっていた小像〔テラピム〕*、インディアンのマニトゥ神、ニグロの呪物など、すべて自然と人間とがつくりだしたものが人間の最初の神々だった。多神教がかれらの最初の宗教で、偶像崇拝が最初の祭式だった。かれらが唯一の神をみとめることができるようになったのは、しだいに観念を一般化して、最初の原因にさかのぼることができるようになり、存在するものの体系ぜんたいを唯一の観念にまとめて、結局のところもっとも大きな抽象である「実体」ということばにある意味をあたえることができるようになってからにすぎない。だから、神を信じている子どもはみんな必然的に偶像崇拝者であるか、あるいはとにかく、神人同形論者なのだ。そしてひとたび想像で神を見るようになると、悟性が神を考えることはきわめてまれになる。これがまさにロックの順序が導いていく誤謬だ。

どうしてかは知らないが実体という抽象観念に到達すると、唯一の実体をみとめるとすれば、たがいに排斥しあう両立しがたい性質をそこに仮定しなければならないことがわかってくる。たとえば、思惟とひろがりがそれだ。この一方は本質的に分割することができるもので、もう一方は分割可能性を完全に排除する。ところでまた、思惟は、感情といってもいいが、一つの本源的な性質で、それが属している実体とわかちがたいものであること、ひろがりについてもその実体との関連において同じことが言えることがわかる。そこで、これらの性質の一つを失う存在はその性質が属している実体を失うこと、したがって、死は実体の分離にほかならないこと、また、この二つの性質が結び合わされている存在は、この二つの性質が属している二つの実体から組み立てられていること、こういうことが結論される。

さて、こんどは、二つの実体の観念と神性の観念とのあいだには、わたしたちの体にたいするわたしたちの魂の作用という理解しがたい観念と、あらゆる存在にたいする神の作用という観念とのあいだには、まだどんなに大きな距離があるかを考えていただきたい。創造、絶滅、遍在、永遠、全能などの観念、神の属性の観念、まったく曖昧模糊《あいまいもこ》としているのでごく少数の人にしかわからないあらゆるこういう観念、しかし民衆にとっては、ぜんぜん理解されないために、なんら不明の点はないこういう観念が、まだ感官の基本的なはたらきにとらえられていて、身にふれるものしか考えていない若い人の精神に、どうしてそのあらゆる力において、つまり、そのあらゆる曖昧さにおいて、思い浮かべられよう。わたしたちの周囲のいたるところに無限の深淵が口をひらいているといったところでむだだ。子どもはそれにおびえることを知らない。かれの弱い視力はその深さをはかることができない。子どもにとってはすべてのものが無限なのだ。子どもはなにものにも限界をおくことを知らない。ひじょうに長いものをはかっているからではない。短い悟性をもっているからだ。かれらはよく知っている大きさの範囲の外にあるものよりも、むしろその範囲にあるものに無限を感じているのにわたしは気がついたことさえある。かれらは目ではなく、むしろ足によって空間を際限のないものと考えるだろう。空間はかれらにとっては見ることができるところよりも遠くへひろがっているのではなく、行くことができるところよりも遠くへひろがっていることになる。かれらに神の力ということを話したとすれば、かれらは神を自分の父とほとんど同じくらい強い者かと考えるだろう。あらゆることにおいて、かれらにとってはかれらの知識が可能なことの尺度になるので、人から言われたことをいつも知っていることよりも小さなことと考える。それが無知と精神の弱さにともなう当然の判断だ。アイアス*はアキレウスと勝負を争うことは恐れたろうが、ゼウスには戦いをいどむ。アキレウスは知っているが、ゼウスは知らないからだ。人間のなかで自分はいちばん物持ちだと思っていたスイスのある農民は、人がかれに国王とはどういうものか説明しようとすると、そんなものなんだといった調子で、その国王は山の牧場《まきば》に百頭の牝牛をもっているとでもいうのかね、ときいたものだ。

わたしの生徒の幼少年時代を通じて、わたしがかれに宗教についてなにも語らないのを知って、どれほど多くの読者が驚きを感じることだろう。それをわたしは予想する。十五歳になってもかれは、自分が魂をもっているかどうか知らなかったが、十八歳になっても、まだそれを学ぶ時期ではあるまい。必要もないのにはやくから学べば、いつまでもそれを知らないでいるという危険におちいるからだ。

まことに困った愚かしさの図を描いて見せる必要があるとしたら、子どもに教理問答を教えている衒学者をわたしは描いて見せることにする。子どもを阿呆《あほう》にしたければ、わたしはその子に教理問答をしているときに言ってることを説明させてみる。人はわたしに反対して言うだろう、キリスト教の教理の大部分は神秘なのだから、人間の精神にそれを理解することができると期待するのは、子どもが大人であることを期待することではなく、人間が人間でなくなることを期待することだ、と。それにたいしてわたしはまずこう答える。人間にとって考えることができないばかりでなく、信じることもできない神秘がある、そして、そういうことを子どもに教えても、はやくからうそをつくことを学ばせる以外にどんな得があるのかわたしにはわからないのだ、と。わたしはさらにこう言おう。神秘をみとめるには、少なくともそれは理解しがたいものであることを理解しなければならない、しかし、子どもはそれを理解することさえできないのだ、あらゆるものが神秘につつまれている年齢にあっては、正確な意味における神秘というものは存在しないのだ、と。

「救いを得るためには神を信じなければならない。」この筋の通らない教理は、血なまぐさい不寛容のもとになり、ことばで満足する習慣をつけさせることによって人間の理性に致命的な打撃をあたえるあらゆるむなしい教えの原因になっている。もちろん、永遠の救いにあたいする者になるためには一瞬間もむだにしてはならない。けれども、それを手に入れるには、二、三の文句をくりかえしていさえすればいいというなら、わたしたちが、子どもたちとまったく同様に、おしゃべりずきの鳥どもで天国をにぎやかにするのを、なにがさまたげているのかわたしにはわからない。

信じる義務はその可能性を前提とする。神を信じない哲学者はまちがっている。育ててきた理性のもちいかたを誤っているからだし、否定している真理を理解する能力がかれにはあるからだ。けれども、キリスト教をみとめている子どもは、いったいなにを信じているのか。かれが理解していることだ。しかしかれは、言わせられていることをほとんど理解していないので、かりにあなたがたが反対のことをかれに言うとしたら、やっぱり好んでそれをとりいれることになる。子どもと多くの大人の信仰は地理できまることだ。メッカにではなくローマに生まれたからといって、よいむくいをうけるのだろうか。ある者はマホメットは神の預言者であると言われて、マホメットは神の預言者であると言う。また、ある者はマホメットは詐欺師であると言われて、マホメットは詐欺師であると言う。* この二人は、たがいに相手の国にいたとすれば、それぞれ相手が主張したことを自分が主張したにちがいない。そんなによく似た素質の二人を分けて、一方は天国へ、他方は地獄へ送ることができるのだろうか。自分は神を信じていると子どもが言うとき、かれが信じているのは神ではなく、神と呼ばれるなにものかがある、とかれに語ったピエールとかジャックとかいう人間なのだ。つまり、かれはエウリピデスの流儀で神を信じているのだ。

おお、ゼウスさま！　と申しますのは、あなたさまについては
お名前のほかにはなにもわたくしは知りませぬので。(一四)

わたしたち〔プロテスタント〕は理性の時期に達しないうちに死んだ子どもはけっして永遠の幸福を奪われることにはならないとしている。カトリック教徒は洗礼をうけたすべての子どもは、神の話を聞いたことがなくても、そうだと信じている。だから、神を信じなくても救いは得られるばあいがあるわけで、こういうばあいは、あるいは子ども時代に、あるいは気ちがいのばあいに、つまり、人間の精神が神をみとめるのに必要なはたらきをすることができないときに生じる。ここであなたがたとわたしとのあいだにみられる相違は、ただ、あなたがたは子どもは七歳になればそういう能力をもっていると主張するが、わたしは十五歳になってもそういう能力をみとめない、ということにある。わたしがまちがっているにしても、正しいにしても、ここで問題になるのは信仰個条ではなく、たんなる博物学的な事実にすぎない。

同じ原則によって明らかなことは、神を信じないで老年に達した人は、その盲目状態が意志によるものでなかったなら、そのためにあの世へ行って神のまえに出る権利を奪われはしないということだが、そういう状態はかならずしも意志によるわけではないの

だ、とわたしは言おう。あなたがたは、分別のつかない人々、病気のために精神的な能力を奪われてはいるが、人間としての性質、したがってまた創造者の恵みをうける権利を失ってはいない人々にたいしてはそれをみとめる。子どものときからあらゆる社会から隔離されていて、まったく野生的な生活を送っていたために、人々と交わらなければ獲得できない知識をもたない人々にたいしては、いったいなぜそういうことをみとめないのか。(二五) そういう野生の人がその考察をほんとうの神の認識にまで高めることができるというのは明らかに不可能なことだ。人間は意志にもとづく過ちをしなければ罰せられないこと、どうにもならない無知はその人の罪にすることはできないことを理性はわたしたちに語っている。そこで、永遠の正義から見れば、必要な知識をもっているとしたら信じるにちがいない人はだれでも、信じる者と考えられるし、真理にたいして心を閉ざしている人々のほかには罰せられる不信仰者はいない、ということになる。

真理を理解できる状態におかれていない者にむかって真理を告げるようなことはさしひかえよう。それは真理のかわりに誤謬をあたえようとすることだ。神にふさわしくない卑俗で幻想的な観念、冒瀆《ぼうとく》的な観念をもつよりは神についてなんの観念ももたないでいるほうがましだ。神を辱しめるよりは神をみとめないでいるほうが罪が浅い。よきプルタルコスは言っている。*プルタルコスは不正な人間で、他人をうらやみ、やきもちをやき、おまけにひどい暴君で、なにもする力を残しておいてくれないで、なにかしろと要求する、などと言われるよりは、プルタルコスなどという者は世の中にはいない、と考えられたほうがいい、と。

神の奇怪な姿を子どもの精神にきざみつけることの大きな弊害は、それが一生のあいだ子どもの脳裡に残っていて、大人になっても子どもじみた神のほかには神というものを考えなくなることだ。わたしがスイスで会った善良で敬虔なある母親は、この格率を固く信じていて、自分の息子に幼いころ宗教のことを教えようとはしなかった。あの粗雑な教えに満足して、理性の時期になっても、もっとすぐれた教えをなおざりにすることを恐れたからだ。その子は神について語られるのを聞いているときは、いつも心を落ち着け、うやうやしい態度をとっていた。そして、かれのほうでそういう話をしようとすると、かれは黙っているように言われるのだった。それは、かれにとってはあまりにも崇高な、そして偉大なことだったからだ。こういう制止はかれの好奇心を刺激し、かれの自尊心は人々がそんなに用心してかれにかくそうとしている神秘を知る時期を待ちこがれていた。神の話を聞く機会が少なければ少ないほど、ますますかれは神のことを考えていた。神について語るのを許されることが少なければ少ないほど、その子はいたるところに神をみていた。そこで、こんなふうにむやみに神秘をよそおうことについて心配になるのは、少年の想像力をあまりにも刺激することによってかれの頭を毒し、やがてはかれを信者にしないで、狂信家にするのではないかということだ。

しかし、わたしのエミールにたいしてはそういうことはなにも心配しないことにしよう。エミールはいつもどんなことでもかれの理解力をこえたことには注意をはらうことを拒否して、かれにわからないことはこのうえなく深い無関心をもって聞いているのだ。それはわたしの領分ではない、と言う習慣になっていることは、かれにはたくさんあるから、そういうことがさらに一つぐらいよけいにあっても、かれはほとんど当惑しない。そして、そういう大きな問題について不安を感じはじめるとしても、それは、そういう問題を人がもちだしたのを聞いたからではなく、かれの知識の自然の進歩がその方面にかれの探求をむけさせるときだ。

教養のある人間の精神がどういう道を通ってそういう神秘に近づいていくかをわたしたちはみた。そしてわたしは、人間の精神は、社会の内部にあってさえ、ずっと進んだ年齢にならなければ、自然にそこに到達しないことをあえてみとめよう。けれども、その社会には、情念の歩みをはやめるさけがたい原因があるから、その情念を規制させる知識の歩みも同じようにはやめなければ、それこそほんとうに自然の秩序からはずれることになり、つりあいがとれないことになる。あまりにもはやい発達の速度をゆるめることができないばあいには、それに対応すべきものを同じ速さで導いていって、順序が逆にならないように、同時に進行すべきものが離れればなれにならないようにしなければならないし、人間が、その生涯のあらゆる時期にいつでも、その能力の一つにおいてはこの程度で、そのほかの能力においてはあの程度だ、といったことにならないようにしなければならない。

ここでわたしは、なんという大きな困難が生じてくるのを見ることだろう。その困難は事物のうちにあるよりも、あえてそれを解決しようとしない人々の臆病さのうちにあるので、なおさら大きく感じられる。少なくともあえてそれを提示することからはじめよう。子どもは父親の宗教のなかで育てられることになる。どんな宗教であっても、その宗教だけが正しく、ほかの宗教はすべて常軌を逸したこと、不条理なことにすぎないということを、子どもはいつも十分に証明してもらっているのだ。この点においては、論証の力は、そういうことを人々が論証している国に完全に依存している。トルコ人は、コンスタンティノープルにいて、キリスト教をひじょうにこっけいなものだと思っているが、パリへ行ってマホメット教がどんなふうに見られているか知ればいいのだ。臆見が勝利を占めるのはなによりも宗教の問題においてなのだ。しかし、あらゆることにおいて臆見の軛《くびき》をはらいのけようとしているわたしたち、権威をいっさいみとめまいとしているわたしたち、どこの国へ行ってもエミールが自分自身で学べないことはなにひとつかれに教えたいとは思っていないわたしたちは、どんな宗教のなかでかれを育てたものだろう。自然の人間をどんな宗派に加入させたらいいのか。答えはまったくかんたんだ、という気がする。わたしたちはかれをあの宗派にもこの宗派にも加入させまい。そんなことはしないで、理性をもっともよくもちいることがかれを導いていくことになる宗派を選べるような状態にかれをおいてやることにしよう。

いつわりの灰が覆っている
火のうえをわたしは行く。*

しかし、かまわない。わたしにとっては熱意と誠実な心がこれまで思慮のかわりになっていた。これらの保証人が、必要なばあいに、わたしを見捨てることはあるまい、とわたしは期待している。読者よ、わたしが真理の友にふさわしくない用心をするのではないかと心配しないでいただきたい。わたしはけっして自分のモットー*を忘れはしまい。しかし、自分の判断に疑いをもつことは十二分にわたしに許されている。ここでわたしは、わたしが考えていることをわたしの考えとしてあなたがたに述べるかわりに、わたしよりましな人だったある人が考えていたことを語ることにする。わたしはつぎにしるされる事実の真実性を保証する。それはこれからわたしが書き写す原稿を書いた人にじっさいに起こったことなのだ。いま問題にしていることのために、そこから有益な考察をひきだすことができるかどうか、それはあなたがたの考えることだ。わたしは、他人の考え、あるいはわたし自身の考えを、規則としてあなたがたに提示するのではない。それをあなたがたに検討していただきたいのだ。

「三十年まえのこと、イタリアのある町で、故郷をはなれた一人の青年が窮乏のどん底におちいっていた。*かれはカルヴァン教徒として生まれていたが、ばかげたことをした結果、逃亡者になり、外国にあって、生活の手段もなかったので、パンにありつくために宗教を変えた。その町には改宗者のための救護院があって、かれはそこに入れてもらった。議論することによってかれを教育しながら、人々はかれに、まだもっていなかった疑いを起こさせ、まだ知らなかった悪いことを教えた。かれは聞いたこともない教理を聞いた。それ以上に見たこともない風習を見た。それを見て、もうすこしでその犠牲になってしまうところだった。かれは逃げだそうとした。かれは閉じこめられた。かれは不平を言った。不平を言ったために罰せられた。圧制者の思いのままにされ、罪を犯すことを欲しなかったために罪人あつかいにされてしまった。はじめて暴力と不正をくわえられたとき、経験のない若者の心がどんなに腹だたしい思いをさせられることか、それを知っている人はかれの心の状態を想像していただきたい。かれの目にはくやし涙があふれ、胸は怒りにしめつけられた。かれは天と人々に懇願し、すべての人に事情をうったえたが、だれも聴《き》いてはくれなかった。かれを辱しめるいまわしい人間の言いつけに従っているいやしい召使いか、逆らうかれをあざわらい、おれたちをみならえとけしかける、同じ罪悪の共犯者がいるばかりだった。一人の誠実な聖職者がいなかったなら、かれはもうだめになってしまうところだった。その聖職者はなにかの用事で救護院にやってきたのだが、青年はひそかにその人に相談する方法をみつけた。その聖職者は貧しくて、世間の人の助けを必要としている人だったが、迫害されていた者はそれ以上にその人の助けを必要としていた。危険な敵をつくる恐れがあったにもかかわらず、聖職者はためらうことなく青年の逃亡を援助してやった。

悪からのがれ、ふたたび困窮におちいった青年は、運命と戦ったがどうにもならなかった。一時は運命にうちかったと思ったこともあった。ひとたび幸運の影がさしてくると、苦しかったことも、自分を保護してくれた人のことも忘れられた。かれはすぐにその恩知らずな行為を罰せられた。希望はすべて消えさった。若さもなんの助けにもならず、絵そらごとばかり考えていたためになにもかもだめになってしまうのだった。平坦な道をひらいていくだけの才能も手腕もなく、中庸をまもることも悪者になることもできなかったかれは、いろいろなことを願っていたためになにごとにも成功しなかった。またまえと同じような苦しい状態に落ちこんで、パンもなく、寝るところもなく、飢え死にするばかりになったとき、かれは恩人のことを思い出した。

かれはまたそこへ行く。その人に会い、こころよく迎えられる。かれの姿を見て聖職者は自分がほどこした善行を思い出す。そういう思い出はいつも人の心をよろこばせるものだ。その人は生まれつき人情のあつい、あわれみぶかい人で、自分の苦しみによって他人の苦しみを知っていたし、楽な生活もその心を冷酷にしたことはなかった。さらに、知恵の教えと経験豊かな美徳がすぐれた天性を強めていた。かれは青年を迎え入れ、泊るところをさがして、そこへ紹介してやり、二人分にやっと足りる程度の必要なものを青年に分けてやる。かれはそれ以上のことをして、青年を教え、なぐさめ、しんぼうづよく逆境に耐えるむずかしい技術を学ばせる。偏見にとらえられている人々よ、あなたがたは、すべてこういうことを、イタリアで、聖職者に、期待することができたろうか。

この誠実な聖職者はサヴォワ生まれの貧しい助任司祭*で、若いころの過ちのために司教にたいしてぐあいが悪くなり、故郷では得られなくなった生活の道をもとめて、山を越えてきたのだった。この人には才能も教養もないわけではなかったし、その姿には人をひきつけるところがあったので、庇護者をみつけ、ある大臣の家に入れてもらって、その息子を教育することになった。かれはしばられた生活よりもむしろ貧しい生活を好んでいたし、おえらがたのところではどうふるまったらいいのか知らなかった。かれはその大臣の家に長くとどまってはいなかったが、そこを去ることによって評判を落としはしなかった。そしてかれは賢明に生き、すべての人から愛されていたので、いつかは司教の赦《ゆる》しを得、どこか山の中の小さな教区をあたえられて、そこで余生を送ることができようかと期待していた。そんなことがこの人の野心の終点だった。

生来の傾向から聖職者は若い逃亡者に関心をもち、注意ぶかく青年を観察することになった。恵まれない境遇のために青年の心はすでに傷ついていること、侮辱され軽蔑されてかれは勇気を失っていること、かれの誇らしい気持ちは、にがい恨みに変わっていて、人々の不正と冷酷のうちにひたすら人間の本性の悪を示し、美徳は幻影にすぎないと教えていること、そういうことを聖職者は知った。宗教は利害をかくす仮面にすぎず、神聖な儀式は偽善をかくすものとなっているにすぎないと青年はみていた。微妙なむなしい議論のうちに天国と地獄がことば遊びの褒美《ほうび》になっているのをみていた。神についての崇高な、原始的な観念は人々の奇怪な想像によってゆがめられていることを知っていた。そして、神を信じるためには神からあたえられた判断力を捨てなければならないことを知って、わたしたちの笑うべき夢想と、それがむけられる対象とに同じような侮蔑を感じた。存在するものについてなにひとつ知らず、事物の起源についてなにも考えてみようとはせず、かれは愚かしい無知の状態に身を沈め、そういうことについてかれよりもよく知っていると思っているすべての人々を心の底から軽蔑していた。

宗教というものをいっさい忘れてしまうとやがては人間の義務を忘れることになる。そういう歩みは信仰をもたない青年の心のなかでもう半ば以上の道を進んでいた。とはいえ、それは素質の悪い若者ではなかった。ただ、無信仰と貧しさがすこしずつ天性を失わせて、急速に破滅の道をたどらせ、もっぱら乞食《こじき》の習慣と無神論者の道徳を育てていたのだ。

ほとんどさけられない悪だったが、それはまだ完全にどうにもならないものにはなっていなかった。青年はいろいろなことを知っていたし、教育をなおざりにされたのでもなかった。かれは、わきたつ血がもう心を熱くしながらも狂おしい官能にしばりつけるようなことはしないあの恵まれた時期にあった。かれの心はまだほんとうにやわらかだった。生まれつきの恥ずかしがりと気の小さい性格が、拘束にかわるものになって、あなたがたがいろいろと苦労して生徒をそこにおしとどめておくあの時期がかれには長いあいだつづいていた。ひどい堕落やなんの魅力もない悪い習慣のいまわしい手本を見せられても、かれの想像力は燃えあがるどころか、かえって弱まってしまったのだ。長いあいだ嫌悪の情が美徳のかわりになってかれの純潔をまもりつづけていた。それはもっとやさしい誘惑にであわなければ負けることはなかったのだ。

聖職者は危険と救いの道をみた。いろいろな困難もかれをがっかりさせはしなかった。かれは喜んで自分の仕事をした。それを完全になしとげて、いまわしい環境から救いだした犠牲者を美徳への道に連れもどそうと決心した。その計画を実行するにあたってかれは慎重な態度をとった。美しい動機がかれの勇気をはげまし、その熱意にふさわしい方法を教えることになった。結果がどうであろうと、自分はけっして時をむだについやしたことにはなるまいとかれは確信していた。ひたすらよいことをしたいと思っているときには、人はかならず成功するものだ。

かれはまずその改宗者の信頼を得るために、恩恵を高く売りつけるようなことはせず、うるさがられるようなこともせず、説教することもなく、いつも青年の能力の程度に自分をおき、青年と同じような者になるために自分を小さな人物のように見せた。まじめな人が浮浪児の友だちになり、美徳が放恣な生活と妥協していっそう確実にそれを征服しようとする、そういう光景にはかなり感動させられるものがあったと思われる。愚かな者が聖職者のところにやってきて、いろいろとばかげたことをうちあけ、心の底をひらいてみせると、聖職者は青年の言うことに耳をかたむけ、思いのままにしゃべらせておいた。悪いことを許しはしなかったが、どんなことにも関心を示した。無遠慮などがめだてをしておしゃべりをやめさせ、青年の心をしめつけるようなことはけっしてなかった。自分は耳をかたむけてもらえるのだという考えにともなう喜びは、すべてを語るときに感じる喜びを大きくするのだった。こうして青年は、なにも告白するつもりはなしになにもかも告白してしまった。

青年の考えと性格を十分に研究したすえ、聖職者には、青年は年のわりには無知ではないが、知っていなければならないことをいっさい忘れてしまっていること、そして、運命のために余儀なくされた恥知らずな生活は善悪についての正しい考えをすべて失わせてしまっていることがはっきりとわかった。知力の低下がある程度に達すると魂は生命を奪われる。そして内面の声は食うことだけを考えている者にはどうしても聞こえない。不幸な青年があと一歩で精神的に破滅しようとしているのを救ってやるために、聖職者はまず青年に自尊心と自分自身にたいする尊敬の念をめざめさせようとした。自分の才能を有益にもちいるならもっと幸福な未来がひらけてくることを教えてやった。他人の美しい行為の物語によって青年の心に気高い熱意をよみがえらせた。そういう美しい行為をした人々を讃美させ、自分も同じようなことをしたいという望みを起こさせた。無為な放浪生活を知らずしらずのうちにやめさせるために、いろいろな書物を選んでその抜萃をつくらせた。そして、その抜萃が必要であるようなふりをして、感謝という高貴な感情を青年の心にはぐくんでいった。かれはそれらの書物によって青年を間接的に教育した。自分はよいことはなにもできない無用な人間だとは考えさせないために、そして、自分の目に軽蔑すべき者と映るようなことはもうさせないために、自分自身にたいする評価を回復させた。

一つのつまらない話は、この恵みふかい人が、弟子の教育のことを考えているようなそぶりを見せずに、弟子の心を知らずしらずのうちに低いところからひきあげるためにもちいた技巧を判断させてくれるだろう。聖職者は正直なことをひろくみとめられていたし、ひじょうによく人をみわけることもできたので、多くの人は、町の豊かな司祭の手を通してではなく、かれの手を通して施し物をすることを好んでいた。ある日のこと、貧しい人に分けてやってくださいといって、だれかがかれにいくらかの金を渡したとき、青年は、自分も貧しいのだからといって、その金をもとめるようないやしいふるまいをした。聖職者は言った。いや、わたしたちは兄弟だ、あなたはわたしの身内の者だ、そしてわたしは、自分でつかうためにこの預り物に手をふれるわけにはいかないのだ。そう言ってかれは、もとめられただけの金を自分の財布から出して青年にやった。完全に堕落してはいない若い人の心からこういう教訓が忘れられることはめったにない。

わたしは三人称で語るのがいやになった。それにこんなことはまったくむだな心づかいだ。なつかしい同郷の人よ、あなたにはこの不幸な逃亡者というのはわたし自身のことだということがはっきりわかっているのだ。自分は現在では青年時代のふしだらな生活からかなり遠いところにいると信じているわたしは、そのふしだらな生活をあえて告白することができる。それに、わたしをそういう生活から救いだしてくれた人の手は、わたしが多少恥ずかしい思いをしても、その恩義にたいして少なくともいくらかの名誉を捧げるだけのねうちが十分にあるのだ。

わたしがなによりも心をうたれたのは、わたしの尊敬すべき師の私生活には、いつわりのない美徳、弱さをともなわない人間愛、いつもまっすぐで単純なことば、そして、いつもそのことばに一致した行動がみられることだった。自分が援助をあたえている人々は夕べのお祈りに行ってるかどうか、たびたび告解をしてるかどうか、定められた日に断食をしてるかどうか、肉断《にくだ》ちをしてるかどうか、といったようなことにかれが気をつかったり、ほかにもそれと同じような条件を人々に課したりするのをわたしは見たことがなかった。そういう条件をうけいれなければ、たとえ貧困のために死んでしまうことになるにしても、わたしたちは信心ぶかい人たちからどんな援助も期待することはできないのだが。

かれの忠告にはげまされて、わたしも、新しい改宗者の表面的な熱意をかれのまえでひけらかすどころか、それほど気をつかって自分の考えかたをかくそうとはしなかったのだが、それでもかれはいっそう眉をひそめるようなことはなかった。ときにわたしは、こんなふうに考えることもできたろう。新しくはいった信仰にたいするわたしの無関心をこの人が見のがしているのは、生まれたときからの信仰にたいしてもわたしが無関心でいるのを見ているからだ、わたしの軽蔑は党派心によるものではないことをこの人は知っているのだ、と。しかし、ときどき、かれがローマ教会の教理と反対のことを承認したり、ローマ教会のあらゆる儀式をたいして重んじていないようなことを言ったりするのを聞いたとき、わたしはどう考えればよかったのだろう。あまり重くみていないらしいそういう儀式にこの人がそれほど忠実でないことを知っていたとしたら、わたしはかれを仮面をかぶったプロテスタントと考えたかもしれない。ところが、だれも見ていないところでも、公衆の面前におけると同じように規則正しくかれが聖職者としての務めを果たしていることがわかったので、そういう矛盾した態度をどう考えたらいいのかわたしはわからなくなってしまった。かれの不幸をまねくことになった過ち、その過ちにかれはそれほど懲りてもいなかったが、その過ちを別にすれば、かれの生活は模範的だった。行ないには非難すべきことは一つもなかった。言うことは誠実で正しかった。このうえなく親密な状態でかれといっしょに暮らしていたわたしは、一日一日といっそうかれを尊敬するようになり、いろいろと親切なふるまいは完全にわたしの心をとらえたので、わたしは、好奇心に燃えた不安な気持ちで、どういう原則のうえにかれはこういう奇妙な一様な生活を築きあげているのか、それを教えてもらえる時機を待っていた。その時機はそうはやくはやってこなかった。弟子に自分の心をうちあけるまえに、かれは弟子の心にまいた理性と善の種子を芽ばえさせるように努力した。わたしの心のなかにあってなくさせるのがなによりもむずかしかったのは傲慢《ごうまん》な人間ぎらいだった。世の中の富める者、しあわせな者にたいするある種の恨みだった。かれらはわたしの犠牲において富み、しあわせであるかのように思われ、かれらの幸福と称するものはわたしの幸福を横どりしたもののように思われたのだ。青年のばかげた虚栄心は卑屈な思いに反抗を感じ、あの怒りっぽい気質へのわたしの強い傾向をさらに強めるばかりだったし、わたしの指導者がわたしの心にめざめさせようとしていた自尊心は、わたしを高慢にみちびき、人々をさらにいっそういやしい者と考えさせ、かれらにたいする憎悪の念にくわえて、さらに軽侮の念を感じさせるばかりだった。

かれは、そういう傲慢さを直接に非難しないで、それが冷酷な心に変わっていかないようにした。そして自分自身にたいする尊敬の念を失わせることなしに自分の隣人にたいしてそれほど侮蔑的な態度をとらせないようにした。むなしい見せかけをたえずわたしの目から遠ざけて、それがかくしている現実の不幸を示しながら、わたしと同じような人間の迷いをあわれみ、かれらの不幸に心を動かされて、かれらをうらやむよりはむしろ同情の目をもって見ることを教えてくれた。自分の弱さを深く感じることによって人間一般の弱さにたいする同情に動かされていたかれは、いたるところに自分自身の不徳と他人の不徳との犠牲になっている人々を見ていた。貧しい者は富める者に押さえつけられてうめき、富める者は偏見に押さえつけられてうめいているのを見ていた。かれはこう言っていた。わたしの言うことを信じなさい。わたしたちの幻想は、わたしたちの不幸を覆いかくしてくれるどころではなく、それを大きくし、なんの価値もないものに価値をあたえ、幻想をもたなければわたしたちには感じられないさまざまのいつわりの欠乏を感じさせる。心の平和は心を乱すようなことをいっさいかえりみないことによって得られる。だれよりも生命をだいじにしている人はだれよりも生命を楽しむことができない人なのだし、むやみに幸福を願っている人はかならずこのうえないみじめな人間になるのだ。

ああ、なんという暗い世界でしょう、とわたしはいまいましげに叫んだ。すべてを拒否しなければならないとしたら、いったいなんのためにわたしたちは生まれてきたのです。そして、幸福ということさえ考えてはいけないとしたら、だれがいったい幸福になれるのです。わたしが幸福なのだ、あるとき聖職者はそう答えたが、その口調にわたしは心をうたれた。あなたが、幸福！　こんなに恵まれない、こんなに貧しいあなた、国を追われ、迫害されているあなたが幸福だとは！　そしてあなたは、幸福になるためにどういうことをなさったのです。わが子よ、とかれは言った、わたしは喜んであなたにそれを話すつもりだ。

そう言ってかれは、わたしの告白を聴いたのだからかれの告白もするつもりでいることをわからせてくれた。かれはわたしを抱擁しながらこう言った。わたしはあなたの胸にわたしの心が感じていることをなにもかもうちあけよう。あるがままのわたしではないにしても、少なくともわたしが自分で見ているとおりのわたしの姿を見せてあげよう。わたしの完全な信仰告白を聴けば、わたしの心の状態をはっきりと知れば、なぜわたしが自分は幸福だと考えているかあなたにもわかるだろうし、もしあなたがわたしと同じように考えるなら、幸福になるためにはどうしなければならないかを知ることにもなるだろう。だが、そういう告白は短い時間にできることではない。人間の運命と人生のほんとうの価値とについてわたしが考えていることをなにもかも述べるには時間が必要だ。だから、落ち着いてそういう話をしていられる適当な時と場所をきめることにしよう。

わたしはぜひ話を聞きたいという希望を表明した。その機会はできるだけはやく、あしたの朝にでも、ということになった。それは夏のことだった。わたしたちは夜明けに床《とこ》をはなれた。かれはわたしを連れて町の外へ出て、高い丘の上にのぼった。下のほうにはポーの流れが肥沃な土地をうるおし横ぎっていくのが見える。かなたには、すべてのうえに、巨大なアルプスの山なみがそびえている。朝日の光りがもう平野にさしてきて、野原に樹木や丘や家々の長い影を投げ、光りのさまざまな変化が、人の目にふれるこのうえなく美しい光景をいっそう豊かなものにしている。まるで自然は、わたしたちの目のまえにその壮麗な景色をくりひろげて、わたしたちの話のテキストを提供しているようだった。そこで、しばらくのあいだ、無言のままそういう風景をながめていたあとで、安らかな心の人はこんなふうにわたしに語った。」

わが子よ、博学な話や深遠な議論をわたしに期待してはいけない。わたしは偉大な哲学者というわけではないし、そういう者になりたいとも思っていない。けれども、ときにはわたしも良識をもっていることはあるし、それにわたしはいつも真理を愛している。わたしはあなたと議論するつもりはないし、あなたを説き伏せようとするのでもない。わたしはただ、単純な心のままに考えていることをあなたにむかって述べればいいのだ。わたしの話を聞いているあいだ、あなたの心の声に耳をかたむけているがいい。それだけをわたしはあなたにお願いする。たとえわたしがまちがっているとしても、それは善意によるまちがいなのだ。だからわたしの誤りは罪にはならないことになる。あなたが同じようにしてまちがうことになるとしても、それも別に悪いことではないのだ。わたしの考えが正しければ、理性はわたしたちにとって共通のものだし、わたしたちは同じような関心をもってそれに耳をかたむけなければならないのだ。なぜあなたはわたしと同じように考えてはいけないということがあろう。

わたしは貧しい農民の子として生まれた。身分からいえば土地をたがやすことになっていた。しかし両親は、わたしが聖職についてパンを得るために修業するのはもっとましなことだと考え、なんとか方法をみつけてわたしに学問をさせることにした。もちろん、学問といっても、両親もわたしも、なにかよいこと、真実のこと、有益なことの研究を考えていたのではなかった。ただ、聖職に任命されるために知っていなければならないことを勉強することになったのだ。わたしは学べと言われることを学び、言えと言われることを言い、もとめられるがままに誓いをたてて聖職者になった。しかし、その後まもなくわたしは、人間でなくなる義務を自分に課することによって、実行できる以上のことを約束してしまったことに気がついた。

良心とはいろいろな偏見がつくりだすものにすぎないとわたしたちは聞かされている。しかしながら、わたしは経験によって、それが人間のあらゆる掟《おきて》に逆らってがんこに自然の秩序に従うことを知っている。わたしたちにあれこれのことを禁止してもだめだ。自然の正しい秩序がわたしたちに許していることは、自然がわたしたちに命じていることはなおさら、どういうことをしてもそれを責める後悔の念はいつも弱々しく感じられるにすぎない。ああ、善良な若者よ、自然はまだあなたの官能になにも語りかけてはいない。自然の声が無心の歌である幸福な状態にできるだけ長くとどまっているがいい。自然より先ばしったことをするのは自然に逆らう以上に自然を傷つけることになるということを忘れてはいけない。屈服しても罪にならない時を知るためには、まず抵抗することを学ばなければならない。

青年時代から、わたしは結婚ということを自然のもっとも基本的な、そしてもっとも神聖な掟として、それに敬意をはらっていた。その掟に従う権利を失ったわたしは、それをけがすようなことはしまいと決心した。わたしの階級とその修業がどういうものであるにしても、わたしはいつも変わらない単純な生活を送っていて、生まれながらの知恵の光りを精神のうちに完全にもちつづけていたからだ。世間のしきたりもその光りをくもらせるようなことはなかったし、それにわたしの貧しい境涯は不徳の詭弁をささやきかける誘惑からわたしを遠ざけていた。

ほかならぬこの決心がわたしを破滅させることになった。他人の結婚生活にたいする尊敬の念がわたしの過ちを明るみに出すことになってしまった。* 醜聞のつぐないをしなければならなかった。捕えられ、職務を停止され、追放されたわたしは、不謹慎なふるまいの犠牲ではなくむしろ慎重な心がけの犠牲になったのだ。そしてわたしは、そのとき免職にともなって起こった非難の声から、罰をまぬがれるためには過ちを重ねさえすればいい、というような場合がしばしばあることを思わずにはいられなかった。

こういう経験が考える人の心を遠いところまで連れていった例は少ない。悲しい事実によって、正しいこと、誠実なこと、さらに、人間のあらゆる義務について、いだいていた観念をひっくりかえされるのをみたわたしは、それまでうけいれていた見解を毎日一つ一つ失っていった。わたしに残されたものは、それだけで一つのまとまった体系をなしてそれ自身の力で維持されるというわけにはいかなくなり、わたしは自分の精神のうちでいろいろな原則の明瞭さがすこしずつくもらされていくのを感じた。そして、けっきょくどう考えていいかもうわからなくなったわたしは、いまあなたがおかれている状態と同じような状態に落ちこんでしまったのだ。ただ、ちがう点は、わたしの不信仰は、成熟した時期におそくできた果実として、いっそう多くの苦しみによってつくられ、それを打ち破るのはいっそうむずかしかったということだ。

　わたしはデカルトが真理の探究のために必要としている不確実と疑惑の状態*にあった。そういう状態にはそう長いあいだとどまっていられるものではない。それは不安な苦しい状態だ。悪に興味をもっているか、魂が怠けているかでなければ、わたしたちはそういうところにいたたまれない。わたしはそこで楽しんでいられるほど堕落した心をもってはいなかった。それに、自分の運命よりも自分自身に満足していることほど反省する習慣をいっそうよくもちつづけさせるものはない。

　そこでわたしは、舵もなく、羅針盤もなしに、人間の臆見という海の上をただよい、自分の行く道もわからず、どこから来てどこへ行くのかも知らない未熟な水先案内者のほかには案内者をもたずに、はげしい情念の嵐にもまれている、悲しい人間の運命について思いをめぐらしていた。わたしはこう考えていた。わたしは真理を愛している。それをもとめている。しかしそれをみとめることができない。だれかにそれを教えてもらいたい。そうすればわたしはそれにしがみついていよう。真理を尊び、熱心にそれをもとめている心に、いつまでもそれが隠されていることがどうしてありえよう。

わたしはたびたびもっと大きな苦しみを味わったことはあるが、あの混乱と不安の時代のようにいつも耐えがたい生活を送っていたことは二度とない。あのときは、たえず疑惑から疑惑へとさまよい、長いあいだ考えていても、わたしというものの存在の原因とわたしの義務の規則について、不確実とあいまいさと矛盾を感じるばかりだった。

どうして人はまじめに一貫した懐疑論者になることができよう。そういうことはわたしには理解できない。そういう哲学者は、じっさいには存在しないのではないか。存在するとすれば、人間のなかでいちばん不幸な人間だ。どうしても知らなければならないことについて疑惑を感じているのは、人間の精神にとってはあまりにも苦しい状態だ。人間はそれに長いあいだ耐えることはできないのだ。人間はどうしても、なんらかの方法で自分の考えを決定しなければならない。そして人間はなにも信じないでいるくらいならむしろ誤りをおかすことを好む。

いっそうひどくわたしを困惑させていたのは、あらゆることに決定をくだし、疑いをもつことをいっさい許さない教会に属する者として生まれていたわたしには、ただ一つのことを否定してもそのほかのすべてのことも否定することになるということ、そしていろいろとある不条理な決定を承認することが不可能だったために、そうでないものからもわたしの心が離れてしまうことだった。すべてを信じるのだ、とわたしに言うことによって、人々は、わたしにはなにひとつ信じることができないようにしていた。そして、わたしは、どこにとどまっていたらいいのかわからなくなっていた。

わたしは哲学者にきいてみた。かれらの書物をひらいてみた。かれらのさまざまな意見をしらべてみた。わたしはかれらがみんな傲慢で、断定的、独断的であることを知った。いわゆる懐疑論をとなえていてもそうなので、なにひとつ知らないことはなく、なにひとつ証明するのでもなく、かれらはたがいに相手を嘲笑しているのだが、すべての哲学者に共通なこの点だけがかれらの正しい点であるようにわたしには思われた。攻撃するときには花々しいが、自説を擁護するときにはかれらには力が欠けている。いろいろな理論をしらべてみれば、かれらにはただ破壊的な理論があるだけだ。かれらの票をかぞえてみれば、かれらはみんな一票しかもたないことになる。かれらが一致してやっていることはただ論争することだけだ。かれらの言うことに耳をかたむけるのは、わたしの不確実な状態からぬけだす方法にはならなかった。

わたしは、人間の精神の無力が人々の考えのあの驚くべき多様性の第一の原因であること、そして傲慢が第二の原因であることを理解した。わたしたちはこの巨大な機械〔世界〕を測定する尺度をもたない。そのいろいろな比率を計算することができない。その基本的な法則も最後的な原因も知らない。わたしたちはわたしたち自身を知らない。わたしたちの本性も行動の原理も知らない。人間は単純な存在であるか、それとも複合的な存在であるか、ということもよくわからない。どちらをむいても、わたしたちのまわりには知ることのできない神秘があるのだ。この神秘は感覚の領域をこえたところにある。それを突き破るためにわたしたちは知性をもっていると信じているが、わたしたちがもっているのは想像力だけだ。人はみなその想像の世界を通って正しいと思われる道をきりひらいていく。自分の道が目的地に行く道であるかどうか、それはだれにもわからない。しかもわたしたちは、あらゆることを理解し、あらゆることを知りたいと思っている。わたしたちはただ一つのことを知らない、なにをわたしたちは知りえないのか知らないのだ。わたしたちは、だれひとりとして存在するものを知ることはできないのだとみとめるよりも、行きあたりばったりに考えをきめて、存在しないものを信じることを好んでいる。わたしたちには限界がわからない一つの大きな全体、この全体をつくった者はそれについてわたしたちにばからしい議論をさせておくのだが、その一部分であるわたしたちは、生意気にも、この全体はそれ自体どういうものであるかを決定し、それにたいしてわたしたちはどういうものであるかを決定しようとしている。

哲学者たちが真理を発見しうる状態にあるとしても、かれらのうちのだれが真理になど興味をもつものか。哲学者はみんな、自分の体系がほかの者の体系よりもいっそう根拠のあるものではないことをよく知っている。ただかれらは自分の体系だからそれを支持しているのだ。真実のもの、いつわりのものを知ったとしても、他人がみいだした真理よりも自分がみいだした虚偽をとらないような哲学者はひとりもいない。自分の名声のためにあえて人類をあざむかないような哲学者がどこにいるのか。他人よりぬきんでた者になりたいということとは別のことを心の奥底で考えている哲学者がどこにいるのか。一般の人々よりも高いところに身をおくことができさえすればいいのではないか。競争者の名声を失わせることができさえすればいいのではないか。哲学者はそれ以上のなにをもとめているのか。かんじんなことはほかの者とはちがったふうに考えることだ。かれらは、神を信じる人々のあいだでは無神論者になり、無神論者のあいだでは神を信じる者になるのだ。

こうした考察からわたしがひきだした最初の結果は、わたしの探究を直接わたしに利害のあることに限ること、そのほかのことについてはいつも深い無知の状態に安んじていること、そして、たとえ疑わしいことがあっても、わたしに知る必要のあることのほかにはなにも気にしないこと、こういうことを学んだことだ。

さらにわたしは、哲学者たちはわたしを無益な疑いから解放してくれるどころではなく、わたしを苦しめていた疑いを深めるばかりで、それを一つも解決してはくれないことを知った。そこでわたしは、ほかの指導者をもとめることにして、こう考えた。内面の光りに教えを乞うことにしよう。それは哲学者たちが迷わせるほどにはわたしを迷わせはしないだろう。迷わせたとしても、とにかく、わたしの誤りはわたし自身の誤りということになるし、わたし自身の幻想を追っていったほうが哲学者たちにひきずりまわされているよりは堕落することも少ないだろう。

そこで、わたしが生まれたときからつぎつぎにわたしをひきずりまわしてきたさまざまな見解を心のうちに思い浮かべてみて、わたしは、それらは一つとして直接的に確信をうみだすほど明白なものではないにしても、さまざまな程度において真実らしいものであり、内面の承認はさまざまな度合いでそれらにあたえられたり拒否されたりしていることを知った。この最初の観察にもとづいて、それらのさまざまな観念のすべてを偏見を捨ててくらべてみることによって、わたしは、いちばん最初の、いちばんありふれた観念がいちばん単純でいちばん合理的でもあること、そしてそれがあらゆる人の賛同を得るには、最後にもちだされさえすればよかったのだ、ということを知った。古代、近代のあなたがたの哲学者は、力について、偶然について、宿命について、必然について、原子、生きた世界、生命のある物質、あらゆる種類の唯物論について、ありとあらゆる奇怪な学説をもちだしていたのだが、そういうもののすべてのあとに、高名なクラーク*があらわれて、世の人々に教え、存在者のうちの存在者、万物をわかちあたえる者を、ついに知らせることになったというふうに想像してみるがいい。その新しい学説は、世界じゅうの人の感嘆の声を浴び、万人一致の称讃を浴びて、迎えられることになったのではなかろうか。それはじつに偉大な、なぐさめにみちた、崇高な学説、魂を向上させ、美徳に根拠をあたえることができる学説で、同時に、強く人々の心に訴え、光明にみち、単純で、しかも、多くの不条理がみいだされるほかのどんな学説にくらべても、人間の精神に不可解なことをそれほど含んではいないものと思われる。わたしはこう考えていた。解きがたい反論はどんな学説にもついてまわる。人間の精神はひじょうに限られたもので、それらを解決することはできないからだ。だから、反論があるということはどんな学説にもとくに不利となることではない。しかし、多くの直接的な証明のあいだにはどれほどの相違がみられることだろう。すべてを説明するものこそ、そこにはかのもの以上に難点がないばあいには、とるべきものとなるのではないか。

そこでわたしは、真理にたいする愛だけを哲学として、わかりやすい単純な規則、むなしい微妙な議論などしなくてもすむ規則だけを方法として、この規則にもとづいて、自分に関係のある知識の検討をふたたびとりあげ、しんけんに考えて承認しないわけにはいかないすべてのことを明瞭なこととみとめ、それと必然的な関連をもつようにみえるすべてのことを真実とみとめ、そのほかのものはすべて不確実なままにしておいて、それを否定することも、肯定することもせず、実践の面でなにも有用なものをもたらさないばあいには、骨を折ってそれを明らかにするようなことはしまい、と決心した。

それにしても、わたしは何者なのか。事物を判断するどんな権利をわたしはもっているのか。そして、なにがわたしの判断を決定するのか。もし、判断がわたしのうける印象によってひきずられ、強制されるものなら、こうした探究にいくら骨を折ってもむだで、判断は行なわれないか、それとも、わたしが指図するようなことをしなくても、おのずから行なわれることになる。だからまず自分自身に目をむけて、わたしがもちいようとしている道具を知り、どの程度まで信頼してそれをもちいることができるかを知らなければならない。

わたしは存在する。そして感官をもち、感官を通して印象をうける。これがわたしの感じる第一の真実であって、わたしはそれを承認しないわけにはいかない。わたしはわたしの存在について、ある固有の意識をもっているのだろうか。それともわたしの存在を感覚によって感じているだけなのだろうか。これがわたしの第一の疑問だが、いまのところそれを解決することはわたしには不可能だ。というのは、あるときは直接に、あるときは記憶を通して、たえず感覚から印象をうけているわたしは、「わたし」という意識がそういう感覚以外のなにものかであるかどうか、感覚から独立したものでありうるかどうか、どうして知ることができよう。

わたしの感覚はわたしのうちに起こる。それはわたしの存在を感じさせるのだ。しかし感覚の原因はわたしの外にある。それはいやでもおうでもわたしに印象をあたえるのであって、それを生みだすこともなくなすこともわたしにはできないのだ。そこで、わたしのうちにある感覚とわたしの外にあるその原因、つまり対象、とは同じものではないということがはっきりとわたしにわかる。

そこで、ただわたしが存在するだけではなく、ほかの存在、つまりわたしの感覚の対象、も存在することになる。そしてその対象は観念にすぎないとしても、とにかくその観念はわたしではないことはたしかだ。

さて、わたしがわたしとは別に感じるものでわたしの感官にはたらきかけるものをすべて、わたしは物質と呼ぶ。そして個別的な存在にまとめられていると考えられる物質の部分をすべて、わたしは物体と呼ぶ。そこで、観念論者と唯物論者との論争はすべて、わたしにとってはなんの意味もないことになる。物体の現象と実在にかんするかれらの区別は幻想なのだ。

これでわたしは、宇宙の存在についても自分自身の存在についてもまったく同じような確信をもつことができたことになる。ついでわたしは、わたしの感覚の対象について考えてみる。そして、自分のうちにそれらをくらべてみる能力をみいだしているわたしは、まえにはもっていることを知らないでいたある能動的な力をあたえられていることを知る。

知覚するとは、感じることだ。比較するとは、判断することだ。判断することと感じることとは同じことではない。感覚を通して、対象は、自然のなかにあるように、別々の、孤立したものとしてわたしにあらわれる。比較することによって、わたしは、それらの対象を動かし、いわば移動させ、あるものをほかのもののうえにおき、それらの相違や類似について、一般的にいえば、それらのあらゆる関連について決定をくだす。わたしの考えでは、能動的な、あるいは知性をもつ存在の、ものを区別する能力は、「ある」ということばに一つの意味をあたえることができることだ。たんに感覚能力をもつだけの存在のうちに、ものを積み重ねて決定をくだす知性の力をさがしもとめてもむだだ。そういう存在の本性のうちにはその力をみとめることはできまい。そういう受動的な存在はそれぞれのものを別々に感じるだろう。また、二つのものからできた全体を感じることもあるだろう。しかし、一つのものをほかのもののうえに折り曲げる力をもたないから、それらを比較したり、判断したりすることはけっしてないだろう。

同時に二つのものを見ることは、それらの類似をみとめることでも、それらの相違を考えることでもない。いくつかのものをそれぞれ別のものとしてみとめることは、それらをかぞえることにはならない。わたしは同じ瞬間に大きい棒と小さい棒の観念を、それらを比較することなしに、一方が他方よりも小さいと判断することなしに、もつことができる。それはちょうど、同時にわたしの手の全体を見ることができても、指をかぞえているのではないのと同じことだ。(二六)「より大きい」とか「より小さい」とかいう比較の観念は、「ひとつ」、「ふたつ」などの数の観念と同じように、たしかに感覚ではない。もっとも、感覚をもつばあいにのみわたしの精神はそういう観念を生みだすのだが。

感覚能力をもつ存在はいろいろな感覚のあいだにある相違によってそれらの感覚をそれぞれ区別するといわれている。これは説明を要する。感覚が異なるばあいには、感覚能力をもつ存在はそれらをその相違によって区別する。同じような感覚であるばあいには、それぞれ別のものと感じるからこそ区別する。そうでなければ、同時に起こる一つの感覚において、二つの等しい対象をどうして区別することができよう。かれは必然的にそれら二つの対象を混同し、同じものとしなければなるまい。空間をあらわす感覚はひろがりをもたない、と主張する学説ではとくにそういうことになる。

比較できる二つの感覚がみとめられるばあいには、それらの印象ができあがり、それぞれのものが感じられ、二つのものが感じられるのだが、だからといってそれらの関連が感じられるわけではない。この関連についての判断が一つの感覚にすぎず、一方的に対象からわたしにもたらされるものなら、わたしの判断はわたしをだますことはけっしてあるまい。わたしが感じているものを感じているということは、けっしてうそではないからだ。

では、そこにある二本の棒の比率について、とくにそれらが平行にならんでいないばあいに、わたしが思いちがいをするのはなぜだろうか。たとえば、小さい棒が大きい棒の四分の一しかないのに三分の一だと言ったりするのはなぜだろうか。感覚である映像が対象である実物と一致しないのはなぜだろうか。それはつまり、判断するばあいにはわたしは能動的になるからだ、そして、比較をする操作がまちがっていて、比率を判断するわたしの悟性がただ対象を示すだけの感覚の真実に自分の誤謬をもちこんでいるからだ。

さらにまた、よく考えてみればきっとあなたを驚かすにちがいないことがある。それは、もしわたしたちがわたしたちの感官をもちいるにあたって純粋に受動的だとしたら、それらの感官のあいだにはなんの交流もなくなるということだ。わたしたちがさわっている物体と見ている物体とが同じものだということを知ることは不可能になる。わたしたちは、わたしたちの外にあるものをなにひとつ感じなくなるか、それとも、わたしたちにとっては、感覚的な五つの実体があって、その同一性をみとめる手段は全然ないことになる。

自分の感覚を比較対照するわたしの精神の力にどういう名称をあたえてもいい。注意、省察、反省、そのほか好きなようにそれを呼んでいい。とにかく、そういう力はわたしのうちにあるのであって、事物のうちにあるのではないこと、対象がわたしにあたえる印象をまってわたしはそれを生みだすにすぎないとしても、わたしだけがそれを生みだす、ということは真実だ。感じたり感じなかったりすることはわたしの自由にはならないが、わたしの感じていることをよく検討したりしなかったりするのはわたしの自由だ。

だからわたしは、たんに感覚能力をもつだけの受動的な存在ではなく、知性をもつ能動的な存在なのであって、哲学*がなんと言おうとも、わたしは考える名誉をもつことをあえて主張したい。ただわたしは、真理は事物のうちにあるのであって、それを判断するわたしの精神のうちにあるのではないということ、そして、わたしが事物についてくだす判断に自分のものをもちこむことが少なければ少ないほどいっそう確実に真理に接近することができるということを知っている。そこで、理性よりも感情にたよるというわたしの規則は理性そのものによって確認されることになるのだ。

いわば自分自身を確保したわたしは、自分の外にあるものに目を投じることになるが、この広大な宇宙のなかに投げこまれ、道を失っている自分を考え、数しれぬ存在のなかに溺れていて、それらがそれぞれどういうものであるか、わたしにたいしてどういうものであるかをまったく知らないでいる自分を考えて、わたしは一種の戦慄にとらえられる。わたしはそれらを研究し、観察する。そして、それらを比較しようとするわたしのまえにあらわれる最初の対象は、わたし自身なのだ。

感官によってわたしがみとめるものはすべて物質である。そしてわたしは、物質のあらゆる本質的な特性を、わたしに物質をみとめさせる感覚的な性質、物質ときりはなすことのできない感覚的な性質から推論する。わたしは物質があるときは運動状態に、あるときは静止状態にあるのを見る(一七)。そこで、静止も運動も物質に本質的なことではないと考える。しかし、運動はある作用なのだから、ある原因の結果であって、静止はその原因がないことにほかならない。だから、なにもはたらきかけないばあいには物質は動かない。そして、物質は静止していても運動していてもどちらでもいいということから、当然、その自然の状態は静止していることにあるということになる。

　わたしは物体に二種類の運動をみとめる。つまり、ほかからつたえられる運動と、自発的な、あるいは意志的な運動だ。前者では動因は動かされる物体の外にあるが、後者ではそれは物質そのもののうちにある。そこからわたしは、たとえば時計の運動は、自発的な運動だと結論するようなことはしまい。ゼンマイとは別のなにかがそれにはたらきかけなければ、ゼンマイは伸びようとしまいし、歯車を動かすこともないにちがいないからだ。同じ理由によって、流体にも、それに流動性をもたらす火（一八）にさえも、わたしは自発性をあたえるつもりはない。

　動物の運動は自発的なのかどうか、とあなたがたずねるとしたら、それについてはわたしはなにも知らないが、類推で考えれば、答えは肯定的になると言っておこう。あなたがさらに、ではどうしてわたしは自発的な運動が存在することを知っているのか、とたずねるとしたら、わたしはそれを感じているから知っているのだと答えよう。わたしは腕を動かそうとしてそれを動かす。この運動にはわたしの意志のほかには直接的な原因はない。こういう感じをわたしになくさせるために議論しようとしたところでむだだ。それはどんな明らかなことよりもさらにはっきりしたことなのだ。そういう議論は、わたしが存在しないことをわたしに証明しようとするのと同じことだ。

　人間の行動にも、地上で起こるなにごとにも、ぜんぜん自発性がないとするなら、そのために、あらゆる運動の最初の原因を考えるにあたっていっそう困惑するだけのことだ。わたしとしては、物質の自然の状態は静止していることである、そして物質はそれ自体、行動するどんな力ももってはいない、と固く信じているから、ある物体が運動しているのを見れば、わたしはすぐに、その物体は生命をあたえられているか、それともその運動はその物体につたえられたものであるか、いずれかであると考える。有機的でない物質がひとりでに動いたり、なんらかの作用を生みだしたりするという考えに同意することをわたしの精神は完全に拒絶する。

　しかしながら、目に見えるこの宇宙は物質である。ちらばった、死んだ物質[二九]で、その全体において統一的、有機的なもの、生命をあたえられた一個の物体の部分であるという共通の意識といったようなものを全然もたない。たしかに、部分であるわたしたちは全体のうちに自分を感じることはけっしてないのだ。ところで、この宇宙は運動している。そして、規則正しい、一様な、変わることのない法則に支配された運動をしていて、人間や動物の自発的な運動に見られるような自由は全然もたない。だから世界は、自分で体を動かす大きな動物のようなものではない。そこで、世界の運動にはなにか外部的な原因があることになるが、それはわたしにはみとめられない。それにしても内面的な確信はその原因を十分あきらかにしてくれるので、わたしは、太陽がめぐっているのを見れば、それを推し進めている力を考えずにはいられないし、地球が回っているなら、それを回転させている者の手が感じられると思っている。

物質との本質的な関連がみとめられない一般法則を承認しなければならないとしたら、どういうことでわたしは前進したことになるのか。それらの法則は現実的な存在、実体に属するものではないから、したがってわたしには知られていないなにか別の根拠をもつことになる。実験と観察はわたしたちに運動の法則を教えてくれた。これらの法則は結果を決定するが、原因を示さない。それらは世界の体系と宇宙の歩みを十分に説明してくれない。デカルトはさいころで天と地をつくった。しかしかれは、回転運動の助けを借りなければそれらのさいころに最初の衝撃をあたえることはできなかったし、かれの遠心力をはたらかせることもできなかった。ニュートンは引力の法則を発見した。しかし引力だけでは、宇宙はやがて不動の塊りになってしまうから、この法則に抛射力をつけくわえて天体に曲線を描かせなければならなかった。デカルトはどんな物理法則がかれの渦動を生じさせたか言ってみるがいい。ニュートンは惑星をその軌道の切線のうえに投げた手を示してくれるがいい。

運動の最初の原因は物質のうちにはない。物質は運動をうけとり、それをつたえるが、運動を生みだすことはない。たがいにはたらきかけている自然の力の作用と反作用を観察すればするほど、ますますわたしは、ある結果から別の結果へとさかのぼっていって、いつもなんらかの意志を最初の原因としなければならないことを知る。原因の系列を無限のものと考えるのは、それを全然考えないことだ。一言でいえば、ほかの運動によって生じたのではない運動はすべて、自発的、意志的な行為によらなければ起こりえない。生命のない物体は運動によってのみ動かされるのであって、意志のないところにはほんとうに行動といえるものは存在しない。これがわたしの第一の原理だ。だからわたしは、なんらかの意志が宇宙を動かし、自然に生命をあたえているものと信じる。これがわたしの第一の教理、つまり、わたしの第一の信条だ。

どんなふうにして意志が物理的、物体的な作用を生みだすのか。それはわからないが、わたしは意志がそれを生みだすことをわたしのうちに感じている。わたしは行動しようとする。そして行動する。わたしの体を動かそうとする。するとわたしの体は動く。しかし、静止している生命のない物体がひとりでに動きだしたり、運動を生じたりするというのは、不可解なことだし、例もないことだ。意志はその行為によってわたしに知られている。その本性によってではない。わたしはこの意志を動因とみとめる。ところが運動を生みだす物質という考えは、明らかに、原因のない結果を考えることだ。それはぜったいになにも理解していることにはならない。

どんなふうにしてわたしの意志がわたしの体を動かすかを理解するのは、どんなふうにしてわたしの感覚がわたしの魂に印象をあたえるかを理解するのと同じように、わたしには不可能なことだ。なぜ、これら二つの神秘の一方が他方よりも説明されやすいことのように思われたのか、ということさえわたしにはわからない。わたしとしては、わたしが受動的であるばあいにも、能動的であるばあいにも、二つの実体を結びつける方法はまったく不可解なことのように思われる。人はこの不可解さそのものから出発して二つの実体を混同しているのだが、これはじっさい奇妙なことだ。ひじょうにちがった性質の営みは、二つのものにおいて考えるよりもただ一つのものにおいて考えるほうがいっそうよく説明される、とでもいうのだろうか。

わたしがいま確定した教理は、たしかに、あいまいだ。しかしとにかくそれはある意味をもっているし、理性に反することや観察とくいちがうことはそこには一つもない。唯物論についても同じように言えるだろうか。運動は物質にとって本質的なものとするなら、それは物質とわかちがたいものになり、いつでも同じ程度に物質にあり、物質の一つ一つの部分にもいつでも同じようにあって、ほかのものにつたえられず、ふえもせず、へりもせず、さらに、静止している物質というものは考えることさえできなくなる、ということは明らかではないか。運動は物質にとって本質的なものではないが、必然的なものだ、と言ったところで、これはことばでごまかそうとしているので、そのことばにもうすこし意味があるなら、もっと容易に反駁されるだろう。物質の運動が物質そのものから生じるものなら、運動は物質にとって本質的なものなので、ほかの原因から生じるものなら、動因が物質にはたらきかけるばあいにのみ運動は物質にとって必然的なものなのだ。このどちらかになるのであって、わたしたちはまた最初の困難にかえっていくことになるのだ。

一般的、抽象的な観念は人間のもっとも大きな誤りの源だ。形而上学のたわごとはたった一つでも真理を発見させはしなかったし、それは哲学を不条理なことでいっぱいにしているのだが、そこから大げさなことばをとりのけてみれば、人はそのばからしさに恥ずかしくなる。まあ、言ってもらいたい、自然ぜんたいのうちにひろがっている盲目的な力というようなものについて人があなたに語るとき、それはなんらかの正しい観念をあなたの精神にもたらすことになるのだろうか。人は、「普遍的な力」、「必然的な運動」というような漠然としたことばでなんらかのことを言っているつもりでいるが、それはぜんぜんなにも言っていることにはならない。運動の観念はある場所から他の場所への移動という観念以外のなにものでもないのだが、なんらかの方向をもたない運動はない。個別的な存在は同時にあらゆる方向に動くことはできないのだ。そこで、物質はどの方向に必然的に動くのか。物質のすべてが一体となって一様な運動をしているのか、それとも、一つ一つの原子がそれぞれ固有の運動をしているのか。まえの考えによれば、宇宙ぜんたいは分割できない固い塊りをつくることになる。あとの考えによれば、ちらばったまとまりのない流体を形づくることになるにすぎず、二つの原子が結合することはけっしてありえない。物質ぜんたいに共通だという運動は、どの方向にむかって行なわれることになるのか。それは直線運動か、円運動か、上昇運動か、下降運動か、右へ動くのか、左へ動くのか。物質の分子の一つ一つが特殊の方向をもつとするなら、そのあらゆる方向の原因、そのあらゆるちがいの原因はなんだろう。物質の原子や分子の一つ一つが自己の中心のまわりを回転するだけだとしたら、なにひとつその場所からぬけでるものはなくなり、運動の伝達ということはなくなってしまうだろう。それにしても、その回転運動はある方向に決定されていなければなるまい。抽象的に運動を物質にあたえるのは、意味のないことばを語ることだ。また、限定された運動を物質にあたえるのは、その運動を決定している原因を仮定することだ。多くの特殊な力を考えることになれば、多くの未知の原因を説明しなければならず、それらを支配する共通の動因をみいだすことができなくなる。すべての元素の偶然的な協力ということにはなんらの秩序も考えられないばかりでなく、わたしにはそれらの元素の闘争ということさえ考えられないし、宇宙の混沌ということは宇宙の調和ということ以上にわたしには不可解だ。世界の構造は人間の精神には理解できないことなのかもしれないということはわたしにもわかる。しかし、あえてそれを説明しようとするなら、その人は人間に理解できることを語るべきだ。

動く物質はある意志をわたしに示してくれるのだが、一定の法則に従って動く物質はある英知をわたしに示してくれる。これがわたしの第二の信条だ。行動し、比較し、選択することは、能動的な、ものを考える存在者の行なうことだ。だから、そういう存在者が存在するのだ。どこに存在するのが見えるのか、とあなたはきくだろう。回転する天空のなかにだけではなく、わたしたちを照らしている太陽のなかにも存在するのだ。わたし自身のうちにだけではなく、草をはむ羊、空を飛ぶ小鳥、落ちてくる石、風に吹かれていく木の葉のうちにも存在するのだ。

世界の目的はわたしにはわからないのだが、わたしは世界の秩序ということを考える。

その秩序を考えるには、世界の部分をくらべてみて、それらの協力、それらの関連を研究し、そこに調和をみとめればそれで十分だからだ。なぜ宇宙は存在するかはわたしにはわからないが、それでも、どんなふうに宇宙は変化しているかを知ることはできる。宇宙を構成している存在がそれによってたがいに助けあっている内密の対応関係をみとめることはできる。わたしは、はじめて時計の内部を見て、この器械のもちいかたを知らず、かつて文字盤を見たことがなくても、あんなふうにつくられたものに感心せずにはいられない人と同じだ。その人はこんなことをいうにちがいない。わたしはこの全体がなんの役にたつのかは知らない。しかし、それぞれの部分が他の部分のためにつくられていることはわかる。こういう細かい仕事をした職人にわたしは感心する。そしてわたしには、この歯車がみんなこんなふうに歩調をそろえて動いているのはある共同の目的のためにほかならないことがはっきりわかる。その目的はわたしにはみとめることができないのだが。

個々の目的を、手段を、あらゆる種類の秩序づけられた関連を、くらべてみよう。そして内面の感情に耳をかたむけることにしよう。健全な精神がどうしてこの感情の証言を否定することができよう。偏見にくもらされていない目をもって見れば、はっきりと感じられる宇宙の秩序は至高の英知を示すことになるのではないか。そして、あらゆる存在の調和と、それぞれの部分が他の部分を維持していこうとするみごとな協力を無視するには、どれほどの詭弁を積み重ねなければならないことだろう。組み合わせとか、偶然とか、そういうことを言いたければ好きなだけ言うがいい。わたしを黙らせたところで、なっとくさせることができなければ、それがなんの役にたつ。それに、わたしの意志にかかわらずあなたがたの言うことをたえず否定する無意志的な感情をどうしてわたしからとりのぞくことができよう。有機体がその変わらない形をとる以前に、偶然的にいろんなふうに組み合わされてできたとするなら、はじめは口がなくて胃袋だけが、頭がなくて足だけが、腕がなくて手だけが、というふうに、あらゆる種類の不完全な器官が形づくられたのだが、それらは自己を保存することができずに、滅びてしまったのだとしたら、そういうできそこないの試作品がどうして現在では一つもわたしたちの目にふれないのか。なぜ自然は、はじめは従っていなかった法則をついに自己に課することになったのか。あることが可能であるばあいには、そういうことが起こってもわたしは驚きはしまいし、なかなか起こりそうもないことが無数の結びつきのおかげで起こるとしても驚きはしまい。それはみとめよう。しかし、だれかがわたしのところにやってきて、印刷所の活字がでたらめになげだされて、「アエネイス」をちゃんとこしらえた*と言ったところで、わたしはそのうそをしらべにいくために一歩でも踏みだすようなことはしまい。無数の結びつき、ということをあなたは忘れている、と人は言うかもしれない。しかしその組み合わせをほんとうらしいものにするためには、そういう結びつきをどれほどたくさん考えてみなければならないことか。ただ一つの結びつきしかみとめないわたしとしては、そこから生じたものは偶然の結果ではないのだと断言したい。さらに、組み合わせとか偶然とかいうことは、いつも組み合わされる元素と同じ性質のものをつくりだすだけだろうということ、有機体や生命が原子の結びつきから生じることはあるまいということ、合成物をつくっている化学者は、坩堝《るつぼ》のなかでその合成物になにか感じさせたり考えさせたりすることはあるまいということ(二〇)を考えてみるがいい。

わたしはニウヴェンティット*を読んで驚いた。憤慨したといってもいい。どうしてこの人は、自然をつくったものの知恵を証明しているあらゆる不可思議なことについて一冊の書物をかこうとする気になれたのか。かれの書物が世界と同じくらいの大きさになったとしてもその主題を汲みつくすことはできなかったろう。それに、細かいことにたちいろうとすれば、もっとも大きな不可思議は、つまり万物の調和と一致は、とらえられなくなる。生きている有機的なものの生成ということだけでも人間の精神にとってははかりしれないことだ。さまざまの種類のものがたがいに混同されないようにするためにそれらのあいだに自然がつくった超えることのできない柵は、自然の意図をこのうえなくはっきりと示している。＊自然は秩序を確立するだけでは満足しないで、なにものもそれをみだすことができないようにする確実な手段をとったのだ。

宇宙には、ある点からみればほかのすべてのものの共通の中心とみなされないものは一つもない。それを中心にしてすべてのものが秩序づけられ、すべてのものがたがいに目的となり、手段となる。精神はこの無限の関連のうちにぼう然として自己を見失うが、それらの関連は一つとして全体のうちに消えさることも失われることもない。偶然に動かされる物質の盲目的な構造からこの完全な調和を導きだすためには、どれほど多くの不条理な仮定をしなければならないことだろう。この大きな全体のすべての部分の関連のうちにあらわれている統一的な意図を否定する人々は、抽象とか、排列とか、一般的原理とか、象徴的なことばとかでかれらのたわごとを覆いかくしているが、それはむだだ。かれらがどんなことをしようとも、このように変わることのない秩序を保っている存在の体系を、それに秩序をあたえているなんらかの英知を考えずに理解することはわたしには不可能だ。受動的な死んだ物質がものを感じる生きた存在を生みだすにいたったということ、盲目的な宿命が知的な存在を生みだすにいたったということ、考えないものが考える存在を生みだすにいたったということ、そういうことはわたしの能力では信じられない。

だからわたしは、世界は力づよい賢明なある意志によって支配されていると信じる。わたしにはそれが見える。というより、それが感じられる。そして、わたしにはそのことを知る必要があるのだ。だが、この世界は永遠のものなのだろうか。それともいつかつくられたものなのだろうか。万物のただ一つの根源というものがあるのだろうか。根源は二つ、あるいはもっとたくさんあるのだろうか。そして物の本性はなんだろうか。そういうことはわたしにはぜんぜんわかっていないのだが、それはかまわない。そういう知識がわたしにとって興味のあるものとなるにつれて、わたしはそれを獲得するために努力するだろう。それまでのところは、わたしの自尊心を不安にすることはあっても、わたしの行動にとっては必要のない、そしてわたしの理性を超えたところにある、どうでもいいような問題にはたちいらないことにする。

わたしは自分の考えを教授しているのではないということをたえず思い出していただきたい。わたしはそれを述べているのだ。物質が永遠にあるものだろうと、つくられたものだろうと、なんらかの受動的な原理があろうと、そういうものはなかろうと、とにかくたしかなことは、全体は一つのものであって、ただ一つの英知を示している、ということだ。同一の体系のうちに秩序づけられていないものは、そして同一の目的、つまり確立された秩序のうちにすべてを維持していくことに協力していないものは、わたしには一つもみあたらないからだ。欲し、行なうことができる存在者、それ自身が能動的な存在者、つまり、それがどういうものだろうと、宇宙を動かし、万物に秩序をあたえている存在者、この存在者をわたしは神と呼ぶ。わたしはこの名称に英知と力と意志の観念をまとめて結びつけ、さらにその必然的な結果である善性の観念を結びつける。しかし、そうしたからといって、こういう名称をあたえた存在者をわたしはいっそうよく知ることにはならない。それは、わたしの感官にも、悟性にも同じようにかくされている。それを考えれば考えるほどわたしはいっそう困惑する。それが存在すること、そしてそれ自身によって存在することを、わたしはひじょうにはっきりと知っている。わたしの存在はその存在に従属していること、そして、わたしが知っているすべてのものも完全に同じ従属状態にあることを、わたしは知っているのだ。わたしはいたるところでそのみわざによって神をみとめる。わたし自身のうちに神を感じる。どちらをむいてもわたしのまわりには神が見える。しかし、神をそれ自身においてながめようとすると、それはどこにいるのか、それはどういうものか、その実体はなにか、を知ろうとすると、神はわたしから去っていき、わたしの精神は混乱して、もうなにもみとめられない。

自分の無力を深く感じているわたしは、神のわたしにたいする関連という考えからそれを迫られないかぎり、神の本性について論じるようなことはけっしてしないつもりだ。

そういう論議はかならず身のほどもしらないことになる。賢明な人間なら、そのばあい畏れを感ぜずにはいられまいし、自分はこういうことを深くきわめるように生まれついてはいないことがわかっているはずだ。神にたいするはなはだしい冒瀆《ぼうとく》は、神のことを考えないことではなく、神についてまちがった考えかたをすることだ。

神の属性のなかで、神の存在を理解するよりどころとなるものをみいだしたのちに、わたしは自分自身にたちかえって、神が支配している事物、そして、わたしがしらべてみることができる事物のなかで、自分がどんな地位を占めているか考えてみる。わたしは人間という種族に属するものとして疑いもなく自分が第一の地位を占めていることをみいだす。というのは、意志と、その意志を実行するためにもちいることのできる道具とをもつことによって、わたしは、どんなものにしろ自分の周囲にあるものが物体的な力だけでわたしの意に反してわたしにはたらきかけるばあいにくらべて、いっそう多くの力をもって自分の周囲にあるすべてのものにはたらきかけることができ、それらの作用を好きなようにうけいれたりさけたりすることもできるからだし、また、知性をもつことによって、わたしはあらゆるものを調べてみることができる唯一のものなのだから。人間を除いて、この世にあるどんな存在がほかのすべてのものを観察し、それらの運動や作用をはかったり計算したり予想したりすることができるのか、そして、いわば、一般的存在の意識を自己の個別的存在の意識に結びつけることができるのか。わたしはすべてのものを自分に結びつけることができる唯一のものなのだから、すべてのものはわたしのためにつくられていると考えるのは、それほどおかしなことではあるまい。

だから人間はかれが住んでいる地上の王者だというのは正しい。*かれはあらゆる動物を征服しているだけではない。その産業によって元素を支配しているだけではない。地上にあって人間だけが元素を支配することができ、さらに、近づくことのできない天体さえも観照によって自分のものにしているのだ。地上にあるなにかほかの動物で、火をもちいるすべを知っているもの、感嘆して太陽をながめることを知っているものがあったら、教えてもらいたい。ああ、わたしはいろいろな存在とそれらの関連を観察し認識することができるのだ。秩序、美、徳とはどういうものか感じることができるのだ。宇宙を観照し、それを支配している者にまで自分を高めることができるのだ。善を好み、善を行なうことができるのだ。それでも自分を獣《けもの》にくらべてよいものだろうか。いやしむべき魂よ、きみを獣と同じようなものにしているのは、きみの暗い哲学なのだ。いや、いくらきみが自分をいやしめてもだめなのだ。きみの天性はきみの原理を否定している。きみの情けぶかい心はきみの学説を裏切っている。そして、きみの能力を悪用していることそれ自体が、きみがなんと言おうと、きみのすぐれた能力を証明しているのだ。*

支持しなければならない体系をもたないわたしは、はげしい党派心にひきずられたり、一派の首領になる名誉を望んだりしないで、神がおいてくれた地位に満足している単純で正直な人間であるわたしは、神のほかに人間よりもすぐれているものをなにひとつみとめない。だから、もし、存在するものの秩序のうちに自分の場所を選ばなければならないとしたら、人間であることよりもましなどんなことを選ぶことができよう。

こういう考えはわたしを得意にするよりも、むしろわたしを感動させる。この状態はわたしが選んだ状態ではないし、まだ存在していなかった者の功績によるものでもなかったのだ。自分がそういうすぐれたものであることを知るとき、わたしはその名誉ある地位を占めることに喜びを感ぜずにいられようか、また、そこにわたしをおいてくれた者を祝福せずにいられようか。自分自身にたちかえって考えてみるとすぐに、わたしの心には人間をつくった者にたいする感謝と祝福の感情が生まれ、この感情からはじめて恵みふかい神にたいする尊敬の念が生まれてくる。わたしは至高の力を讃え、その恵みに感激する。わたしにはだれかがこういう信仰を教えてくれる必要はない。それは自然そのものからわたしにあたえられる。わたしたちをまもってくれる者を尊敬し、わたしたちの幸福を望んでいる者を愛するのは、自分にたいする愛の当然の結果ではなかろうか。

しかし、つぎに、人間のなかでわたしが占めている個人的な地位を知ろうとして、人間のさまざまな身分を考え、そこにある人々のことを考えるとき、わたしはどういうことになるか。なんという光景！　わたしが見ていた秩序はどこにあるのか。自然の光景は調和と均衡を示すばかりだったが、人類の光景は混乱と無秩序を示すだけだ。自然のあらゆる要素のあいだには協調が支配している。ところが人間は混沌のなかにいるのだ。動物たちは幸福なのに、その王者だけがみじめなのだ。ああ、知恵よ、どこにおんみの掟があるのだ。おお、摂理よ、おんみはこんなふうに世界を支配しているのだろうか。恵みふかい存在者よ、おんみの力はどうなったのか。わたしは地上に悪を見ている。

よき友よ、あなたには信じられるだろうか、こういう暗い考察と見かけの矛盾から、これまでのわたしの研究からは得られなかった魂についての崇高な観念がわたしの精神のうちにつくられることになったのだ。人間の本性について深く考え、わたしはそこにはっきりとちがった二つの根源的なものがみいだせると思った。一方は人間を高めて、永遠の真理を研究させ、正義と道徳的な美を愛させ、その観照が賢者の最大の喜びとなる知的な世界にむかわせる。ところが他方は、人間を低いところへ、自分自身のなかへ連れもどし、官能の支配に、その手先である情念に屈服させ、一方の根源から生まれる感情が人間に感じさせるものをなにもかも情念によってさまたげているのだ。この二つの相反する衝動によってひきずられ、悩まされている自分を知って、わたしはこんなことをつぶやいていた。そうだ、人間は一つのものではない。わたしはあることを願いながらも願ってはいない。わたしは自分が同時に奴隷でもあり、自由でもあると感じている。わたしはよいことを知っているし、それを好んでもいる。しかもわたしは、悪いことをしている。わたしは理性に耳をかたむけているときは能動的だが、情念にひきずられているときは受動的だ。そして、わたしが屈服するとき、なによりも耐えがたい苦しみは、自分は抵抗することもできたのだ、と感じていることだ。

若者よ、信頼して聞くがいい。わたしはあくまで誠実に語るつもりでいる。良心は偏見のつくりだしたものだとするなら、たしかに、わたしはまちがっていることになるし、道徳というものはわからないことになる。しかし、なによりも自分を愛するということが人間の自然の傾向であり、しかも基本的な正義感が人間の心に生まれながらにそなわっているものなら、人間を単一の存在と考えている人にこの矛盾をとりのぞいてもらいたい、そうすれば、わたしはただ一つの実体をみとめることにするだろう。

注意していただきたいが、わたしは、この「実体」ということばを、一般的にいって、なんらかの根源的な性質をそなえた存在をさすものと解し、あらゆる特殊な、つまり二次的な変形を度外視する。だから、わたしたちに知られているすべての根源的な性質がある同一の存在のうちにまとめられるものなら、ただ一つの実体しかみとめられないことになる。しかし、たがいに排斥し合う性質があるなら、そういう排斥し合うものを考えることができるのと同じ程度にさまざまの実体があることになる。こういうことについてはあとでよく考えていただきたい。わたしとしては、ロックがどんなことを言っているにしても、物質をひろがりのあるもの、分割できるものとみとめさえすれば、物質はものを考えることができないということはたしかだと思う。だから、一人の哲学者がわたしのところへやってきて、木はものを感じ、岩はものを考える、などと言って(二二)、その巧妙な議論でわたしを困らせようとしても、それはむだだろう。わたしはその哲学者のうちに誠意のない詭弁家を見ることができるだけだ。そういう哲学者は人間に魂をあたえるよりも石ころに感情をあたえたいと思っているのだ。

一人のつんぼが、耳に音というものを感じたことがないので、音の存在を否定するとしよう。わたしは彼の目のまえに一個の弦楽器を置き、かれの目に見えないもう一つの道具で同音《ユニソン》を響かせる。つんぼは弦の振動を見る。わたしはかれに、それを振動させたのは音だという。そんなことはない、とつんぼは答える、弦の振動の原因は弦そのもののうちにある、こんなふうに振動するのはすべての物体に共通の性質だ、と。そこでわたしはこう言ってやる。では、ほかの物体でこういう振動を見せてもらいたい、でなければ、とにかくこの弦で振動の原因を示してもらいたい、と。つんぼはまた答える。それはできない、しかしこの弦がなぜ振動するのかわからないからといって、わたしがなんの観念ももっていないあなたのいわゆる音によってそれを説明する必要がどこにあるのか、それはわけがわからない事実をもっとわけがわからない原因によって説明することだ、あなたのいわゆる音がわたしに感じられるようにしてもらいたい、でなければ、わたしは、そういうものは存在しないと言おう。

思考と人間の精神の本性について考えてみればみるほど、唯物論者の考えかたはこのつんぼの考えかたに似ていることがわたしにはいっそうよくわかってくる。じっさい、唯物論者には、とうてい耳をかたむけずにはいられないような調子で内面の声がこう呼びかけているのが聞こえないのだ。「機械はものを考えはしない。反省を生みだす運動や形象はない。おまえの内部にあるなにものかはそれをしばりつけている綱を断ち切ろうとしているのだ。空間はおまえをはかる尺度にはならない。宇宙ぜんたいもおまえにとってはそれほど大きなものではない。おまえの感情、おまえの欲求、おまえの不安、おまえの傲慢さそのものさえ、おまえが繋がれていると感じているそのせまくるしい肉体とは別の根源をもっているのだ。」

物質的な存在はけっしてひとりでに行動するものではないが、わたしは自分から行動する。人がいくら否定しようとしても、わたしはそう感じているし、わたしに語りかけるこの感じはそれに反対する論理よりも強い。わたしには体があって、それにほかの物体がはたらきかける。わたしの体もそれらの物体にはたらきかける。この相互的な作用は疑うことができない。しかし、わたしの意志はわたしの感官から独立している。わたしは同意したり抵抗したりする、屈服したり克服したりする。だが、わたしは、自分がしたいと思ったことをしているときにも、自分の情念に負けてなにかしているにすぎないときにも、それを完全に意識している。わたしにはいつもなにか欲する力はあるが、それを実行する力はあるとはかぎらない。誘惑に負けるばあい、わたしは外部のものの力によって動いている。そういう弱さを自分にとがめているときには、自分の意志にだけ耳をかたむけている。わたしは、悪いことをしているときには奴隷だが、後悔しているときには自由な人間だ。わたしは自由だという感じがわたしのうちから消えていくのは、わたしが堕落するとき、肉体の掟《おきて》にたいして魂が非難の声をあげているのをついに黙らせてしまったときだけだ。

わたしが意志というものを知っているのは、自分の意志を感じているからにほかならない。それに、悟性というものも、もっとよくわたしに知られているわけではない。どんな原因がわたしの意志を決定するのか、ときかれたら、わたしは、どんな原因がわたしの判断を決定するのか、と反問しよう。この二つの原因は一つのものにすぎないことは明らかなのだ。そして、人間がその判断において能動的であること、人間の悟性とは比較したり判断したりする力にほかならないことをよく理解すれば、人間の自由とはそれと同じような力にほかならないことが、あるいはそこから派生していることがわかるだろう。人間は真実を判断したときによいことを選び、判断を誤れば選択を誤るのだ。そこで、人間の意志を決定する原因はなにか。それはかれの判断だ。では、判断を決定する原因はなにか。それはかれの知的能力だ、判断する力だ。決定する原因は人間自身のうちにある。それ以上のことになると、わたしにはもうなにもわからない。

たしかに、わたしにとってよいことを望まないでいることはわたしの自由にはできない。わたしにとって悪いことを望むことはわたしの自由にはできない。しかし、わたしに適したこと、あるいはそう考えられることのほかには望むことができないということ、わたしの外にあるなにものによっても決定されないでそうすること、まさにそういうところにわたしの自由があるのだ。それでは、わたしは、わたしとは別の者には自由になれないのだから、自分の支配者ではない、ということになるだろうか。

あらゆる行動の根源は自由な存在者の意志にある。それから先にさかのぼることはできまい。ぜんぜん意味がないのは自由ということばではなく、必然ということばだ。能動的な根源から生じるのではないなんらかの行為、なんらかの結果を仮定するのは、原因のない結果を仮定することにほかならない。それは悪循環に落ちこむことだ。最初の衝動というものは存在しないか、あらゆる最初の衝動はそれに先だつなんらかの原因ももたないかのいずれかだし、自由がなければほんとうの意志はないのだ。人間はだからその行動において自由なのであって、自由な者として、非物質的な実体によって生命をあたえられている。これがわたしの第三の信条だ。*つづいていちいちかぞえあげなくても、あなたは、これまでの三つの基本的な信条からそのほかのわたしの信条をすべて容易に導きだすことができるだろう。

人間は、能動的で自由であるなら、自分から行動する。人間が自由に行なうことはすべて摂理によってきめられた体系のなかにははいらないし、摂理のせいにすることはできない。神は、人間があたえられている自由を濫用して悪いことをするのを欲してはいない。しかし神は、人間が悪いことをするのをさまたげないのだ。それは、あるいは、人間のような無力な存在のすることなのでその悪は神の目から見れば無意味なことだからかもしれないし、あるいは、それをさまたげれば、人間の自由を拘束して、いっそう大きな悪をもたらすし、人間の本性をもっと低いものにすることになるからかもしれない。神は、人間が自分で選択して、悪いことではなくよいことをするように、人間を自由な者にしたのだ。神は人間にいろいろな能力をあたえ、それを正しくもちいることによってその選択ができるような状態に人間をおいている。しかし神は、人間の力をごく限られたものにしているので、自由を悪用する余地を残しているとしても、それは全体の秩序を混乱させることにはならない。人間が行なう悪は人間のうえにはねかえってくるが、世界の組織をなにひとつ変えることにはならないし、いやでもおうでも人類そのものが存続することをさまたげはしない。悪いことをするのをとめてくれないから、と神に愚痴をこぼすのは、神が人間をすぐれた本性をもつ者としたこと、人間を高貴な者とする道徳性を人間の行動にあたえていること、美徳にたいする権利をあたえていること、そういうことについて愚痴をこぼすことだ。最高の楽しみは自分自身に満足することにある。わたしたちが地上におかれて自由をあたえられているのは、情念に誘惑されながらも良心にひきとめられるのは、そういう満足感を楽しむことができる者になるためなのだ。神の力をもってしても、わたしたちのためにそれ以上のことができたろうか。わたしたちの本性のうちに矛盾をおきながらも、悪いことをする能力をもたない者に、よいことをしたからといって褒美《ほうび》をやることができたろうか。いったい、人間が邪悪な者にならないようにするために、人間に本能だけをあたえて獣《けもの》にする必要があったとでもいうのだろうか。いや、わたしの魂の神よ、おんみと同じようにわたしが自由で善良で幸福な者になれるように、わたしの魂をおんみの姿に似せてつくったことを、おんみに責めるようなことは、わたしはけっしてしないでしょう。

わたしたちがみじめな者になり、悪人になるのは、わたしたちの能力をまちがってもちいるからだ。わたしたちの悲しみや心配や苦しみはわたしたち自身から生まれる。精神的な悪は疑いもなくわたしたちがつくりだすものだが、肉体的な悪も、わたしたちにそれをつらく感じさせることになったわたしたちの不徳がなければ、なにも苦にならないはずだ。自然がわたしたちにいろいろな必要を感じさせるのは、わたしたちの身をまもるためではないか。体の痛みは体の調子がくるっているしるし、そのくるいをなおせという警告ではないか。死は……。悪人たちはかれら自身の生活とわたしたちの生活を毒しているではないか。いつまでも生きていたいと思っているような者がどこにいるだろう。死はあなたがたが自分でつくりだしている病気をなおす薬なのだ。自然はあなたがたがいつまでも耐え忍んでいることを欲しなかったのだ。原始的で単純な生活をしている人間は、苦しみに悩まされることがどんなに少ないことだろう。そういう人間はほとんど病気をすることもなく、情念も感じないで生きているし、死を予感することもなく、感じることもない。それを感じるときには、かれのみじめな状態が死をありがたいものにしている。だからかれにとっては死は不幸ではなくなっている。あるがままで満足していれば、わたしたちは自分の運命を嘆くことはあるまい。ところがわたしたちは、空想的な幸福をもとめて、かずかずの現実の不幸をまねいている。すこしばかりの苦しみにも耐えられない者は、多くの苦しみをうけることを覚悟しなければならない。人は、不規則な生活によって体をそこなうと、薬によって健康を回復しようとする。いま感じている苦しみに、さきのことを心配して、さらに苦しみをつけくわえる。死の予想は死を恐ろしいものと感じさせ、それをはやめる。死をのがれたいと思えば思うほど、いっそう身近に死を感じることになる。こうして人は一生のあいだ、自然に背いたことをして自分でまねいた悪を自然のせいにして愚痴をこぼしながら、恐れのために死んでいるのだ。

人間よ、悪をもたらす者をもうさがすことはない。悪をもたらす者、それはきみ自身なのだ。きみが行なっている悪、あるいはきみが悩まされている悪のほかには悪は存在しないし、それらの悪はいずれもきみ自身から生まれるのだ。全般的な悪は無秩序な状態のうちにしかありえないのだが、わたしは世界の体系に変わることのないある秩序を見ている。個々の悪はそれに苦しんでいる存在の感情のうちにだけあるのだが、この感情は、人間が自然からうけとったものではなく、人間が自分で自分にあたえたものだ。あまりものを考えないで、思い出もさきの見通しももたない者には、苦痛もほとんど影響をあたえない。わたしたちのいまわしい進歩をやめれば、わたしたちの迷いと不徳をあらためれば、人間のつくったものを捨てれば、なにもかもよくなるのだ。

　すべてがよいものであるところには、不正なことはなにもない。正義は善ときりはなせないものだ。ところで善は、ある無限の力と、自己を意識するあらゆる存在に本質的な自分にたいする愛との必然的な結果だ。いっさいのことができる者は、いわば、その存在を多くのものの存在とともに拡大する。生みだし、維持していくことは、力のたえざる行為だ。その力はないもののうえにははたらきかけない。神は死んだ者の神ではない。神は自己をそこなうことなしには破壊者となり、悪しき者となることはできまい。いっさいのことができる者は、よいことしか欲することができない。（三）だから、このうえなく力ある者として、このうえなく善なる存在者は、このうえなく正しい者でもあるはずだ。そうでなければかれは矛盾におちいることになる。秩序を生みだす秩序への愛が「善」と呼ばれ、秩序を維持していく秩序への愛が「正義」と呼ばれるのだ。

　神は自分がつくった者にたいしてなんの義務も負ってはいない、と人はいう。わたしは、神は、かれらに存在をあたえたときに約束しているあらゆることについて、かれらにたいする義務を負っているものと考える。ところで、神は、善の観念をかれらにあたえ、その必要を感じさせているのだから、善を約束しているのだ。自分の内部をしらべてみればみるほど、自分の心にきいてみればみるほど、わたしには、わたしの魂のうちにしるされている、「正しくあれ、そうすればおまえは幸福になれる」ということばがいっそうはっきりと読みとられる。それにしても、現実の状態を見れば、そういうことはぜんぜんない。悪人は栄えているし、正しい人はいつも迫害されている。そこで、見るがいい、期待が裏切られたとき、どんなに激しい怒りがわたしたちの心に燃えあがってくることだろう。良心は自分をつくってくれた者に反抗してたちあがり、不平を言う。良心はうめき声をあげながら、その者にむかって叫ぶ、おんみはわたしをだましたのだ、と。

　わたしがおまえをだました！　身のほども知らない者よ、だれがそう言ったのだ。おまえの魂は滅びたのか。おまえは存在しなくなったのか。ああ、ブルトゥス、ああ、わが子よ、おまえの高貴な生命を絶つことによってそれをけがしてはならない。おまえの希望と名誉とをおまえの肉体とともにフィリッピの野に捨ててはならない。*なぜおまえは言うのか、「美徳はなんの意味もないことだ」と。おまえはこれから美徳のむくいをうけようとしているのに。自分は死んでいく、とおまえは考えている。そんなことはない、おまえはこれから生きるのだ。そしてわたしは、おまえに約束したすべてのことをしてやるのだ。

忍耐心のたりない人間が愚痴をこぼしているのを聞くと、神は、まだ功績もないかれらに褒美をやらなければならない、かれらの美徳の前払いをしなければならない、ということになりそうだ。ああ、まず善良な人間になろう、それから幸福になろう。勝利のまえに褒美をもとめたり、仕事をするまえに報酬《ほうしゅう》をもとめたりするようなことはしまい。わたしたちの神聖な競技の勝利者に栄冠があたえられるのは、競走路のなかではない、競走路を走り終えてからだ、とプルタルコスは言っている。*

魂は非物質的なものであるなら、それは肉体が滅びたあとにも生き残ることになるし、魂は肉体の滅びたあとにも生き残るものなら、摂理の正しさが証明される。魂の非物質性ということについては、この世における悪人の勝利と正しい人の迫害ということのほかにわたしは証拠をもたないとしたところで、それだけでもわたしは疑いをもつ気にはなれないだろう。宇宙の調和のうちに見られるそういう腹だたしい不調和は、わたしにその説明をもとめさせるだろう。わたしはこう考えるだろう。わたしたちにとってはすべては現世とともに終わるのではない、死によってすべてはふたたび秩序を回復するのだ、と。正直のところ、人間が感じていたものがすべて失われるとき、人間はどこにいることになるのかと考えてわたしは当惑するだろう。しかし、この問題も、二つの実体をみとめたわたしには、むずかしいことではなくなる。わたしは肉体的な生活をしているあいだ、感官によらなければなにもみとめないのだから、感官の力のおよばないものはわたしにはとらえられないというのはごくあたりまえのことだ。肉体と魂の結合が破れるとき、肉体は分解し、魂は保存されるとわたしは考える。肉体の破壊が魂の破壊をもたらすようなことがどうしてありえよう。そんなことはない、この二つのものはまったくちがった性質のもので、その結合によって耐えがたい状態にあったのだ。だから、その結合が破れると、二つともその自然の状態に帰る。能動的で生きている実体は、受動的で死んだ実体を動かすのにもちいていた力を全面的に回復するのだ。ああ、悲しいことに、わたしは自分の不徳によって十二分に感じている、人間は生きているあいだは、半分しか生きていないこと、そして魂の生活は肉体の死をまってはじまることを。

しかし、魂の生活とはどういうものか。また、魂はその本性からいって不滅なのだろうか。＊わたしの限られた悟性は限界のないものをぜんぜん考えることができない。無限と呼ばれるものはすべてわたしにはとらえられないのだ。わたしになにを否定したり、肯定したりすることができよう。わたしに考えられないものについてどんな推論を行なうことができよう。わたしは、魂は肉体のあとに生き残ることによって秩序が維持されるものと信じている。しかしこれは魂がいつまでも生きているということになるかどうかだれが知っていよう。それにしてもわたしは、どんなふうに肉体がつかいはたされていき、その部分の分解によって破壊されていくかを理解している。ところがわたしには、考える存在についてはそれと同じような破壊作用を理解することはできない。そして、そういう存在がどんなふうに死んでいくか思いつかないわたしは、それは死なないのだと推測する。この推測はわたしをなぐさめてくれるし、そこにはなにも不条理なことはないのだから、どうしてわたしはそれを信じることを恐れよう。

わたしは自分の魂を感じている。感情と思考によってそれを知っている。わたしはそれが存在することを知っているが、その本質がどういうものであるかは知らない。わたしは自分がもっていない観念について推論することはできない。わたしによくわかっていることは、「わたし」の同一性は記憶によってのみたもたれること、そして、じっさいに同一のものであるためには、わたしは以前にもあったことを思い出す必要があることだ。ところで、わたしが死んだあとで、生きているあいだ自分はどういうものであったかを思い出すなら、わたしが感じたこと、したがってまた、わたしがしたことも思い出さずにはいられないのだが、わたしは、そういう思い出がいつかは善人の喜びとなり、悪人の苦しみとなることを疑わない。この世では、さまざまのはげしい情念が内面の感情を吸収し、後悔の念をまぎらせてしまう。美徳の実践がまねく辱しめや不幸は美徳のあらゆる魅力を感じることをさまたげている。しかし、肉体と官能がわたしたちにいだかせる幻想から解放されて、至高の存在者とそこから流れでる永遠の真理とをながめる歓びにわたしたちがひたるとき、秩序の美しさがわたしたちの魂の力にはっきりと感じられるとき、かつてしたことと、しなければならなかったこととをくらべてみることだけをわたしたちが考えるとき、そのときこそ、良心の声はその力と権威を回復することになる。そのときこそ、自分にたいする満足感から生まれる純粋な楽しみと、いやしいことをしたというにがい後悔の念が、くみつくすことのできない感情によって、各人が自分でつくりあげた運命を区別することになる。ああ、よき友よ、そのほかにも幸福や苦しみの源があることになるのかどうか、ときかないでほしい。それはわたしにはわからないのだ。しかし、わたしに考えられることだけで、十分わたしはこの人生になぐさめをみいだし、あの世の生活に期待することができる。善人は褒美をもらえるだろうなどとわたしは言わない。自分の本性に従って存在するということのほかにどんな幸福をすぐれた存在は期待できるのか。ただわたしは、善人は幸福になるだろう、と言っておく。かれらをつくった者、あらゆる正義を行なう者は、かれらを感じやすいものにしたが、苦しめるためにつくったのではないのだ。そしてかれらは、地上にあってかれらの自由を悪用することなく、過ちによってかれらの使命を裏切るようなことはしなかった。しかもかれらはこの世において苦しんでいた。だから、あの世でつぐないをうけるのだ。

この考えは、人間の価値にもとづいているよりも、むしろ神の本質とわかちがたいものと思われる善性の観念にもとづいている。わたしがここで仮定しているのは、秩序の掟《おきて》がまもられるということ、そして神がいつまでも変わらない存在であるということ、ただそれだけだ。(二三)

悪人のうける責苦《せめく》は永久的なものかどうか、*ということもきかないでほしい。それもわたしにはわからないし、それにわたしは、無益な問題をはっきりさせたいというようなむなしい好奇心をもたない。悪人はどうなるかということがわたしになんのかかわりがあるのか。かれらの運命についてはわたしはほとんど関心をもたない。それにしても、かれらが際限のない苦しみをうけることになるというのは信じがたいことだ。至高の正義が仕返しをするというなら、この世でもう仕返しをしているのだ。ああ、多くの国々の民よ、きみたちときみたちの過ちはそれに役だっているのだ。至高の正義は、きみたちがたがいに行なっている悪をもちいて、その悪をもたらした罪を罰しているのだ。羨望の念、貪欲、野心にむしばまれた、あくことを知らないきみたちの心のなかで、いつわりの成功のさなかにあってさえ、復讐心にもえた情念はきみたちの悪行を罰しているのだ。地獄をもとめてあの世へいく必要があろうか。地獄はすでにこの世において悪人の心のうちに存在するのだ。

わたしたちの肉体的な必要が感じられなくなれば、わたしたちの無分別な欲望が感じられなくなれば、わたしたちの情念や罪もまたなくなるはずだ。純粋な精神にどんな不正を行なうことができよう。なにも必要としないのに、どうして邪悪になる必要があるのか。わたしたちの粗雑な感覚を失って、あらゆる幸福を存在の観照のうちにみいだすなら、精神はよいことしか欲することができなくなるだろう。そして、邪悪ではなくなった者が永久にみじめな者でありえようか。これがわたしの信じたいと思っていることだが、こういうことについてわたしははっきりした考えをもちたいなどとは思っていない。ああ、寛大で恵みふかい存在者よ、おんみがどんなことを命令していようとも、わたしはそのまえにひざまずく。おんみは悪人を永久に罰するというなら、わたしはおんみの正義のまえにわたしの無力な論理を捨てる。しかし、そういう不幸な人々の悔恨は時とともに消えていくものであるなら、かれらの苦しみには終わりがあるとするなら、いつかはわたしたちのすべてに同じ安らかな心があたえられることになるなら、わたしはおんみを賞め讃える。悪人はわたしの兄弟ではないか。いくたびわたしはかれと同じような者になろうとしたことだろう。ねがわくは、かれが、みじめな境涯から解放され、それについてまわる邪悪な心も失うことになってもらいたい。わたしと同じように幸福になってもらいたい。かれの幸福は、わたしに嫉妬《しっと》を感じさせるどころか、わたしの幸福を大きくするばかりだろう。

こうして、そのみわざのうちに神をながめ、わたしに知る必要があったその属性を通して神を研究し、わたしは、この無限の存在について獲得していた観念、はじめは不完全なかぎられた観念をしだいに拡大するにいたった。しかし、この観念はいっそう高貴なもの、偉大なものになっているとしても、それはまた人間の理性とはいっそうつりあいのとれないものになっている。精神的に永遠の光りに近づいていくにつれて、わたしはその輝きに目がくらみ、頭が混乱して、それを考えるにあたってわたしを助けてくれたあらゆる地上的な観念を捨てなければならなくなった。神は形をもつもの、感覚的なものではなくなった。世界を支配する至高の英知は世界そのものではなくなった。わたしの精神を高め、苦しめて、その本質*を理解しようとしてもだめなのだ。その英知こそ生きている能動的な実体に、生気をあたえられた肉体を支配するものに、生命と活動力をあたえるものだと考えるとき、わたしの魂は霊的なものであり、神は一つの精霊であるというようなことを聞くとき、神の本質にたいするそういう冒瀆にわたしは憤慨する。それでは、神とわたしの魂は同じ性質のものということになるではないか。それでは、神は唯一の絶対的な存在、ほんとうに能動的な唯一の者であり、それ自身の力によって感じたり考えたり欲したりする、そしてわたしたちはそこから思考、感情、活動力、意志、自由、存在をうけている、ということにならないではないか。わたしたちが自由であるのは神がそうあることを欲しているからにほかならないし、説明することのできない神の実体は、わたしたちの魂にたいして、わたしたちの魂の肉体にたいする関係と同じような関係にある。神が物質、物体、精神、世界をつくったとしても、それについてはわたしはなにも知らない。創造という観念はわたしを困惑させるし、わたしの能力を超えてもいるので、わたしは自分に理解できるかぎりにおいてそれを信じている。しかしわたしは、神が宇宙と存在するすべてのものを形づくったこと、すべてのものをつくり、すべてのものに秩序をあたえたことを知っている。疑いもなく、神は永遠に存在する。しかし、わたしの精神に永遠という観念がとらえられようか。なぜ観念をともなわないことばをもてあそぶのか。わたしに考えられること、それは、神は万物に先だって存在していること、万物が存続するかぎり神は存在すること、そしてすべてはいつか終わりを告げることになるとしたら、その後もなお神は存在するにちがいない、ということだ。わたしには理解できないある存在者がほかのものに存在をあたえているということ、これはたんにあいまいで不可解なことにすぎない。しかし、存在と虚無とがおのずからたがいにいれかわるということ、これはわかりきった矛盾だ、明らかに不条理なことだ。

神は聡明である。しかし、どんなふうに聡明なのか。人間は推論を行なうとき知性をもちいるが、至高の英知は推論を行なう必要はない。それには前提も帰結もいらない。命題さえもいらない。それは純粋に直観的で、存在するすべてのもの、存在しうるすべてのものを同じように見渡しているのだ。至高の英知にとっては、すべての真理はただ一つの観念にすぎず、すべての場所も一点にすぎず、すべての時も一瞬間にすぎないのだ。人間の能力は手段をまって発揮される。神の力はそれ自体によってはたらきかける。神は欲すれば行なうことができる。その意志は力となる。神は善なる者である。これ以上あきらかなことはない。しかし、人間の善とは自分と同じ人間にたいする愛であるが、神の善とは秩序にたいする愛である。秩序によって神は存在するものを維持し、一つ一つの部分を全体に結びつけているのだ。神は正しい。わたしはそれを確信している。それは神が善なる者であることの一つの結果である。人間の不正は人間がつくりだすものであって、神がつくりだすものではない。道徳的な無秩序は、哲学者の目からみれば摂理の反証になるのだが、わたしの目からみれば摂理を証明しているにすぎない。しかし、人間の正義は各人に属するものを各人にあたえることにあるが、神の正義は神が各人にあたえたものについて各人の責任を問うことにある。

こうしてわたしは、絶対的にはどういうものかわからない属性をつぎつぎにみいだすことになるとしても、それは必然的な帰結によるのであり、わたしの理性を有効にもちいることによってなのだ。しかしわたしは、それらの属性を肯定しても、理解してはいないので、結局のところ、これはなにも肯定していることにはならない。神はこういうものだ、わたしはそう感じている、それを自分に証明している、といったところでしかたない、どうして神はそういうものなのか、わたしがいっそうよく理解していることにはならないのだ。

とにかく、神の無限の本質を見つめようと努力すればするほど、いよいよそれはわたしにわからなくなる。しかしそれは存在する、わたしはそれで十分なのだ。理解されなければされないほど、ますますわたしは神を尊敬する。わたしはへりくだって、神にむかって言う。至高の存在者よ、おんみが存在するからこそわたしは存在する。たえずおんみのことを考えることは、わたしの源へわたしを高めることだ。わたしの理性のいちばんふさわしいもちいかたは、おんみのまえに自分をむなしくすることだ。そこには精神的な恍惚がある、自分の弱さ、おんみの偉大さに圧倒された自分を感じることから生まれる魅力がある。

こうして、感覚的な事物の印象と、わたしが生まれながらにもつ光りによって原因を判断させる内面の感情とによって、わたしが知る必要のあった主な真理を導きだしたのち、わたしには、そこから自分の行動のためにどんな格率をひきださなければならないか、また、わたしを地上においた者の意図にそってこの世におけるわたしの使命をはたすためにはどういう規則を自分に課さなければならないかを探求することが残されている。ここでもわたしの方法に従って、わたしは、その規則を高尚な哲学の原理からひきださないで、それが自分の心の底に消しさることのできない文字でしるされているのをみいだす。わたしは、自分がしたいと思っていることについて、自分の心にきくだけでいい。わたしがよいと感じていることはすべてよいことなのだ。悪いと感じていることはすべて悪いことなのだ。いちばんすぐれた決疑論者は良心なのだ。そして、わたしたちが微妙な推論に助けをもとめるのは、良心をごまかそうとするときだけなのだ。なによりもまず心をもちいなければならないことは、自分自身のことだ。しかし、他人に害をあたえて自分に都合のいいことをしているとき、わたしたちは悪いことをしているのだ、と内面の声が語りかけることがどれほどあることだろう。わたしたちは自然の衝動に従っていると思っているが、じつは自然に逆らっているのだ。自然がわたしたちの官能に語りかけることに耳をかたむけて、わたしたちの心に語りかけることを無視しているのだ。能動的な存在が服従し、受動的な存在が命令しているのだ。良心は魂の声だ。情念は肉体の声だ。多くのばあいこの二つの声が反対のことを言い合うとしても、それは驚くべきことだろうか。そのばあい、どちらの声に耳をかさなければならないのか。理性はわたしたちをだますことがあまりにも多い。わたしたちは理性の権威を拒否する権利は十二分に獲得することになっただけだ。しかし、良心はけっしてだますようなことはしない。良心こそ人間のほんとうの案内者だ。魂にたいして良心は、肉体にたいする本能と同じようなものなのだ。(二四)良心に従う者は自然に従い、けっして道に迷う心配はない。これはだいじな点だ、――わたしが恩人のことばをさえぎろうとしているのを見て、かれはこう言った。――もうすこしくわしくこの点を説明するのを聞いてもらいたい。

わたしたちの行動の道徳性はすべて、わたしたち自身がその行動についてくだす判断のうちにある。よいことがほんとうによいことであるなら、わたしたちの行為においてと同じように、わたしたちの心の底においても、それはよいことでなければならないし、正義にたいするもっとも大きな報賞は正義を行なっていると感じることなのだ。道徳的な善がわたしたちの本性にふさわしいものであるなら、人間は善良であるかぎりにおいてのみ、健全な精神をもつ人間、よくできた人間でありうるにちがいない。もし、そうではなく、人間は生まれつき邪悪な者であるなら、邪悪でなくなればかならず堕落することになるし、善良な人間であるということは自然に反した不徳になる。餌食《えじき》をむさぼりくう狼のように仲間に害を加えるために生まれついていながら、情けぶかい人間は、あわれみを知る狼と同じように、堕落した動物ということになるし、徳行だけがわたしたちに後悔を感じさせることになる。

おお、若い友よ、わたしたち自身の内部をかえりみよう。個人的な利害はいっさい考えないで、わたしたちの傾向がどこへわたしたちを連れていくかしらべてみよう。他人の苦しみあるいは幸福の、どちらの光景がわたしたちをいっそう喜ばせるだろうか。親切な行為あるいは意地悪な行為のどちらが、それを行なうことに快さを感じさせるだろうか、どちらがそういうことをしたあとに楽しい印象を残すだろうか。あなたがたは芝居を見るとき、どんな人物に関心をもつだろうか。悪事に喜びを感じるだろうか。悪事をはたらいた者が罰せられるのを見て涙を流すだろうか。自分に利害のないことはみんなどうでもいいことだ、と人々は言っている。ところが、まったくはんたいに、あたたかい友情や人間愛のあらわれは、苦しんでいるわたしたちの心をなぐさめてくれる。さらに、わたしたちは、楽しいことをしているときでさえ、一緒に楽しんでくれる者がいなければ、まったく孤独でみじめな者になるのだ。人間の心に道徳的なものがぜんぜん見られないなら、英雄的な行動にたいするあの熱狂的な讃美、偉大な魂をもつ人々にたいするあの忘我的な愛はいったいどこから生まれるのか。美徳にたいするそういう熱狂は、わたしたちの個人的な利害とどんな関係があるのか。なぜわたしは、勝ち誇ったカエサルであるよりも、自分の腹をひきさいたカトーでありたいと思うのか。わたしたちの心から美しいものにたいするそういう愛をなくしてしまえば、人生のあらゆる魅力をなくしてしまうことになる。狭い心のなかでいやしい情念のためにそういう甘美な感情をしめつけられてしまった者、ひたすら自分のなかにちぢこまっているうちに、自分以外のものには愛を感じなくなってしまう者は、もう感激をおぼえることもなく、凍りついたかれの心は歓びにふるえることもない。快い感動に目をうるませることもない。かれはもうなにも楽しむことができない。こういうみじめな人間は、もうなにも感ぜず、生きているともいえない。かれはもう死んでいるのだ。

しかし、この地上にどれほど多くの悪人がいるにしても、自分の利害ばかり考えて、正しいこと、よいことにぜんぜん無感覚になっているような、死せる魂の人は少ない。人が正しくないことを喜ぶのは、それが自分の利益になるばあいだけだ。そのほかのばあいにはいつも、人は罪のない者が保護されることを望んでいる。街や街道でなにか暴力沙汰や不正行為を見れば、たちまち怒りと憤りの感情が心のなかに湧き起こって、苦しめられている者を助けてやりたいという気になる。ただ、それ以上に強い義務感がわたしたちをおしとどめ、法律が罪のない者を保護する権利をわたしたちからとりあげているのだ。それとははんたいに、なにか寛大な行為、気高い行為が目にふれたときには、それはどんなに大きな称讃の念を、どんなに大きな愛をわたしたちに感じさせることだろう。自分もああいうふうでありたい、と考えない者がいるだろうか。二千年まえの人間が、悪人だろうと、正しい人だろうと、たしかにそれはわたしたちにほとんどかかわりのないことだ。しかも、古代史を読んでいても、そこに書いてあることがそのままこんにち行なわれたばあいと同じようにわたしたちの関心をそそる。カティリナ*の罪悪がこのわたしにどんな影響をあたえるというのか、その犠牲になる心配があるとでもいうのか。なぜわたしは、かれがわたしの同時代人であるかのような激しい恐れを感じるのか。わたしたちが悪人を憎むのは、かれらがわたしたちに害をあたえるからというだけではない。かれらは悪人だからだ。わたしたちは幸福になりたいと思っているばかりではない。ほかの人の幸福も願っている。そして、ほかの人の幸福がけっしてわたしたちの幸福のさまたげにならなければ、それはわたしたちの幸福をいっそう大きくする。さらに人は、不幸な人々にあわれみを感ぜずにはいられない。かれらが苦しんでいるのを見れば、耐えがたい思いをする。どんなに悪いやつでも、そういう傾向を完全になくしてしまうことはありえまい。それはときに矛盾した感情をかれらに起こさせることになる。旅人の着物を剝《は》ぐ山賊も、裸の貧乏人に着物をきせてやることがある。どんなに残酷な殺人犯でも気を失って倒れる人をささえてやることもある。

かくれた罪をひそかに罰して、しばしばそれを明るみにださせる、悔恨の叫びということが語られる。ああ、その執拗《しつよう》な声を聞いたことのない者がわたしたちのなかにいるだろうか。人々は経験によって語っているのだ。そして人々は、わたしたちにあんなに多くの苦しみをあたえるその逆らいがたい感情を、おしころしてしまいたいと思っているのだ。自然に従うことにしよう。そうすれば、わたしたちには、自然はどれほどのやさしみをもってわたしたちを支配しているか、そして、自然のいうことをきいたあとでは、自分がよい人間であることのあかしをあたえられることに、どんなに大きな魅力がみいだされるか、よくわかってくるだろう。邪悪な人間は自分を恐れ、自分をさけている。自分の外へ心を投げだして陽気になっている。自分の身のまわりに不安のまなざしを投げ、なにかおもしろそうなことをみつけようとしている。しんらつなあてこすり、人を侮辱するあざけりの種がなければ、いつも陰気な顔をしている。人をばかにした笑いだけがかれの楽しみなのだ。それとははんたいに、正しい人の朗らかさは内面的なものだ。その笑いは意地悪い笑いではなく、喜びの笑いだ。そして、その源はその人自身のうちにある。かれはひとりでいても人々のなかにいても快活だ。かれはかれに近づく人々から自分の満足感をひきだしているのではない、自分の満足感をそれらの人々につたえているのだ。

世界のあらゆる国民に目を投じるがいい、すべての歴史を通読してみるがいい。いろいろと残酷で奇妙な祭式があり、驚くほどさまざまな風習や特色が見られるにしても、正義と節度についての同じような観念が、善悪についての同じような観念が、いたるところにみいだされるだろう。古代の異教はいまわしい神々を生みだした。そういう神々は、この世の人間だとしたら極悪人として罰せられたろうし、かれらが最高の幸福の図として示していることは、悪いことをしたり、情欲を満足させたりすることだけだ。しかし、不徳が神聖な権威の鎧《よろい》をつけて、神々の住むところから降りてきたところでだめだ、道徳的な本能は人間の心からそういう不徳を追いかえしてしまう。人々は放蕩無頼《ほうとうぶらい》なゼウスを祭りながらも、つつしみぶかいクセノクラテス*を賞讃していた。貞潔なルクレティア*は淫乱なウェヌスを崇拝していた。勇敢なローマ人は「恐怖」に犠牲を捧げていた。ローマ人は、自分の父を傷つけ、自分の子どもの手にかかって黙って死んでいった神*に祈りを捧げていた。このうえなく軽蔑すべき神々がこのうえなく偉大な人々によって祭られた。神々の声よりももっとつよく語りかける自然の神聖な声が地上では耳をかたむけられていた。そして、罪悪を罪人とともに天上へ追いはらっているかに見えた。

こういうわけで、人間の心の底には正義と美徳の生得的な原理があって、わたしたち自身の格率がどうであろうと、わたしたちはこの原理にもとづいて自分の行動と他人の行動を、よいこと、あるいは悪いことと判断しているのだが、この原理にこそわたしは良心という名をあたえる。

しかし、このことばをもちだすと、自称賢者たちのわめく声が四方八方からわたしの耳に聞こえてくる。それは、子ども時代のまちがった考えだ、教育からうけた偏見だ、とかれらは口をそろえて叫ぶ。人間の精神のうちにあるものは、すべて経験によって得られたものだし、なにごとについてもわたしたちは獲得した観念にもとづいて判断しているのだ。*かれらはさらに進んで、あらゆる国民が、明瞭に、普遍的に、一致してみとめていることを否定するようなことさえする。そして、人々の判断の輝かしい一様性に反対して、なにかあいまいな例証、かれらだけに知られている例証を、暗闇《くらやみ》のなかへさがしにいく。ある国民が堕落したために、自然の傾向はいっさい失われてしまったとでもいうのだろうか。たまたま怪物が出てくれば、人類というものはもう存在しなくなるとでもいうのだろうか。しかし、懐疑家のモンテーニュが、どこか世界の片隅で正義の観念に反する習慣を掘り出そうと苦労したところで、それがなんの役にたつ。*このうえなくあやしげな旅行家たちに権威をあたえて、このうえなく有名な著者たちの権威を否定するとしても、それがなんの役にたつ。わたしたちに知られていない局地的な原因にもとづいたいくつかのあいまいな奇怪な習慣が、ほかのあらゆることでは対立していながら、ただその一点では一致している、すべての国民に共通の傾向からひきだされる一般的な結論を破棄させることになるだろうか。ああ、モンテーニュよ、あなたは率直と真実を誇っている。哲学者にもそういうことができるなら、まじめで正直になるがいい、そしてわたしに答えてもらいたい。この地上に、誠実であること、寛大であること、親切であること、高潔であることが罪悪とみなされるような国がどこにあるのか。君子が軽蔑され、卑劣な人間が尊敬されるような国がどこにあるのか。

人はみな自分の利害のために一般の利益に協力するものだといわれている。しかし、正しい人が自分の損になっても一般の利益に協力するのはいったいどういうわけか。自分の利益のために死んでいくとはどういうことなのか。たしかに人はだれでも自分にとってよいことのためにだけ行動する。しかし、考慮にいれなければならない道徳的な善というようなものはないとしたら、*自分の利益ということでは、悪い人間の行動が説明されるだけだろう。人はそれ以上のことを説明するつもりはないのだとも考えられる。有徳な行動に当惑させられるような哲学、そういう行動にも卑劣な意図と徳性のない動機をでっちあげなければ切りぬけられないような哲学、ソクラテスをいやしめたり、レグルスを中傷したりしなければならないような哲学は、あまりにもいまわしい哲学といわなければなるまい。たとえそんな学説がわたしたちのあいだに芽ばえてきたとしても、自然は、そして理性も、ただちにそれに反対の声をあげ、その学派のたった一人にでも、本心からその学派の人として弁明する余地をけっしてあたえないだろう。

わたしはここで形而上学的論議にたちいるつもりはない。それはわたしの能力とあなたの能力をこえたことだし、それに、結局のところ、そういう論議はなんの結果ももたらさないのだ。さきほども言ったように、わたしはあなたと哲学を論じようとは思っていない。ただ、自分の心にきいてみることであなたを助けてあげたいのだ。わたしがまちがっていることをすべての哲学者が証明するとしても、わたしが正しいことをあなたが感じるなら、それでいい、わたしはそれ以上のことを望んではいない。

そのためにはただ、わたしたちの獲得した観念と、生まれながらにもっている感情とをあなたに区別させることだけが必要なのだ。わたしたちは知るまえに感じているのだ。そして、わたしたちは幸福を欲したり不幸をさけたりすることを学ぶのではなく、そういう意志を自然からうけているのだが、同じように、よいことにたいする愛、悪いことにたいする憎しみは、自分にたいする愛と同じように、生まれながらにわたしたちにあるのだ。良心のあらわれは判断ではなく、感情だ。わたしたちの観念はすべて外界からくるのだが、その観念を評価する感情はわたしたち自身のうちにあるのであって、この感情によってのみわたしたちは、わたしたちと、もとめるかさけるかしなければならない事物とのあいだに存在する調和あるいは不調和を知るのだ。

わたしたちにとっては、存在するとは感じることだ。わたしたちの感性は、疑いもなく、知性よりも先に存在するのであって、わたしたちは観念よりも先に感情をもったのだ。（二五）わたしたちの存在の原因がなんであるにせよ、それはわたしたちの本性にふさわしい感情をわたしたちにあたえることによって、わたしたちの身をまもる手段をあたえている。そして、少なくともこういう感情が生得的なものであることを否定することはできまい。この感情は、個人的なことでは、自分にたいする愛、苦痛にたいする恐れ、死の恐怖、快適な生活への欲求だ。しかし、これは疑いえないことだが、人間は、その本性からいって社交的である、あるいはとにかく、社交的になるようにつくられているとすれば、人類に関連する別の生得的な感情によってのみそうなることができる。肉体的な必要だけを考えれば、それはたしかに人間をたがいに近づけないで、分散させるはずなのだ。ところで、自分自身と自分と同じような者とにたいするこの二重の関係から形づくられる倫理体系から良心の衝動が生まれてくる。善を知ることは善を愛することではない。人間は善について生得的な知識をもってはいない。けれども、理性がかれにそれを知らせるとすぐに、良心はそれにたいする愛をかれに感じさせる。この感情こそ生得的のものなのだ。

だから、友よ、わたしは、理性そのものからも独立している良心という直接的な原理を、わたしたちの本性の帰結によって説明するのは不可能だとは考えていない。それに、そんなことは不可能だとしても、とにかくそれはどうしても必要なことでもあるまい。全人類にみとめられ、うけいれられているこの原理を否定している人々は、この原理が存在しないことを証明してはいないので、ただ、存在しないと主張しているだけなのだから。この原理は存在すると主張するとき、わたしたちにもかれらと同じ程度の根拠はあるのだし、そのうえ、わたしたちには、内面的なあかしと、みずからのために証言する良心の声とがある。判断力の最初の光りがわたしたちの目をくらませ、はじめは対象をはっきりとみとめさせないとしたら、わたしたちの弱い視力が回復し、確実に見えるようになるまで待つがいい。そうすれば、やがてわたしたちには、ふたたびその対象が理性の光りに照らされて、はじめ自然がわたしたちに示していたのと同じ姿で見えてくるだろう。いやむしろ、もっと単純になろう、うぬぼれを捨てよう。わたしたち自身のうちにみいだされる最初の感情だけで満足することにしよう。学問は、わたしたちを迷わさなければ、かならずわたしたちをそこへ連れもどすのだ。

良心！　良心！　神聖な本能、滅びることなき天上の声、無知無能ではあるが知性をもつ自由な存在の確実な案内者、善悪の誤りなき判定者、人間を神と同じような者にしてくれるもの、おんみこそ人間の本性をすぐれたものとし、その行動に道徳性をあたえているのだ。おんみがなければ、わたしは、規則をもたない悟性、原則をもたない理性に助けられて、過ちから過ちへとさまよっているみじめな特権のほかに、獣よりも高いところへわたしをひきあげてくれるなにものもわたしのうちに感じない。*

ありがたいことに、こうしてわたしたちは哲学というあのおぞましい装備から解放された。わたしたちは学者にならなくても人間でいられるのだ。一生をついやして倫理の研究をしなくてもすむ。わたしたちには、人間の臆見がいりくんだこの広大な迷宮のなかで、それほど費用のかからない、いっそう確実な案内者がいるのだ。けれども、そういう案内者が存在するというだけではたりない。それを見わけ、そのあとについていけるようにならなければならない。それがすべての人の心に語りかけるものなら、そのことばを聞く人がごく少ないというのはいったいなぜだろう。ああ、それはつまり、そのことばは自然のことばなのだが、いっさいのことがわたしたちにそれを忘れさせてしまったからだ。良心は内気である。良心は世間からはなれたところと静かな生活が好きなのだ。社交界とそのざわめきは良心をおびえさせる。良心はそこから生まれると人が言っている偏見こそ、そのもっとも残酷な敵なのだ。偏見にであうと、良心は逃げていくか、黙ってしまう。偏見の騒々しい声は良心の声をおしころし、聞こえなくしてしまう。狂信は大胆にも良心の姿をかりて、その名において罪悪を命じる。良心は、どこへ行っても相手にされないので、ついに意気沮喪して、わたしたちになにも語らなくなる。わたしたちに答えようとはしなくなる。そして、長いあいだ良心を無視していると、たやすくそれを追いはらえなかったのと同じように、たやすく呼びもどすこともできなくなる。

こういうことを研究しながらも、わたしは自分のうちになんの熱も感じないで、いやになってしまったことがどれほどあったことだろう。最初のころ、わたしが考えにふけっているあいだにも、みじめな、やりきれない気持ちがそこに毒をそそぎこんで、耐えがたい思いをさせられたことがどれほどあったことだろう。わたしのひからびた心は、真理を愛することに弱々しい、中途半端な熱意しか示さなかった。わたしはこうつぶやいていた。なぜ、ありもしないものをもとめて身を苦しめるのか。道徳的な善とは幻想にすぎない。官能の楽しみのほかにはなにもよいことはないのだ、と。ああ、ひとたび心の楽しみにたいする興味を失うと、それをとりもどすのはどんなにむずかしいことか。いちどもそういう興味をもったことがなければ、それをもてるようになるのはなおさらむずかしいことではないか。その思い出が自分自身に満足を感じさせ、生きていたことに大きな喜びを感じさせるようなことは、一生のあいだなにひとつしたことがないほどみじめな人間がいるとしたら、こういう人間は、自分というものを知ることはけっしてできないだろう。そして、どういう善が自分の本性にふさわしいかを感じることができないので、かならずいつまでも邪悪な人間であり、永久に不幸な人間になるだろう。とはいえ、この地上のぜんたいに、たった一人でも、よいことをすることにけっして心をさそわれなかったほど堕落した人間がいると考えられるだろうか。善へのいざないは人間にとってはまったく自然な、快いことなのだから、どんな場合でもそれを拒絶するというのは不可能なことだ。それに、一度でもそれがもたらした喜びの思い出はたえずそれを思い出させるのに十分なのだ。こまったことだが、それをうけいれるのは、はじめはつらい。人はいろいろな理由で自分の心の傾向に逆らおうとする。いつわりの思慮は人間の「自我」の限界に心を閉じこめる。進んでその限界を越えるのはひじょうに勇気のいるしごとだ。喜んでよいことをするのは、よいことをした褒美だが、この褒美はそれにふさわしい者になってこそ手にはいる。美徳ほど好ましいものはないが、好ましいと感じるためには、それを自分のものにしなければならない。美徳は、それをとらえようとすると、伝説にあるプロテウス*のように、はじめはさまざまな恐ろしい姿をかりてあらわれ、最後になってやっと、それをしっかりつかんで放さないでいる人々のまえに、その本来の姿をあらわす。

共同の利益のためにつくせと語りかける自然の感情と、すべてをわたし自身に結びつけて考える理性とにたえず攻めたてられていたわたしは、あらたな光りがわたしの心を照らしてくれなかったら、わたしの考えを固めてくれた真理が、さらにわたしの行動を確実にして、わたしをわたし自身と一致させてくれることがなかったなら、一生のあいだたえまなくその二者択一のうちに動揺して、悪いことをしながらよいことを好み、いつも自分自身に逆らっていたことだろう。理性だけで美徳を確立しようとしてもだめだ、どんな強固な基礎をそれにあたえることができよう。美徳とは秩序にたいする愛だ、と人々は言っている。だが、いったい、その愛は、わたしの心のなかで、快適な生活への願いにうちかつことができるのだろうか。また、うちかたなければならないのだろうか。美徳を選ぶはっきりした十分な理由をあたえてもらいたい。結局のところ、人々がもちだすいわゆる原則は、たんなることばの遊戯にすぎない。秩序を別の意味に解すれば、不徳は秩序にたいする愛だ、とこのわたしにも言えるのだ。感情と知性があるところにはかならずなんらかの道徳的秩序がある。ちがいは、善人は自分を全体との関連において秩序づけるが、悪人はすべてを自分に結びつけて秩序づける、ということだ。後者は自分をあらゆるものの中心と考える。前者は自分の半径をはかって円周のうえにとどまる。つまり、善人は神という共通の中心との関連において、また、被造物というあらゆる同心円との関連において秩序づけられている。神というものはないなら、悪人だけが正しい推論をしているのであって、善人は愚か者にすぎない。

ああ、わが子よ、人間の意見のむなしさを知りつくし、情念のにがさをなめたのちに、最後に、身近なところに知恵に導く道を、この世の生活の苦しみの価値を、あきらめていた幸福の源をみいだすとき、人はどれほどの重荷をおろしたような気持ちになることか、いつかあなたにもそれが感じられるようになってほしい。人々の不正のためにわたしの心からほとんど消えさっていた自然の掟《おきて》にもとづくすべての義務は、永遠の正義の名において、ふたたびわたしの心にしるされる。永遠の正義はわたしにそれを命じ、それをはたすわたしを見ている。いまではわたしは、自分のうちに偉大な存在者の作品と道具を感じるだけだ。善を欲し、善を行ない、その意志にわたしの意志を協力させることによって、わたしの自由を正しくもちいさせることによって、わたしの幸福をもたらしてくれる偉大な存在者、わたしはこの存在者がうちたてた秩序をみとめ、いつかは、自分もこの秩序を楽しむことができて、そこにわたしの大きな幸福をみいだせることを確信している。すべてが善である体系のなかに自分は秩序づけられていると感じること以上に快い境地がどこにあるというのだ。苦しみに悩まされながらも、わたしはじっとそれに耐え、これは一時的な苦しみで、わたしとは別物の肉体から生じるものだと考えている。人の見ていないところでよい行ないをしても、それは見られていることをわたしは知っているし、この世における自分の行動をわたしはあの世のために書きとめておく。なにか不正を耐え忍んでいるとき、わたしはつぶやく、すべてを支配している正しい存在者は十分にわたしのつぐないをしてくれるだろう、と。肉体に必要なものの不足、生活の貧しさは、わたしにとって死という観念をいっそう耐えやすくしてくれる。すべてを捨てなければならなくなったとき、断ち切らなければならない絆《きずな》がそれだけ少ないことになるわけだ。

なぜわたしの魂はわたしの官能にしばられているのか、わたしを隷属させ拘束しているこの肉体につながれているのか。それについてはわたしはなにも知らない。わたしは神の相談にあずかったわけではない。それにしても、つつましい推測をしても、出すぎたことにはなるまい。わたしはこう考えている。人間の精神が自由で純粋なものとしてとどまっていたとするなら、人間が、定められたものとしてみいだす秩序、それをみだすことになんの関心ももたない秩序に従うこと、それを愛することにどんな功績があるというのか。たしかに、人間は幸福になるだろう。しかしその幸福には、最高の段階のもの、輝かしい美徳と、自分がよきものであるということの証拠、が欠けていることになる。そのばあいには人間は天使のようなものにすぎなくなる。そしてたしかに、有徳な人間は天使以上のものだ。じつに不可解な、しかしまたじつに強力な、絆によって死すべき肉体に結びつけられているために、この肉体をまもっていこうとする心づかいが魂をかりたててすべてを肉体に結びつけて考えさせ、一般的な秩序に反する利害を魂に感じさせているのだが、しかも魂にはその一般的な秩序を知り、それを愛する能力があるのだ。そこで、その自由を正しくもちいることは、功績になり、報賞になるのであって、魂は地上の情念と戦い、初志を貫徹することによって、変わることのない幸福への道を準備するのだ。

この世にあるあいだわたしたちがおかれている低い状態においてさえ、わたしたちの本来の傾向はすべて正当なものであるとするなら、わたしたちの不徳はすべてわたしたち自身から生じるものであるとするなら、なぜわたしたちはそういう不徳に屈服させられているといって不平を言うのか。わたしたちがつくりだす悪を、わたしたちがわたしたち自身にむかって武器をとらせる敵を、なぜ万物をつくる者のせいにするのか。ああ、人間をそこなうようなことはしまい。人間は骨を折らなくてもいつも善良でいられるのだ。後悔するようなことをしなくてもいつも幸福でいられるのだ。自分はやむをえず罪を犯したとつぶやいている罪人は、悪人であるばかりでなく、うそつきなのだ。かれらが嘆いている弱さは、自分でつくりだすものだということ、かれらの最初の堕落はかれらの意志から生じること、たえず誘惑に負けることを願っているからこそ、やがては心ならずも誘惑に負け、それを抵抗できないものにしていること、こういうことがどうしてかれらにはわからないのだろう。たしかに、悪人でなくなること、弱い人間でなくなることは、かれらの力ではもうできない。しかし、そういう者にならないようにするのは、かれらの力でできたことなのだ。ああ、わたしたちは、この世にあってさえ、ほんとうにらくな気持ちで自分と自分の情念の支配者になっていられるのではあるまいか。それには、わたしたちの習慣がまだできあがらないうちに、わたしたちの精神がめざめてくるときに、知らないことを評価するために知っていなければならないことをよく勉強させることができればいいのだ。人々の目に輝かしい姿を示すためにではなく、わたしたちの本性に従って善良で賢明な人間になるために、わたしたちの義務を実践して幸福になるために、まじめに知恵を磨こうとすればいいのだ。そういう勉強はわたしたちには退屈で骨の折れることのようにみえる。それというのも、わたしたちは、すでに不徳に毒され、情念のとりこになってから、そういう勉強を思い立つからだ。わたしたちは善悪をわきまえないうちに判断と評価を固定させている。そうしておいて、すべてのものをそのまちがったものさしではかるから、どんなものにもその正しい価値をあたえていない。

まだ自由だが、燃えたち、落ち着きがなく、知りもしない幸福に飢えている心が、好奇心にみちた不安な気持ちでその幸福をもとめ、官能にだまされて、やがてむなしい幸福の幻影にとらえられ、ありもしないところに幸福をみいだしたと考えている、そういう時期が人生にはある。わたしにとってはそういう幻想があまりにも長いあいだつづいた。悲しいことに、それに気がついたときにはもう遅すぎた。そしてわたしは、完全にその幻想をなくしてしまうことができなかった。その原因であるこの死すべき肉体があるかぎり、それはいつまでもつづくことだろう。少なくとも、いくらそれがわたしを誘惑してもむだで、わたしはそれにだまされはしない。わたしはその正体を知っている。幻想を追いながらも、わたしはそれを軽蔑している。そこに幸福の対象を見るようなことはせず、幸福のさまたげとなるものを見ている。わたしは、肉体の拘束から解放されて、矛盾のない、分裂のない「わたし」になるときを、幸福であるために自分以外のものを必要としなくなるときを待ちこがれている。それにしても、わたしはもうこの世においても幸福なのだ。この世のあらゆる不幸をほとんど意に介していないし、この世はわたしの存在にとってほとんど縁のないものとみなしているし、それに、この世からひきだせるほんとうによいものはすべてわたしの力で手に入れられるからだ。

できるかぎりはあらかじめその幸福と力と自由の状態に自分を高めるために、わたしは崇高な観照に自分をなれさせている。わたしは宇宙の秩序について瞑想する。むなしい体系によってそれを説明するためにではなく、たえずそれを讃美し、そこに感じられる賢明な創造者を崇拝するためにだ。わたしはかれと語り、その神聖な本質をわたしのいっさいの能力に滲透させる。かれの恵みに感激し、かれの賜物をうけてそれを祝福する。しかし、わたしはなにもかれにもとめない。わたしはなにをもとめたらいいのだろう。わたしのために事物の流れを変えてくれることか。わたしに好意的な奇跡を行なってくれることか。かれの知恵によってうちたてられ、摂理によって維持されている秩序をなにものよりも愛さなければならないわたしは、わたしのためにこの秩序がみだされるようなことを望むのだろうか。いや、そういう無謀な願いは聴きとどけられるよりはむしろ罰せられてしかるべきだ。わたしはまた、よいことをする力をもとめるようなこともしない。かれがわたしにあたえているものをなぜもとめるのか。よいことを好むように良心を、それを知るように理性を、それを選ぶように自由を、かれはわたしにあたえているではないか。わたしは、悪いことをしたなら、弁解のことばをもたない。わたしはそれを欲するからこそ行なうのだ。わたしの意志を変えてくれるようにかれにたのむこと、それは、かれがわたしにもとめていることをかれにもとめることだ。かれがわたしのすることをしてくれて、わたしがその報酬を手に入れることになるようにと望むことだ。わたしの状態に満足しないこと、それは人間であることをもう欲しないこと、いまあることとは別のことを欲することだ。無秩序と悪を欲することだ。正義と真理の源、寛大で恵みふかい神よ、おんみを信頼するわたしの心の最高の願いは、おんみの意志が行なわれることだ。おんみの意志にわたしの意志を結びつけて、わたしはおんみがしていることをする。わたしはおんみの善意をみとめる。その報賞である至高の幸福にもういまからあずかっているものと信じている。

当然のことながら自信のないわたしが、神にもとめる、というよりも神の正義に期待する、ただ一つのことは、わたしが過ちをおかしたばあい、そして、その過ちがわたしにとって危険であるばあいに、わたしの過ちを正してくれることだ。誠実だからといって自分はぜったいに過ちにおちいることはないなどとわたしは考えていない。わたしにはこのうえなく真実だと思われる見解もみんな虚偽であるかもしれないのだ。自分の見解に執着しない人間があるだろうか。また、あらゆることで同じ意見をもっている人間が何人いるだろう。わたしをだます幻想がわたしから生まれてくるとしてもしかたがない。神だけがわたしをそこから解放することができる。わたしは真理に到達するためにできるだけのことをした。しかし真理の源はあまりにも高いところにある。もっと遠くへ行く力はわたしにはないとしたら、わたしにどんな罪があることになるのか。真理のほうで近くにきてくれなければならないのだ。

よき聖職者は激しい口調で語った。かれは感動していた。わたしも同様だった。わたしは、神のようなオルフェウス*がはじめて神々を讃える歌をうたって、その信仰を人々に教えているのを聞いてるような気がしていた。それにしても、かれに異議を申したてなければならないことがわたしにはたくさんあったのだが、わたしはなにも言わなかった。それはわたしを困惑させていたものの、それほど根拠のあることではなかったし、かれの言うことはもっともだと思われたからだ。かれが良心に従って話を進めていくにつれて、わたしの良心はかれが言ったことを確認してくれるように思われた。

わたしはかれにむかって言った。あなたがいま述べてくださった考えは、あなたが信じていると言ってることによってよりも、あなたが自分にはわからないとみとめていることによって、いっそう新しいことのようにわたしには思われます、それは、多少ちがったところはあるにしても、有神論*あるいは自然宗教だと思います。キリスト教徒はそれを無神論あるいは無宗教と混同して考えようとしていますが、それはまったく反対の教えです。しかし、わたしの信仰の現状では、わたしは、あなたの考えをとりいれるためには、もっと低いところへおりていかないで、もっと高いところへのぼっていかなければなりませんし、あなたと同じくらい賢い人にならなければ、あなたがいる地点と正確に同じところにとどまることはむずかしいと思います。わたしは、せめてあなたと同じくらいまじめになって、自分の心にきいてみたいと思います。内面の感情こそ、あなたと同じようにわたしを導いてくれるでしょう。しかし、長いあいだ内面の感情を黙らせておいたあとでは、それを呼び起こそうとしてもすぐにはできない、ということもあなたは教えてくださいました。わたしはあなたのお話を心のなかにおさめておくことにします。それをわたしはよく考えてみなければなりません。そして自分でよく考えてみたあとで、あなたと同じように、変わらない確信をもつことになるなら、あなたはわたしのまえにあらわれた最後の使徒になるでしょう。そしてわたしは、死ぬまであなたの教えをまもるでしょう。それにしても、もっとくわしいことを教えてください。あなたはこれまでに、わたしが知らなければならないことを、半分しか話してくださいませんでした。啓示について、聖書について、あのよくわからない教理についてお話しください。子どものときからわたしは、ああ、教理を理解することも信じることもできず、肯定することも否定することもできずに、迷っているのです。

わが子よ、とかれはわたしを抱擁しながら言った、では、わたしが考えていることをすっかりあなたに話して聞かせよう。わたしは中途半端に自分の心をうちあけたくはない。しかし、あなたにむかってなにもかも話してもさしつかえないということになるためには、あなたがそういう希望を表明してくれる必要があったのだ。これまでのところ、わたしは、あなたの役にたつことだとは信じていないこと、自分が心の底から確信していないことは、なにひとつ話さなかった。これから行なわなければならない検討はまったくちがったことだ。わたしはそこに困惑すること、神秘なこと、あいまいなことを見るだけだ。心もとなさ、自信のなさを感じるだけだ。決定をくだすときには、体が震えるのを感ぜずにはいられないが、わたしは、わたしの意見というよりも、むしろわたしの疑問をあなたにむかって述べるのだ。あなたの考えがもっと安定した状態にあるとしたら、わたしは自分の考えを述べるのをためらうにちがいない。しかし、あなたが現在おかれているような状態にあっては、わたしと同じように考えるほうがいいだろう。（二六）それに、わたしの話には理性の権威だけをみとめてもらいたい。わたしはまちがっているかどうか自分にもわからない。なにか論じているときには、ときに断定的な口調で語らずにいることはむずかしい。しかし、ここでは、わたしの断定はすべて疑いをいだく理由であるにすぎないということを忘れないでもらいたい。真理はあなたが自分で探求するのだ。わたしとしては、誠実に語ることだけを約束する。

あなたはわたしが述べたことに自然宗教を見るにすぎない。しかし、そのほかにも宗教が必要だというのはまったく奇妙なことだ。どうしてその必要がみとめられよう。神がわたしの精神にあたえる光りによって神につかえるのが、神がわたしの心に感じさせる感情によって神につかえるのが、なぜ悪いのか。現実のある教説からわたしはどんな純粋な倫理、人間にとって有益な、そして人間をつくった者にふさわしいどんな教理をひきだせるのか。そんな教説によらなくても、わたしは、自分の能力を正しくもちいることによって、それらをひきだせるのではないか。神の光栄のために、社会の福祉のために、さらにわたし自身の利益のために、自然の掟にもとづく義務になにをつけくわえることができるのか、そして、わたしの信仰からは導きだされない新しい信仰によってあなたがたはどんな美徳をもたらすことになるのか、それを教えてもらいたい。神についてのもっとも重要な観念は理性によってのみわたしたちにあたえられる。自然の光景を見るがいい。内面の声に耳をかたむけるがいい。神は、わたしたちの目に、良心に、判断力に、すべてのことを語っているではないか。人々はそのうえになにをわたしたちに語るつもりだろう。かれらの啓示は、神に人間的な情念をあたえることによって、神を低級な者にしているだけだ。わたしの見るところでは、特殊な教理は、偉大な存在者についての観念を明らかにするどころか、それを混乱させているのだ。それを高貴なものにするどころか、卑俗なものにしているのだ。神をとりまいている理解することのできない神秘に、不条理な矛盾をつけくわえているのだ。人間を傲慢に、不寛容に、残酷にしているのだ。地上に平和をもたらさないで、剣と火をもたらしているのだ。わたしはそういうことがすべてなんの役にたつのかと自問して、どう答えていいかわからない。わたしはそこに人間の罪悪と人類の悲惨を見るだけだ。

神はどんなふうに崇拝されることを欲しているか、それを人間に教えるために、なんらかの啓示が必要だったのだ、と人々はわたしに言う。その証拠として、人間がつくりだしたいろいろと奇妙な信仰がもちだされるのだが、人々には、そういういろいろな信仰自体が気まぐれな啓示から生じていることがわからないのだ。すべての民族が神に語らせようと考えついて以来、あらゆる民族はそれぞれの流儀で神に語らせ、自分が望んでいることを神に語らせた。神が人間の心に語っていることだけに人々が耳をかたむけていたとしたら、地上にはこれまでただ一つの宗教しかなかったにちがいないのだ。

一様な形式の信仰が必要だったのだ。わたしも心からそれを望んでいる。しかし、いったいこの点が、それを定めるために神の全知全能を必要とするほど重大だったのだろうか。宗教の儀式と宗教そのものとを混同しないことにしよう。神がもとめている信仰は心の信仰だ。そしてこれは、まじめなものであれば、かならず一様のものだ。司祭の衣服や、かれが唱える文句や、祭壇のまえで行なう動作や、膝を曲げて祈ることなどに、神が大きな関心をはらっていると考えるのは、じっさいばかげたくだらないことだ。まあ、友よ、そこに突っ立ったままでいるがいい。それでもきみは十分に地面に近いところにいるのだ。神は精神的に真実をこめて崇拝されることを欲している。それがあらゆる国の、あらゆる人間の、あらゆる宗教の義務だ。外面的な儀式についていえば、秩序をたもつためにそれは一様な形式をとらなければならないとしても、これはたんなる治安上の問題だ。こんなことには啓示など必要はない。

わたしはこういうことをすべてはじめから考えていたのではない。教育からうけた偏見と、たえず人間を自分の領域よりも高いところへおこうとする危険な自尊心とにひきずられて、わたしは、自分の弱い理解力を偉大な存在者にまで高めることはできないので、その存在者を自分のところまでひきおろそうとしていた。神がその本性とわたしの本性とのあいだにおいている無限の距離を近づけようとしていた。もっと直接的な交渉を、もっと特別の教えを望んでいた。そして、神を人間と同じような者にするだけでは満足しないで、自分は仲間の者のなかでもとくに選ばれた者になるために、超自然の光りをもとめていた。自分だけに許される信仰をもとめていた。ほかの者には語らなかったこと、つまり、わたしと同じようにほかの者も聞いてないにちがいないことを神がわたしに語ってくれたら、と願っていた。

　わたしがたどりついた地点を、信仰をもつすべての人がそこから出発してもっとはっきりした信仰に到達するための共通の地点と考え、わたしは自然宗教の教理のうちに、宗教というものの基礎をみいだしていたにすぎなかった。この地上に見られるさまざまの宗派、たがいに、うそだ、まちがいだ、と悪口を言いあっている宗派のことをわたしは考えた。「どれが正しい宗教なのか」とわたしはたずねた。それぞれの宗派はわたしに答えて言った。「それはわたしの宗教だ。」すべての人がこう言っていた。「わたしだけが、そしてわたしの宗派の者だけが正しい考えかたをしているのだ。ほかの者はみんなまちがっているのだ。」「ではあなたは、あなたの宗派が正しいことをどうして知っているのか。」「神がそう語っているからだ。[二七]」「神がそう語っているとだれがあなたに語ったのか。」「そういうことをよく知っているわたしの牧師だ。わたしの牧師がこう信じなさいと言った。だからわたしはそう信じている。牧師は、かれとはちがうことを言ってる者はうそをついてるのだと保証した。だからわたしは、そういう者には耳をかたむけないのだ。」

　なんということだ！　とわたしは考えた、真理は一つではないのか。そして、わたしにとって真実なこともほかの人にとっては虚偽となるのだろうか。正しい道を進んでいる人の方法と道に迷っている人の方法とが同じだとすれば、一方の人には他方の人にくらべてどれだけ多くの功績が、あるいは、どれだけ多くの過失が、あるのか。かれらの選択は偶然の結果にすぎない。それをかれらのせいにするのは正しいことではない。それは、あれこれの国に生まれたことを賞めたり罰したりすることだ。神はそんなふうにわたしたちを裁くなどと言うのは神の正義を侮辱することだ。

すべての宗教が正しくて神の心にかなうか、それとも、神が人間に命じている一つの宗教があって、それを無視すれば神は人間を罰するということなら、神は確実で明白なしるしをあたえてそれを区別し、それだけがほんとうの宗教であることがよくわかるようにしているかだ。そういうしるしは、あらゆる時代、あらゆる場所に共通のもので、あらゆる人間に、貴族にも、民衆にも、学者にも、無知な者にも、ヨーロッパ人にも、インド人にも、アフリカ人にも、アメリカの土人にも、同じようにはっきりとわかるものだ。地上にはある一つの宗教があって、それを信じなければ永遠の責苦《せめく》あるのみというのに、世界のどこかでたった一人でも誠実な人がその明らかなしるしに心をうごかされなかったとしたら、そういう宗教の神はこのうえなく残虐非道な暴君にちがいない。

そこで、まじめに真理をもとめるなら、生まれによる権利とか父親や牧師の権威とかいうものはいっさいみとめないで、わたしたちの幼いときからかれらが教えてくれたあらゆることを思い出して良心と理性の検討にゆだねることにしよう。かれらがわたしにむかって「おまえの理性を服従させるのだ」などと大きな声をだしてみたところでだめだ。わたしをだます人間もそんなことを言うかもしれないのだ。わたしの理性を服従させるには正しい理由が必要だ。

宇宙をしらべることと、わたしの能力を正しくもちいることとによって、わたしが自分の力で獲得できる神学のすべては、わたしがさっきあなたに説明したことに限られる。それ以上のことを知るには、異常な手段にたよらなければならない。その手段は人間の権威ではありえないだろう。どんな人間もわたしとちがった種族に属するわけではないから、ある人間が自然に知ることはすべてわたしも知ることができるのだし、それに、ほかの人間もわたしと同じようにまちがうことがあるからだ。ある人間が言ってることをわたしが信じるのは、かれがそう言ってるからではなく、それを証明しているからだ。だから、人間の証言は、結局のところ、わたしの理性そのものの証言にほかならない。それは真理を知るように神がわたしにあたえている自然の方法になにもつけくわえない。

だから、真理を宣べ伝える者よ、あなたがわたしにどんなことを言ったところで、わたしはいつもその判定者でいられるのではないか。「神みずからが語ったのだ、神の啓示に耳をかたむけるのだ。」そういうことなら別問題だ。神は語った！　これはたしかにすばらしい文句だ。しかし、神はだれに語ったのか。「人間に語ったのだ。」ではなぜ、わたしにはなにも聞こえなかったのか。「神はそのことばをあなたにつたえることをほかの人々にゆだねたのだ。」なるほど、神が語ったことをわたしに知らせにくるのは人間なのか。わたしはむしろ直接に神のことばを聞きたかった。そのために神にはよけい手間がかかりはしなかったろうし、わたしは誘惑からまもられたにちがいないのに。「神はその使いの者の使命を明らかにすることによってあなたを誘惑からまもっているのだ。」どうやって明らかにするのか。「奇跡によってだ。」ではその奇跡はどこに見られるのか。「書物のなかに。」ではその書物はだれがかいたのか。「人間だ。」では、だれがその奇跡を見たのか。「それを証言している人間だ。」なんということだ！ どこまでいっても人間の証言。けっきょく、人間がほかの人間のつたえたことをわたしにつたえるのだ。神とわたしとのあいだになんてたくさんの人間がいることだろう。それにしても、見ることにしよう。検討してみよう。くらべてみよう。しらべてみよう。ああ、もし神がこういうめんどうなことをいっさいまぬがれさせてくれたとしたら、わたしはもっといやいやながら神につかえることになったろうか。

友よ、考えてみたまえ、どんなに恐ろしい論議にわたしがたちいることになったかを。遠い昔にさかのぼって、預言や啓示や事実や、世界のあらゆる国で提示されている信仰についてのあらゆる著作を、検討し、考証し、対照するために、それに関係のある時や所や著者や当時の情況をたしかめるために、わたしはどんなに広大な学識を必要とすることだろう。ほんものの資料をまがいものの資料から区別するために、反論を回答と、翻訳を原書とくらべてみるために、証人の公正、良識、知識を判断するために、けずったり、つけくわえたり、おきかえたり、あらためたり、つくりかえたりするようなことはけっしてしなかったかどうかを知るために、残っている矛盾をとりのぞくために、反対者にたいして主張された事実についての反対者の沈黙にはどれほどの意義があるのか、そういう主張が反対者に知られていたかどうか、それは答えてやる価値が十分あることだとかれらが判断していたかどうか、わたしたちの書物がかれらの手許に届くほど書物というものが流布していたかどうか、わたしたちはかれらの書物をわたしたちの国で読ませるほど、また、かれらが行なったもっとも強力な反論をそのままの形でうけいれるほど、誠意をもっていたかどうか、こういうことを判断するためには、どれほど正確な批判をわたしは必要とすることだろう。

そういう著作は疑いえないものとみとめられたとして、つぎにその著者の使命の証明に移らなければならない。どんな予言が奇跡なしには実現されないかを判断するために、偶然の法則、あることが起こりうる確率をよく知らなければならない。原書の国語で予言とされることと、たんなることばのあやにすぎないこととを区別するために、その国語の精神を知らなければならない。巧妙な人間はどの程度まで単純な人々の目をくらませることができるものか、聡明な人々さえびっくりさせることができるものか、それが言えるようになるには、どんな事実は自然の秩序に含まれるか、どんな事実はそれに含まれないかを知らなければならない。奇跡が信じられるというだけではなく、それに疑いをもてば罰せられるということになるには、奇跡とはどういう種類のことであるべきか、どういう真実性をもつべきかを探求しなければならない。ほんとうの奇跡といつわりの奇跡との証拠をくらべ、それらを見わける確実な規則を発見しなければならない。さらにまた、なぜ神は、そのことばの真実を示すために、それ自体大いに証言を必要とする手段を選んで、信じやすい人間をからかうようなことをしたり、人間をなっとくさせる正しい手段をわざとさけるようなことをしたりしているのか、それを説明しなければならない。

ある人間を神意をつたえる手段とするようなことをするほど、神はみずからその品位をおとすようなことをされたとしても、その人は神につかえる者であることを人類に知らせないでおいて、かれのことばに全人類が従うことを要求するのは道理にかなったことだろうか、正しいことだろうか。その人に、どこのだれだかよくわからない少数の人間のまえで示される二、三の特殊なしるしのほかには資格を証明するものをなにもあたえないで、それについてはほかの人間はみんな、なにごともまた聞きでしか知ることにならない、というのでは、公平なことと言えるだろうか。世界のすべての国を通じて、民衆や単純な人々が見たと言っている奇跡がすべてほんとうのことと考えられるなら、あらゆる宗派は正しいことになる。自然な現象よりも奇跡のほうが多いことになる。そして、あらゆる奇跡のなかで最大の奇跡は、狂信者が迫害されているところでは、奇跡など起こらない、ということだろう。自然を支配している賢明な者の存在をなによりもよく示しているのは自然の変わることのない秩序だ。たくさんの例外が生じるとすれば、わたしはどう考えればいいのかわからなくなるだろう。しかし、わたしとしては、心から神を信じているから、神にふさわしいとはとてもいえないそんなにたくさんの奇跡を信じはしない。

一人の人間がやってきて、わたしたちにこんなことを言ったとしよう。「人間たちよ、わたしはいと高き者の意志をつたえる。わたしの言うことを聞いて、わたしをこの世に送った者をみとめるがいい。わたしは太陽に軌道を変えるように命令する。星に別の星座をつくることを命令する。山が平地になり、海が山になり、大地がちがった姿になることを命令する。そういう不思議を目にするとき、だれでも即座に自然の支配者をみとめずにはいられまい。」自然は山師の命令に従いはしない。かれらの奇跡は街の四つ辻や砂漠のなかや部屋のなかで行なわれるのだ。そういうところでこそかれらは、はじめからなんでも信じこもうとしている少数の見物人をごまかすことができるのだ。奇跡が信用できることになるためにはどれだけの目撃者が必要なのか、などとわたしに言えるような者がどこにいるのか。あなたがたの教説を証明するために行なわれたあなたがたの奇跡がさらに証明される必要があるというのでは、その奇跡はなんの役にたつのか、そんなことは行なわなくても同じことだったのだ。

さらに、啓示された教説を検討するにあたっていちばん重要なことが残されている。神はこの世で奇跡を行なっていると言う人たちは、悪魔もときにそのまねをすると主張しているのだから、このうえなく明らかな奇跡が行なわれたところで、わたしたちはこれまでとくらべて前進したことにはならない。そして、パロの魔術師たちは、モーセが神の特別の命令をうけて見せたしると同じことを当のモーセのいるまえでして見せたのだから、*モーセがいないときに、その魔術師たちは、同じ資格で、同じ権威を主張してもよかったのではないか。そこで、奇跡によって教説を証明したあとで、教説によって奇跡を証明しなければならない。(二八)そうしないと神のみわざを悪魔のしわざと思いちがいするおそれがある。この悪循環についてあなたはどう考えるか。

その教説は、神からあたえられるもので、神からうけた神聖な性格をもたなければならない。それはわたしたちの精神に理性が示す神についてのあいまいな観念をわたしたちに明らかにしてくれるだけではなく、一つの信仰を、倫理を、わたしたちがそれによってのみ神の本質を理解する属性にふさわしい格率を提示するものでもなければならない。だから、それが不条理なこと、なんの根拠もないことを教えるだけだとしたら、わたしたちと同じ人間にたいする嫌悪と、わたしたち自身にたいする恐怖を起こさせるだけだとしたら、怒りやすい神、嫉妬ぶかい神、復讐を好む神、不公平な神、人間を憎んでいる神を描いてみせるだけだとしたら、戦争と闘争の神、たえず破壊しよう、威嚇しようとしている神、たえず責苦について語り、罪のない者まで罰することを誇っている神を描いてみせるだけだとしたら、わたしの心はそういう恐ろしい神にはひかれないだろうし、わたしは、自然宗教を捨ててそういう宗教を信じるようなこともしまい。あなたにもよくわかるように、必然的にどちらかをとらなければならないことになるからだ。わたしはその宗派の人たちにこう言うだろう。あなたがたの神はわたしたちの神ではない。はじめにただ一つの国民だけを選んで、そのほかの人類を追放するような神は、人間共通の父ではない。かれによってつくられた者の最大多数を永遠の責苦におとしいれるような神は、わたしの理性が示してくれた寛大で恵みふかい神ではない。

教理についていえば、それは明瞭で、その明証によって心に訴えるものでなければならない、と理性はわたしに語っている。自然宗教は不十分だというのは、それは、わたしたちに教えている重大な真理についてあいまいな点を残しているからだ。啓示こそその真理を人間の精神にはっきりわかるような方法でわたしたちに教え、それを人間の力でとらえられるところにおき、人間に理解させて、信じられるようにしてくれるべきだ。信仰は悟性によって確固たるものになる。あらゆる宗教のなかでもっともすぐれた宗教はもっとも明快な宗教であることはまちがいない。わたしに説いて聞かせる信仰にやたらに神秘や矛盾をもちこむ者は、まさにそのことによってわたしに警戒の念を起こさせるのだ。わたしが崇拝する神は暗黒の神ではない。神は悟性をもちいることを禁止するためにわたしに悟性をあたえたのではない。わたしの理性を服従させろと言うのは、理性をつくった者を侮辱することだ。真理に仕える者はわたしの理性に圧迫をくわえはしない。理性を導いてくれるのだ。

わたしたちは人間の権威をいっさいとりのけた。そこで、この権威を無視すれば、どうしてある人間が不条理な教説を説いてほかの人間をなっとくさせることになるのか、わたしには考えられないことだと思う。しばらくのあいだこの二人の人間を対決させて、二つの党派がぶつかったばあいにいつも聞かれる荒っぽいことばで、かれらがどんなことを言い合うことになるか研究してみることにしよう。

霊感をうけた者　理性はあなたに全体はその部分よりも大きいと教える。しかしわたしは、神の名において、部分のほうが全体よりも大きいとあなたに教える。

理性に従う者　神は矛盾しているとあえてわたしに語るあなたはいったい何者なのか。そしてわたしは、理性によってわたしに永遠の真理を教える神と、神の名においてわたしに不条理なことを告げるあなたと、どちらを信じたらいいのか。

霊感をうけた者　わたしを信じるのだ。わたしの教えはいっそう実証的なのだ。そしてわたしは、わたしを送ったのは神であることを反駁できないようにあなたに証明するつもりだ。

理性に従う者　なんということを！　あなたは、神と反対のことを言わせるために神はあなたを送ったことをわたしに証明しようとするのか。そしてあなたはどんな種類の証拠によって、神は、わたしにあたえている悟性を通して語るということよりも、あなたの口を通してわたしに語るということのほうが確実だ、とわたしになっとくさせるつもりなのか。

霊感をうけた者　神があなたにあたえている悟性！　けちくさい人間のくせになまいきな！　あなたは、罪のために堕落した理性をもってさまよっている最初の不信者のつもりでいる。

理性に従う者　神から送られた人間よ、あなただって、自分の使命を証明するかわりに傲慢な態度で押し通す最初の山師ではないだろう。

霊感をうけた者　なんだ、哲学者ともあろう者が悪口雑言を吐くのか。

理性に従う者　ときにはね。聖者がそのお手本を示してみせるときにはね。

霊感をうけた者　おお、わたしにはそういうことを言う権利があるのだ。わたしは神の名において語っているのだ。

理性に従う者　あなたの特権をふりまわすまえに、まずあなたの資格を証明したらい い。

霊感をうけた者　わたしの資格はたしかなものだ。大地と天はわたしの証人になってくれるだろう。まあ、わたしの推論をよく聞くがいい。

理性に従う者　あなたの推論！　あなたはなんにも考えていない。わたしの理性がわたしをだましているとわたしに教えるということは、わたしの理性があなたの有利になるようにわたしに語ったことを反駁することではないか。理性の権威を否定しようとするなら、理性をもちいずに相手をなっとくさせなければならない。推論によってあなたがわたしを説き伏せたとすれば、罪のために堕落したわたしの理性のほかに、なにがわたしにあなたの言うことをみとめさせるのか、どうしてわたしにわかるだろう。それに、あなたの証拠や証明がやっつけなければならない公理よりももっと明瞭などんな証拠や証明をあなたはもちいることができるのか。正しい三段論法がうそだというのは、部分が全体よりも大きいというのとまったく同じ程度に信じてもいいことだ。

霊感をうけた者　たいしたちがいだ。わたしの証拠は反駁を許さない。それは超自然的秩序に属するのだ。

理性に従う者　超自然！　そのことばはなにを意味するのか。わたしにはわからない。

霊感をうけた者　自然の秩序を変えること、預言、奇跡、あらゆる種類の不可思議なことがそれだ。

理性に従う者　不可思議なこと！　奇跡！　わたしはそういうことをまだぜんぜん見たことがない。

霊感をうけた者　ほかの者があなたのかわりにそれを見たのだ。たくさんの証人……多くの国民の証言……

理性に従う者　多くの国民の証言は超自然的なことか。

霊感をうけた者　そうではない。しかし、万人がみとめれば、それは疑いえないことだ。

理性に従う者　理性の原則以上に疑いえないことはなにもないし、人間の証言にもとづいて不条理なことをみとめることはできない。もういちど言うが、超自然的な証拠とはどういうことなんだ。人類ぜんたいが見たといっても超自然的なことにはならないのだから。

霊感をうけた者　ああ、なんて頑迷なやつだ！　恩寵はあなたになにも語ってない。理性に従う者　それはわたしの罪ではない。あなたの話では、恩寵をもとめるためにはすでに恩寵をうけていなければならないのだから。だからまず恩寵にかわってわたしに話をしてくれるがいい。

霊感をうけた者　ああ、それこそわたしがしていることだ。ところがあなたは耳をかさないのだ。それにしても、あなたは預言というものをどう考える。

理性に従う者　わたしはまずこう言おう。わたしは奇跡など見たことはないが、それ以上に、預言など聞いたことがないのだ。さらにいえば、預言など、わたしにとってはなんの権威にもならない。

霊感をうけた者　悪魔の取り巻きめ！　だが、なぜ預言はあなたにとっては権威にならないのだ。

理性に従う者　預言が権威をもつためには三つの条件が必要なのだが、それらがすべてみたされることは不可能なのだ。それは、わたしが預言に立ち会ったこと、預言された事件に立ち会うこと、さらに、その事件は偶然に預言と一致したわけではないことが証明されること、この三つだ。たとえその預言が幾何学の公理よりも正確明快だったとしても、でたらめな預言の明快さもその実現を不可能にすることにはならないから、預言が実現されたとしても、それは厳密にいって預言者に有利なことをなにも証明していないのだ。

あなたのいわゆる超自然的証拠は、あなたの奇跡や預言は、こんなことになってしまうのだ。そういうことをなんでもかんでも他人の言うことを信用して信じること、わたしの理性に語りかける神の権威を人間の権威に従わせることになってしまうのだ。わたしの精神が考えている永遠の真理がなにかに侵害されることになるとしたら、わたしにとってはどんな種類の確実性もなくなってしまうし、あなたが神の名において語っていることが信じられるどころか、神が存在するということさえ信じられなくなってしまうだろう。

わが子よ、こんなふうにやっかいなことがたくさんあるのだが、これで全部というわけではないのだ。おたがいに締めだしたり排斥したりしている多くのさまざまな宗教のうちに、正しい宗教が一つあるとするなら、一つだけが正しいのだ。それを知るには一つの宗教を検討するだけではたりない。すべての宗教を検討しなければならない。そして、どんなことにせよ、聞いてみもしないで非難するようなことをしてはならない。(二九)さまざまな反論を証明とくらべてみなければならない。それぞれの宗教がほかの宗教にたいして言っていること、答えていることを知らなければならない。ある考えが十分に証明されているように見えるとすれば、なおさらわたしたちは、どんな理由で多くの人々はそれをみとめないのか研究しなければならない。反対派の理由を知るには味方の博士連中の言うことを聞いていれば十分だと考えるような人はまったく単純な人と言わなければなるまい。誠意を誇りとする神学者がどこにいるのか。敵の論拠を反駁するためにまずそれを弱めようとしない神学者がどこにいるのか、すべての人は自分の陣営内でこそ輝かしい存在となる。しかし、仲間の者のあいだで得意になって証明をふりまわしているような者も、別の党派の人々のあいだでそんな証明をもちだせばまったくばかげた人物とされる。書物によって学ぼうとすれば、どれほどの博識を身につけなければならないことか。どれほど多くの国語を学び、どれほど多くの図書をしらべ、どれほどひろい範囲の読書をしなければならないことか。その選択にあたってわたしを導いてくれるものはなにか。ある一つの国にいたのでは反対派のいちばんすぐれた書物はなかなか見あたらないだろうし、あらゆる党派の書物はなおさら見あたらない。そういう書物は、あったにしても、すぐに反駁されてしまう。その場にいない者はいつもまちがっていることになるし、正しくない理由でも確信をもって述べられれば、軽蔑した調子で紹介される正しい理由をへこませてしまう。それにまた、多くのばあい、書物ほど人をだますものはないし、それを書いた人の考えを忠実につたえないものもない。あなたは、ボシュエ*の書物によってカトリックの信仰を判断しようとしたら、わたしたちのあいだで生活してみたあとで、とんでもないけんとうちがいをしていることがわかった。あなたにもわかったように、プロテスタントに答えるために述べられる教説は民衆に教えられていることではないし、ボシュエが書いていることと日曜日の説教で教えられることとはほとんど似ていない。ある宗教を十分に判断するためには、その宗派の人の書物によって研究してはならない。かれらのところへ行って学ばなければならない。これはひじょうにちがったことなのだ。それぞれの宗派には、その伝統、考えかた、習慣、偏見があり、それらが信仰の真髄になっているので、その宗教を知るためには、そういうものを考慮にいれなければならない。

　書物など印刷しないし、わたしたちの書物を読みもしない大民族がどれほどあることか。かれらはわたしたちの意見をどんなふうに判断するのだろうか。かれらの意見をわたしたちはどんなふうに判断するのだろうか。わたしたちはかれらをあざわらい、かれらはわたしたちを軽蔑している。そして、わたしたちの国の旅行家たちはかれらを笑いものにしているが、かれらもわたしたちのところへ旅行することにすれば、かならずわたしたちを笑いものにすることになるのだ。真理をみとめるためにそれを知ろうとひたすら努力している良識の人、誠意の人、真理の友であるまともな人、そういう人々がいない国がどこにあるのか。ところが、それぞれの国民は自分の信仰のうちに真理をみて、ほかの国民の信仰を不条理なことだと考えている。だから、そういう外国の信仰は、わたしたちにそう思われるほど常軌を逸したことではないのだ。つまり、わたしたちが自分の宗教のうちにみいだしている理由は、なんにも証明しないのだ。

ヨーロッパには、三つの主な宗教*がみられる。その一つは、ただ一つの啓示をみとめる。もう一つは、二つの啓示をみとめ、さらにもう一つは、三つの啓示をみとめている。その一つ一つはいずれもほかの二つを憎み、呪い、盲目、頑固、頑迷、嘘つきなどということばで罵っている。公平な人なら、それらの宗教の証明を十分によく考え、理由をよく聞いたあとでなければ、それらについて判断をくだすことはできまい。ただ一つの啓示をみとめている宗教は、いちばん古くて、いちばん確実であるようにみえる。三つの啓示をみとめている宗教は、いちばん新しくて、いちばん筋が通っているようにみえる。二つの啓示をみとめ、第三の啓示を否認している宗教は、いちばんすぐれているのかもしれないが、これにたいしてはたしかにあらゆる偏見がもたれ、その矛盾は一見してわかる。

その三つの啓示において神聖なものとされている書物*はそれに従っている国民には知られていない国語で書かれている。ユダヤ人はもうヘブライ語を解しない。キリスト教徒はヘブライ語もギリシャ語も解しない。トルコ人もペルシャ人もアラビア語を解しない。そして、現代ではアラビア人自身もマホメット時代のことばをもう話してはいない。人々にわからないことばでいつも語るというのは、まったくかんたんな教えかたではないか。それらの書物は翻訳されている、と人は言うかもしれない。けっこうな御返事だ。それらの書物が忠実に翻訳されていることを、いや、忠実な翻訳が可能であるということさえ、だれが保証してくれるのか。それに、神が人間に語りかけるようなことをしてくれるなら、なぜ翻訳者を必要とするようなことをしなければならないのか。

人間がだれでも知らなければならないことが書物のなかに閉じこめられているなどとは、わたしにはとても考えられないだろうし、そういう書物にも、それを理解している人々にも近づくことのできない者が、心ならずも無知でいるために罰をうけるとも考えられないだろう。いつも、いつも、書物！　まったく、気ちがい沙汰だ。ヨーロッパには書物があふれているので、ヨーロッパ人はそれを欠くことのできないものとみなし、地球上の四分の三の国では書物などかつて見られたこともないということを考えない。書物はすべて人間によって書かれたものではないか。だから、人間は自分の義務を知るためには書物が必要だなどとどうして言えるものか。それにそういう書物がつくられるまえには、人間は自分の義務を知るどんな手段をもっていたのか。人間は自分でその義務を知ることになる。でなければ、知らなくてもいいのだ。

わたしたちが見ているカトリックは教会の権威ということで大騒ぎをしている。しかし、ほかの宗派はその教説を直接に確立するためにいろいろと大げさな証明をもちだしているのだが、カトリックには教会の権威を確立するためにそれと同じようなことが必要だとしたら、なんの得るところがあるのか。教会は決定する権利をもつ、と教会は決定する。みごとに証明された権威ではないか。そこから出れば、あなたがたはふたたびわたしたちのあらゆる論議にまきこまれることになるのだ。

ユダヤ教がキリスト教に反対して主張していることを綿密に検討するようなことをしたキリスト教徒をあなたがたはたくさん知っているだろうか。幾人かの人がユダヤ教についてなにかしらべたことがあるにしても、それはキリスト教徒が書いた書物のなかでしらべたのだ。反対者の言い分を知るすぐれた方法だ！ *しかし、どうにもならないではないか。だれかがもし、公然とユダヤ教に好意をもつ書物をわたしたちのあいだで出版するようなことをしたとすれば、わたしたちは著者と刊行者と書店を処罰するにちがいないのだ(三〇)。こういう警察手段は便利で確実な方法で、かならず正しいことになる。口をひらくこともできない人々を論破するのは愉快なことだ。

　わたしたちのなかにもユダヤ人と話をすることができる人たちはいるにしても、その人たちもさらにくわしいことを知ることにはなるまい。不幸なユダヤ人は、わたしたちの思いのままにされることをよく知っている。かれらにくわえられている圧迫はかれらを臆病にしている。キリスト教徒の慈悲心には不正な行為や残酷な行為はいかに気にならないものであるかをかれらはよく知っている。かれらがあえてなにか言おうとすればすぐに、それは冒瀆だ、とわたしたちにわめきたてられる憂き目にあうではないか。欲心がわたしたちに熱意をあたえ、かれらはあまりにも金持ちなので、どうしても悪いやつらだということになる。いちばん博識な人、いちばん聡明な人は、かならずいちばん用心ぶかい人ということになる。あなたがたはどこかのみじめな男を、自分の宗派の悪口をいうために金で買われる人間を改宗させることだろう。どこかのいやしい古着屋に、あなたがたにおせじをつかって口をひらく人間に話をさせることだろう。あなたがたは無知なユダヤ人、卑怯なユダヤ人には勝てるだろうが、ユダヤ教の博士たちはあなたがたの愚かしさをこっそりあざわらっていることだろう。しかし、ユダヤ人が身の安全を感じているところでも、そんなふうにやすやすとかれらを打ち負かすことができるなどとあなたがたは信じているのだろうか。ソルボンヌ〔パリ大学神学部〕では、救世主についての預言はイエス・キリストに結びついていることが白日のようにはっきりしている。アムステルダムのユダヤ人律法学者たちのところでは、それはイエスにはなんの関係もないことがまったく同じようにはっきりしている。ユダヤ人がなんの危険も感じないで話したり論議したりすることができる自由な国家、学校、大学をもたなければ、かれらの言い分を十分に聞いたことになるとはわたしにはけっして信じられないだろう。そういうところでこそわたしたちはかれらの言いたいことを知ることができるのだ。

コンスタンティノープルでは、トルコ人は正しいと思うことを言うが、わたしたちには正しいと思うことを言う勇気がない。そこではわたしたちのほうが卑屈なまねをすることになる。わたしたちはユダヤ人が信じてもいないイエス・キリストにたいする尊敬をかれらに要求しているのだが、それと同じように、わたしたちが信じてもいないマホメットにたいする尊敬をトルコ人がわたしたちに要求するとしたら、トルコ人はまちがっているのか。わたしたちは正しいのか。どんな公正な原則にもとづいてわたしたちはこの問題を解くことができるのか。

人類の三分の二はユダヤ教徒でもマホメット教徒でもキリスト教徒でもないし、モーセとかイエス・キリストとかマホメットとかの話をいちども聞いたことのない人間が何百万いることだろう。人はそれを否定する。わたしたちの布教師はあらゆるところへ行っていると主張する。そんなことを言うのはやさしい。しかし、布教師たちはアフリカの奥地へ行ってるのか。アフリカの奥地はまだ知られていないし、いままでのところヨーロッパ人はだれひとりそこへ行ったことがないのだ。布教師たちは陸地のまんなかにあるダッタン人の国で、馬に乗って遊牧の民のあとを追ってるのか。そこには外国人はけっして近づかないし、また、そういう人々はローマ教皇の話など聞いたことがないばかりではなく、ラマ教の法王のことさえやっと知ってる程度なのだ。布教師たちはアメリカの限りなくひろい大陸に行ってるのか。そこに住んでいる民族の全体は自分たちの世界に別の世界の国民が足を踏みいれたことをまだ知らないでいるのだ。布教師たちは日本に行ってるのか。かれらの策動はかれらを日本から永久に追放させることになってしまったし、またそこでは、かれらの先駆者たちは、新しい世代の人々には、偽善的な熱意をもってやってきて、武力をもちいずに国を奪おうとしたずるい策謀家として知られているにすぎない。布教師たちはアジアの国王たちの後宮に行って、何千人というあわれな女奴隷たちに福音をつたえているのか。世界のこの部分の女性たちはいったいなにをしたために、布教師がやってきて信仰を説いてくれるということにならないのか。

彼女たちは閉じこめられていたためにみんな地獄に落ちることになるのか。

福音がほんとうに全世界につたえられているとしたところで、どれだけ有利になるというのだ。ある国にはじめて布教師がやってきた日の前の晩にも、その国でだれかが布教師のことばを聞くことができずに死んでることは確実だ。このばあい、そのだれかをどうしたらいいのか教えてもらいたいものだ。イエス・キリストの教えをぜんぜん聞かせてもらえなかった人は全世界にたった一人しかいなかったとしても、その一人の人についても、人類の四分の一についてと同じように強固な異議がもちだされよう。

福音を宣べ伝える者が遠い国の国民にその教えを説いて聞かせたとしても、そのことばを聞いただけで相手が合理的にうけいれるようなどんなこと、できるだけ厳密な検証を必要としないようなどんなことを言えたろう。あなたは、二千年まえに世界のむこうのはての、どこかわたしの知らない小さな町で生まれ死んだ神のことをわたしに知らせ、その神秘を信じなかった者はみんな地獄に落ちるだろう、と言っている。これはまことに奇妙なことだ、知らない人の言うことを聞いただけで、そうかんたんに信じることはできない。わたしが知っていなければならないという出来事を、なぜあなたの神は、わたしからそんなに遠くはなれたところで起こさせたのか。地球のあちら側で行なわれていることを知らないでいることが罪になるのだろうか。別の半球にヘブライ民族が住み、エルサレムの町があるということがわたしにわかるだろうか。それは月の世界で起こっていることもわたしは知らなければならないと言うのと同じようなことだ。あなたの話では、あなたがそれをわたしに教えにきたのだそうだ。しかしなぜあなたは、わたしの父にそれを教えにきてくれなかったのか。つまり、なぜあなたは、あの善良な年よりになにも知らせないで地獄に落としているのか。あんなに善良で、情けぶかくて、ひたすら真理をもとめていたかれは、あなたの怠慢のために永久に罰せられることになるのだろうか。誠意をもってもらいたい。そして、わたしの身になって考えてもらいたい。あなたが言ってるような、とても信じられないことをなにもかも、あなたの証言だけで、わたしは信じなければならないのだろうか。そして、たくさんの不正なことを、あなたが教えてくれる正義の神のしわざと考えなければならないのだろうか。この国では聞いたこともない不思議なことがいろいろと行なわれたその遠い国を、どうか、見にいかせてもらいたい。＊そのエルサレムとかいう町の人たちは、なぜ神を泥棒あつかいにしたのか、わたしはそのわけを知りたい。かれらはその神を神とみとめなかったからだ、とあなたは言う。そんなら、あなたの話でしかその神のことを聞いたことがないわたしは、どうしたらいいのだろう。あなたはさらにこんなことを言う。そのエルサレムの住民は、罰をうけて、四散し、迫害され、征服され、いまではもう一人もその町に近づかない、と。たしかに、かれらにはそういうむくいをうけるだけのことはある。しかしこんにちの住民は、昔の住民が神を殺したことについてどんなことを言っているか。かれらはその事実を否定し、やはり神を神とみとめていない。そんなことなら、まえの住民の子孫をそこに残しておけばよかったのに。

なんということだ。神が死んだというその町では、昔の人も今の人もその神をみとめていない。しかもあなたは、そこから二千里はなれたところで、二千年後に生まれたわたしに、それをみとめろと言うのだ。あなたにはわからないのか、あなたが神聖な本だという書物、しかしわたしにはぜんぜん意味がわからない書物を信用するまえに、わたしはあなたがたとはちがう人の口から、その書物はいつ、だれによって書かれたのか、どんなふうに保存されてきたのか、どうしてあなたがたの手にはいったのか知らなければならない、その国にいて、あなたがわたしに教えていることをなにもかもあなたがたと同じようによく知っていながら、その書物を否認している人たちが、みんなから正しいと思われているどういうことを言っているか、知らなければならないのだ。わたしはどうしてもヨーロッパへ、アジアへ、パレスティナへでかけていって、なにもかも自分でしらべてみなければならない。それまでのところは、わたしは、気ちがいにでもならなければ、あなたのことばに耳をかたむけることはできまい。それはあなたにもよくわかるだろう。*

　こういう言い分はわたしには正当と思われるばかりでなく、分別のある人間ならだれでも、こういうばあいには、こんなふうに語るべきだ、そして、証拠をしらべもしないうちに、やたらにその人に教え、洗礼をうけさせるような布教師は追っぱらうべきだ、とわたしは言いたい。ところで、そういう反論が*、キリスト教に反対してもちだされるばあいと同じ力を、あるいはそれ以上の力をもつものとしてもちだされないような啓示はないのだ、とわたしは言おう。だから、世界にはほんとうの宗教は一つしかないというなら、それを信じなければだれでも地獄に落ちるというなら、人間はあらゆる宗教を勉強し、研究し、比較し、それらの宗教が行なわれている国々をめぐって歩くことで一生をついやさなければならないことになる。人間の第一の義務はなんぴともまぬがれられない。なんぴとにも他人の判断に信頼してすませる権利はない。自分の労働だけで生活している職人でも、文字も読めない農夫でも、かよわい内気な少女でも、ベッドからおりることもおぼつかない病人でも、すべての人が、例外なしに、勉強し、考察し、論議し、世界をめぐって歩かなければならない。ひとところに落ち着いている国民はぜんぜんいなくなる。地球全体が巡礼の群れで覆われる。かれらは、多くの費用をかけ、長い旅路に身を疲れさせながら、地球上で信じられているさまざまの信仰を自分の目で調査し、比較し、検討して歩く。そうなると、職業も、技芸も、人間的な学問も、市民のあらゆる営みもおさらばで、宗教の勉強のほかには勉強することはありえないことになる。そして、だれよりも頑健な体をもち、だれよりもよく時を利用し、だれよりもよく理性をもちい、だれよりも長生きした人が、老年にいたってやっと、なにによればいいかを知ることになる。そして、まだ死なないうちに、どういう信仰のうちに生きるべきだったかを学ぶなら、たいしたことだということになる。

こういうやりかたを緩和して、ほんのすこしでも人間の権威に力をあたえようとすれば、たちまちまた人間の権威にすべてをあたえることになる。そこで、キリスト教徒の子どもは、公平に深くしらべることもしないで、自分の父親の宗教に従っているのがいいとしたら、*トルコ人の息子も同じように自分の父親の宗教に従っているのがなぜ悪いことになるのか。こういうことに、およそ良識のある人々を満足させる答えができるものか、わたしは不寛容な人々のすべてにそれを聞きたい。

こうした理由に迫られて、ある人々は、かれらの野蛮な教理を捨てるよりも、むしろ神を不正な者とし、父親の罪を理由に罪のない人に罰をくわえさせることを好んでいる。またある人々は、克服できない無知の状態にありながら、道徳的には正しい生きかたをしたことになる人には、親切にも天使という者を送って教えることによって、困難をきりぬけている。この天使というのは、まったくすばらしい創作だ。かれらはかれらのおもちゃにわたしたちを依存させているばかりでなく、神にさえそういうものを使うことを強制している。

わが子よ、傲慢と不寛容とがどんな不条理に導くかを知るがいい。みんなが自分の説に固執し、人類のほかの人々をおしのけて自分だけが正しいと考えようとすると、こういうことになるのだ。わたしは、わたしが崇拝し、あなたに教えている平和の神に、わたしの探求はすべて真剣であったと保証していただく。しかし、そういう研究は成功しないこと、いつになっても成功するはずがないことを知り、自分がはてしない海に流されていくことを知ったわたしは、あとにひきかえして、わたしの信仰を自分の素朴な観念のうちにおしとどめることにした。学者にならなければ地獄に落ちるなどと神が言っているとはわたしにはとても信じられなかった。そこでわたしは、すべての書物を閉じてしまった。すべての人の目のまえにひらかれている書物が一冊だけある。それは自然という書物だ。この偉大で崇高な書物を読むことによってこそ、わたしはその神聖な著者を崇拝することを学ぶのだ。なんぴともそれを読まずにいることは許されない。その著者はすべての精神に理解されることばで、すべての人間にむかって語っているからだ。かりにわたしが人の住まない島に生まれたとしても、自分のほかにはどんな人間にも会ったことがないとしても、むかし世界の片隅であったことをぜんぜん教わらなかったとしても、わたしの理性を訓練し、育てていくなら、神がわたしにあたえている直接的な能力を十分によくもちいるなら、わたしは、神を知り、神を愛し、そのみわざを愛し、神が欲する善を欲し、神意にかなうように、この地上にある自分のあらゆる義務をはたすことを、自分で学べるだろう。それ以上のどんなことを人々の学識のすべてがわたしに教えてくれるのか。

啓示ということについては、わたしがもっとすぐれた理論家だとしたら、あるいはもっとよく教えられていたとしたら、おそらくわたしもその真理を知り、それをみとめた幸福な人々にとってのその効用を知ることができるのだろう。しかし、そこには、わたしには攻撃することのできない証拠があるにしても、解決することのできない反論もある。賛否いずれにも強固な理由がたくさんあって、どちらに考えをきめたらいいのかわからないわたしは、それをみとめることも、否認することもしない。わたしはただ、それをみとめる義務を否認する。このいつわりの義務は神の正義と両立しないことだし、救いへの道の障害をそれによってとりのけることにはならず、かえって障害を大きくし、人類の大半の者にとって克服しがたいものにしたことになるからだ。こういうことを別にすれば、わたしは、この問題については、尊敬の念にあふれた疑惑のうちにとどまっている。わたしは、身のほども知らずに、自分はまちがうはずはない、などと考えてはいない。わたしには解決されていないようにみえることも、ほかの人は解決しているのかもしれない。わたしは自分のために考えているのであって、そういう人たちのために考えているのではない。わたしはかれらを非難もしないし、かれらのまねもしない。かれらの判断はわたしの判断よりもすぐれているのかもしれないのだ。しかし、それはわたしの判断ではないとしても、わたしの罪にはならない。

わたしはまた、聖書の崇高さはわたしを感嘆させ、福音の尊さはわたしの心に訴える、と言っておこう。*大げさなことをならべたてた哲学者たちの書物を見るがいい。福音書にくらべてみるとき、それはなんとけちくさいものになることだろう。あんなに崇高で、しかもあんなに素朴な書物が人間の手で書かれたというようなことがありえようか。福音書がつたえている物語の主人公がたんなる人間にすぎないというようなことがありえようか。ここに感じられるのは一人の熱狂的な人間、あるいは野心的な宗教家だろうか。その人の行ないのなんというやさしみ、なんという清らかさ。その教えのなんという感動的な美しさ。その格率のなんという高さ。そのことばに感じられる深い知恵。その答えにみられる才気、繊細さ、正確さ。自分の情念にたいするなんという大きな支配力！　その弱さも、見栄も示すことなく、行動し、悩み、死んでいくことを知っている人はどこにいるのか。そういう賢者はどこにいるのか。けがらわしい罪をきせられながらも、美徳のあらゆるむくいをうけるにふさわしい正しい人の姿を、プラトンが想像して描いてみせるとき*、かれはイエス・キリストをそのまま描いている。その類似はまったくはっきりしているので、教父たちもみなそれを感じていたのだが、それを見誤ることは不可能なのだ。ソフロニスコス*の息子〔ソクラテス〕をマリアの子にくらべてみるようなことをするには、どれほどの偏見、どれほどの無知を必要とすることだろう。この二人のあいだにはどれほど大きな距離があることだろう。苦しまず、辱しめもうけずに死んでいったソクラテスは、なんの困難も感じないで最後までその人物を示した。しかも、その安らかな死がかれの生涯を飾らなかったとしたら、ソクラテスは、どんなにすぐれた精神をもっていたにしても、詭弁家とは別ものであったかどうか疑われるだろう。かれは倫理学を創始したといわれている。しかし、かれに先だって他の人々がその倫理を実践していた。ソクラテスはかれらが行なっていたことをことばで述べたにすぎない。かれらが示したお手本を教えに移したにすぎない。正義とはなにかとソクラテスが述べるまえに、アリステイデスは正義の人だった。ソクラテスが祖国にたいする愛を義務として説くまえに、レオニダスは祖国のために死んでいた。ソクラテスが節制を讃美するまえに、スパルタ人は節制をまもっていた。かれが徳を定義するまえに、ギリシャには有徳の人がたくさんいた。しかしイエスは、かれひとりが教え、手本を示したあの高く清らかな倫理を同国人のだれから学んだのか。（三二）このうえなく激しい狂信のなかからこのうえなく高い知恵の声が聞こえてきたのだ。そして、もっとも英雄的な素朴な徳が、あらゆる国民のなかでもっともいやしい国民の名誉になったのだ。友人たちと静かに哲学を論じながら死んでいったソクラテスの死は、このうえなく望ましい、なごやかな死だ。苦しみのうちに、国民ぜんたいからそしられ、あざけられ、呪われて息たえたイエスの死は、わたしたちに考えられるこのうえなく恐ろしい死だ。毒杯をうけとるソクラテスは、杯をかれのまえにさしだして涙を流している者を祝福する、むごい処刑をうけつつも、イエスは憎悪に燃えた処刑人のために祈る。そうだ、ソクラテスの生涯とその死は賢者の生涯と死だが、イエスの生涯と死は神の生と死だ。福音書に書いてある物語は勝手気ままに創作されたというべきだろうか。友よ、創作とはああいうものではない。それに、ソクラテスの事跡は、だれひとり疑う人はいないのだが、イエス・キリストの事跡ほど確認されてはいないのだ。結局のところ、それは、むずかしい問題を解決しないで向こうへ押しやることだ。幾人かの人が共同してこの書物をつくったというようなことは、ただ一人の人がその主題を提供したということ以上に考えられないことだろう。ユダヤの著作者はとてもああいう格調、ああいう倫理をみいだしはしなかったにちがいない。

それに、福音書にはあんなにすぐれた、あんなにはっきりした真理のしるし、だれにもまねることのできない真理のしるしが見られるのだ。だから、それを創作した人はそこに語られている人よりもさらに驚くべき人だということになるだろう。そういうことはあるにしても、その福音書にはまた、信じがたいこと、道理にあわないこと、どんな人でも良識のある人には考えることも承認することもできないことがいっぱい書いてある。こうしたあらゆる矛盾のなかにあって、どうすればいいのか。わが子よ、いつもつつしみぶかく、用心ぶかくすることだ。否認することも理解することもできないようなことには、なにも言わずに、敬意をはらうことだ。そして、ただひとり真理を知っている大いなる存在者のまえに頭をたれるのだ。

こうした懐疑のうちにわたしは心ならずもとどまっている。しかし、この懐疑はわたしにとってけっしてつらいことではない。それは実践上の本質的な点に及ぶことではないし、わたしは自分のあらゆる義務の原則については十分に決定的な考えをもっているからだ。わたしは素直な心で神につかえている。自分の必要なことのほかにはわたしはなにも知ろうとは思っていない。行動にも道徳にも影響しないのに、多くの人を悩ましている教理についていえば、わたしはそういうことではけっして心を苦しめない。わたしはそれぞれの宗教はすべて有益な制度だと思っている。それらはそれぞれの国においいて、公けの儀式によって神をうやまうある一様な方式を定めているのであり、それらはまたすべて風土や統治形態や国民性、あるいは時と場所に応じてある形式を他の形式よりも望ましいものにするなにかほかの局地的な原因のうちにその根拠をもっているのだ。神にふさわしい形式で神をうやまうなら、それらの宗教はすべてけっこうなものだとわたしは信じている。信仰の根本は心にある。心から神をうやまっているなら、どんな形式で敬意をあらわしても、神はそれをしりぞけはしない。教会にたいして誓った形式に従うことになっているわたしは、そこで自分に命じられた仕事をできるだけ正確にはたしているし、わたしの良心はどんな点においても意識的にそれを怠るようなことをわたしに許さないだろう。長いあいだ職務を停止されていたのちに、わたしは、あなたも知っているように、メラレード氏*の力ぞえでふたたび職務にたずさわる許しを得て、それを生活の助けにすることになった。わたしは昔はいいかげんなやりかたでミサを唱えていた。どんな重大なことでもあまりしばしばそれをやっていると、しまいにはいいかげんになってくるものだ。あらたな原則をもつようになってからは、わたしはもっとうやうやしい態度でミサを唱えている。わたしの心は、至高の存在者の威厳とその存在を、自分をつくってくれた者に関連することをほとんど理解していない人間の精神の無力を、痛切に感じている。自分はある命じられた形式に従って民衆の願いを神に述べているのだと思っているわたしは、あらゆる儀式を慎重に執り行なっている。注意ぶかく読誦《とくしょう》し、ちょっとしたことばも、ちょっとしたしぐさも、けっしてなおざりにしないように心がけている。聖変化のときが近づくと、わたしは心を静めて、教会と秘跡の重大さがもとめているあらゆる心がまえをもってそれを執り行なうようにしている。わたしは至高の英知のまえに自分の理性を捨てようと努力する。わたしはつぶやく。無限の力をはかろうとするおまえは何者だ、と。わたしは尊敬の念をこめて秘跡のことばを唱え、その功徳をわたしは信じられるかぎりは信じている。その理解しがたい神秘がどういうことであるにしても、わたしは、審判の日に、心のなかでその神秘をけがすようなことをしたために罰せられる心配はないと思っている。

このうえなく低い身分にあるにしても、聖職者の仕事をしているわたしは、その崇高な義務をはたすのにふさわしくないようなことはけっして行ないもしなければ、言いもしないだろう。わたしは人々にむかってたえず徳を説き、よいことをするようにすすめるだろう。そして、できるかぎりは、自分でその手本を示すだろう。宗教を人々にとって好ましいものにするということはわたしの力ではできないことだろう。ほんとうに有益な教理、だれでも信じなければならない教理によって人々の信仰を固めさせるということはわたしの力ではできないことだろう。しかし、人々に不寛容の残酷な教理を説くようなことは、わたしはぜったいにしたくない。隣人を憎ませたり、他人にむかって「おまえたちは地獄に落ちるのだ」と言わせたり*するようなことはしたくない。(三二) わたしがもっと人目にたつ地位にあるとしたら、こういう控え目な態度は問題をまねくことになるかもしれない。しかし、わたしはごく低い身分にあるから、それほど恐れることはないし、いまよりもっと低い身分に落ちることもまずありえない。どんなことになるにしても、わたしは神の正義を冒瀆するようなことはしまい、聖霊にそむいてうそをつくようなこともしまい。

わたしは長いあいだ司祭の地位を望んでいた。いまでもそれを望んでいるが、もう希望はもっていない。よき友よ、わたしには司祭であることよりもすばらしいことはないと思われる。よい為政者は正義につかえる者だが、よい司祭は善につかえる者だ。司祭はけっして悪いことをする必要はない。いつも自分の力でよいことをすることはできないにしても、よいことをすすめていればいつもその仕事をしていることになるし、人々から尊敬されるようになれば、しばしば善をもたらすことができる。ああ、もしもわたしが、故郷の山のなかのどこかで、善良な人々の住む*司祭区の管理を任せられているとしたら！　わたしはどんなに幸福なことだろう。わたしは教区の人たちを幸福にすることだろうと思う。人々を豊かにはしなくても、わたしはかれらと貧しさをともにするだろう。貧困そのものよりも耐えがたい辱しめと軽蔑をなくしてやるだろう。しばしばみじめな境遇を忘れさせ、いつもそれに耐えさせてくれる融和と平等を好ませるだろう。かれらにくらべてわたしがけっしてよい暮らしをしているわけではないこと、しかも満足して暮らしていることがわかれば、かれらもまた自分の運命に甘んじて、わたしと同じように満足して生きていくことを学ぶだろう。人々に教えるときには、わたしは教会の精神よりもむしろ福音書の精神にそって教えることにする。福音書には単純な教理、崇高な倫理が見られ、またそこには、宗教的な行事についてはあまりしるされず、慈悲ぶかい行為について多くのことがしるされている。なにをしなければならないかを人々に教えるまえに、わたしは、いつもそれを実行して、わたしの言っていることはすべてわたしが考えていることだということがよくわかるようにしてやるだろう。わたしの近くの土地やわたしの教区にプロテスタントの人がいるとしても、わたしは、キリスト教的な慈悲に関係があることでは、ほんとうの教区の人たちと区別するようなことはしまい。すべての人を、分けへだてなく愛しあい、たがいに兄弟と考え、あらゆる宗教を尊敬して、みんながそれぞれの宗教を信じて平和に暮らしていくようにしむけるだろう。しだれかをそそのかして生まれたときの宗教を捨てさせるのは、悪事をすすめること、したがって、その人も悪事をすることだとわたしは考えている。もっと大きな光明がもたらされるまでは、公けの秩序をまもることにしよう。どこの国にいても、法律を尊重することにしよう。法律が命じている信仰を混乱させるようなことはしまい。市民に反抗を教えるようなことはしまい。自分の意見を捨てて別の意見に従うことがかれらにとってよいことかどうか確実にはわたしたちにはわからないのだが、法律にそむくのは悪いということは、まったく確実にわかっているのだ。

若い友よ、わたしは神がわたしの心のうちに読みとられるとおりにわたしの信仰告白をあなたにむかって述べてきた。わたしが人にむかってそれを述べたのはあなたが最初だ。たぶん、あなた一人にわたしはそれを述べたことになるだろう。人々のあいだにいくらかでも正しい信仰が残っているかぎり、人々の安らかな心をみだしてはならないし、解決することのできないむずかしい問題、人を不安にするだけで、教えることにはならない問題をもちだして、素朴な人々の信仰をおびやかしてはならない。しかし、ひとたびすべてがぐらついてきたときには、枝葉を犠牲にして幹を助けるべきだ。良心が動揺し、あやふやになり、ほとんど消え去っているとき、あなたの良心がおかれているように見える状態のときには、それを固めさせ、目ざめさせる必要がある。そして、永遠の真理の基礎のうえに良心を再建するために、それがまだよりかかろうとしている、揺れ動く柱を完全にとりのけてしまわなければならない。

あなたはいま移り変わりの時期にある。精神は変わらないものをもとめ、心はその形と性格をあたえられて、よいにせよ、悪いにせよ、これから一生のあいだ変わらないものが決定される時期にある。もうすこしたてば、本質的なものは固まって、新しい刻印もあとを残さないようになる。若者よ、まだやわらかなあなたの心のうちに真理のしるしをうけるのだ。わたしにもっと自信があれば、わたしはあなたにむかって独断的、断定的な調子で話したことだろう。しかしわたしは人間だ。無知な、過ちやすい人間だ。わたしになにができたろう。わたしはあなたに洗いざらい心をうちあけた。確実だと思っていることは確実なこととしてあなたに語った。疑わしいことは疑わしいこととして語った。わたしの意見は意見として語った。わたしの疑う理由と、信じる理由を述べた。これからは、あなたが考えるのだ。あなたは、時間をかけて考えてみる、と言った。そういう慎重な態度は賢明なことだし、わたしはあなたのそういう態度に期待している。まずあなたの良心を、光りをもとめたいと願う状態におくのだ。自分自身にたいしてまじめになるのだ。わたしの考えのなかでなっとくのいったことはとりいれ、そのほかのことは捨て去るがいい。あなたはまだそれほど不徳にそこなわれてはいないから、選択を誤るおそれはない。わたしは、一緒に話し合おう、と言ってあげてもいいのだが、議論すると人はすぐに興奮する。虚栄心や片意地が混じってきて、誠実な心が失われる。

友よ、けっして人と論争してはいけない。論争によっては自分自身もほかの人も教えることはできないのだ。わたしはといえば、わたしは長い年月のあいだ深く考えてみたすえにやっと自分の立場を決定した。そして、その立場をまもっている。わたしの良心は安らかに落ち着いている。わたしの心は満足している。自分の考えをあらためて検討する気になったとしても、わたしは真理にたいするいっそう純粋な愛をもってそれを行なうことにはなるまい。そして、いまではそれほど活発ではなくなっているわたしの精神は、真理を知る力をそれほどもってはいまい。わたしはいつまでもいまのわたしでいるつもりだ。*知らずしらずのうちに瞑想にたいする好みが、閑人《ひまじん》の道楽になって、自分の義務を行なう熱意を冷ましはしないかという心配があるからだ。そして、ふたたび最初の懐疑におちいっても、そこからぬけだす力をみいだせないのではないかという心配があるからだ。わたしの人生は半ば以上すぎさっている。もうわたしには、これからの人生を有効にもちいるために、そして、徳行によってわたしの過ちをぬぐいさるために必要な歳月が残されているだけだ。たとえわたしがまちがっているとしても、それはわたしの意志によるのではない。わたしの心の底を読みとってくれる者は、わたしが好んで盲目になっているのではないことをよく知っている。自分自身の光りではこの盲目の状態からぬけだすことのできないわたしに、残されているただ一つの脱出手段は、正しい生活をすることだ。そして、神は石ころのようなものからさえアブラハムの子孫を生まれさせることができるとするなら、*どんな人間でも、それにふさわしい者になるなら、光りをあたえられるものと期待していいわけだ。

わたしの考察があなたにわたしが考えるように考えさせることになるなら、わたしの考えがあなたの考えになり、わたしたちが同じ信仰告白をすることになるなら、わたしはあなたにこう忠告する。これからはもうあなたの生活を貧困と絶望から生まれる誘惑にさらしておいてはいけない。外国人に翻弄されて恥知らずな生活を送るようなことはもうしてはいけない。そして施しのいやしいパンを食べるのはやめることだ。あなたの国へ帰るのだ。あなたのお父さんたちが信じていた宗教にかえるのだ。まじめに心からその宗教を信じて、二度とそれを捨ててはならない。それはひじょうに単純で、神聖な宗教だ。それは地上に見られるあらゆる宗教のなかでこのうえなく純粋な倫理をふくみ、もっともよく理性にかなった宗教だとわたしは信じている。旅費のことは心配しなくてもいい。なんとか都合がつくだろう。頭をたれて帰っていく恥ずかしさを気にすることもいらない。過ちをしたときには顔を赤らめなければならないが、過ちのつぐないをするときにはその必要はない。あなたはまだなにごとも赦《ゆる》される年齢にある。しかし、罪をおかせば、罰をうけずにはもうすまされない。あなたが自分の良心の声を聞く気になればǃ、その声を聞いて、いろいろとあるつまらない障害は消えてしまうだろう。あなたにもわかることだろうが、わたしたちがおかれているような不確実な状態にあっては、生まれたときの宗教とは別の宗教にはいるのは許しがたい傲慢ということになるし、はいっている宗教をまじめに実践しないのは欺瞞《ぎまん》行為ということになるのだ。まちがった道にはいれば、至高の審判者の法廷で言いわけをする有力な根拠を失うことになる。神は、人がみずからすすんで選んだまちがいよりも、むしろそこで育てられたまちがいを許してくださるのではなかろうか。

わが子よ、神というものが存在することをいつも願っている状態にあなたの心をとどめておくのだ。そうすれば神の存在に疑いをもつようなことはけっしてないだろう。さらにまた、あなたがどんな立場をとることになるにしても、宗教のほんとうの義務は人間のつくった制度とはかかわりがないこと、正しい人の心こそほんとうの神殿であること、どこの国、どんな宗派においても、なにものよりも神を愛し、自分の隣人を自分と同じように愛することが律法の要約であること、道徳的な義務をまぬがれさせるような宗教は存在しないこと、そういう義務のほかにはほんとうにたいせつなことはないこと、内面的な信仰はそういう義務の最初にくること、信仰なしにはほんとうの徳は存在しないこと、こういうことを念頭におくがいい。

自然を説明するという口実のもとに、人々の心に破壊的な教説の種をまく人たち、かれらの反対者の決定的な論調よりも百倍も断定的、独断的な、見せかけの懐疑論を唱える人たちから遠く離れるがいい。そういう人たちは、自分たちだけが聡明で、正しく、誠意があるのだなどと高慢なことを言いながら、その一刀両断的な決定をいやおうなしにわたしたちに押しつけ、かれらが想像で築きあげた理解しがたい体系を万物のほんとうの原理としてわたしたちにあたえようとしている。さらに、人々が尊敬しているいっさいのものをひっくりかえし、ぶちこわし、足下に踏みにじって、悩める者からその不幸の最後のなぐさめになるものをとりあげ、権力者と富める者からその情念のただ一つのブレーキになっているものをとりさる。かれらは人々の心の奥底から罪悪から生まれる苦悶と、美徳から生まれる希望を根こそぎにして、しかも、自分は人類に恩恵をあたえる者だと誇っている。けっして真理は人間にとって有害にはならない、とかれらは言う。かれらと同じようにわたしもそう考えている。そして、わたしの考えでは、それこそかれらの教えていることは真理ではないことの明らかな証拠だ。（三三）

よき若者よ、まじめで、真実であれ。しかし、傲慢な心をもつな。無知でいられるようになるがいい。そうすればあなたは、あなた自身もほかの人もだますようなことはしまい。かりにあなたが、才能を磨いて、人々にむかって語りかける地位に身をおくことになるとしても、かならずいつもあなたの良心に従って語り、人々が喝采するかどうかというようなことに心をわずらわしてはならない。学識を誤ってもちいると不信仰を生みだす。学者というものは一般人の考えかたを軽蔑する。それぞれ独自の考えをもとうとする。盲目的な信心は狂信に導くが、傲慢な哲学は反宗教に導く。こういう極端をさけることだ。真理への道、あるいはあなたの心を素直にして考えるときそう思われる道に、いつも踏みとどまるがいい。虚栄心や弱さのためにそこから遠ざかるようなことがあってはなるまい。哲学者たちのところでは大胆に神をみとめ、不寛容な人々にむかっては大胆に人間愛を説くのだ。おそらくあなたの味方になる者は一人もいまい。しかしあなたは、人々の証言をもとめなくてもすむようにしてくれる証言をあなた自身のうちにもつことになる。人々があなたを愛してくれようと憎もうと、あなたの書いたものを読もうと軽蔑しようと、それはどうでもいいことだ。ほんとうのことを言い、よいことをするのだ。人間にとってたいせつなことはこの地上における自分の義務をはたすことだ。そして、人は自分を忘れているときにこそ、自分のために働いているのだ。わが子よ、個々の利害はわたしたちをだます。正しい人の希望だけがだますようなことをしない。

わたしは、宗教のことで従うべき考えの規則としてではなく、わたしが確立しようと努力した方法から遠ざからないようにするために、生徒とともにこんなふうに考えてみることができるという実例として、右の原稿を書き写した。人間の権威も生まれた国の偏見もいっさいみとめないかぎり、理性の光りだけでは、自然の教育において、わたしたちが自然宗教よりもさらに遠いところへ導かれていくことはありえない。だから、そこにわたしはエミールとともにとどまっているのだ。もし、かれがそれとは別の宗教をもつべきだとするなら、この点においては、わたしはもうかれの案内者になる権利をもたない。それを選ぶのはかれがひとりですべきことだ。

わたしたちは自然と歩調を合わせて仕事をしている。そして、自然が肉体的な人間をつくっているとき、わたしたちは倫理的な人間をつくる努力をしている。けれども、わたしたちの速さは同じではない。体はもう頑丈で強くなっていても、魂はまだ力がなく弱い。そして、人間の技術にどういうことができるにしても、肉体はいつも理性の先をいく。できるかぎりは人間がいつも単一のものであるようにするために、わたしたちはこれまで、一方をひきとめ、他方を促進することにあらゆる心づかいをはらってきた。天性を伸ばしてやることによって、わたしたちは、あらわれはじめたかれの感性をだましてきた。理性を育てることによって、それを規制してきた。知的な対象は感覚的な対象の印象を弱めていた。事物の根源にさかのぼることによって、わたしたちはかれを官能の支配からまぬがれさせた。自然の研究からその創造者の探求へ高められるのはかんたんなことだった。

ここまでくれば、わたしたちは、生徒にたいしてどれほど大きな新しい影響力をあたえられていることだろう。かれの心に語りかけるどれほど多くの新しい手段をもっていることだろう。ここではじめてかれは、善良であることに、人々の見ていないところでも、また、掟《おきて》に強制されなくても、よいことをすることに、ひそかに正しくすることに、たとえ生命を犠牲にしても、自分の義務をはたすことに、心のうちに徳をもつことに、ほんとうの関心をみいだす。それは、みんながいつも自分にたいする愛をそれに優先させる、秩序にたいする愛のためばかりではなく、かれの存在をつくった者にたいする愛、自分にたいする愛そのものと溶けあう愛、のためでもあり、さらに安らかな良心とあの至高の存在者の観照がかれに約束している幸福、この世をりっぱに過ごしたのちにあの世であたえられる永遠の幸福を楽しむためだ。そういうことがなければ、わたしは人々のあいだに不正、偽善、嘘だけを見ることになる。せりあいをすればかならずあらゆるものに勝つ個人的な利害は、すべての人に美徳の仮面で不徳を装うことを教える。ほかの人間はみんなその幸福を犠牲にしてわたしの幸福につくしてもらいたい。いっさいのことがわたし一人の利益になってもらいたい。わたしがひとときの苦痛や飢えをまぬがれるためには、必要とあれば、全人類が苦しみと欠乏のうちに死んでもかまわない。これが論理的に考える不信者のすべての内面の声だ。そうだ、わたしは一生こう言いつづけるだろう。心のなかで、神は存在しない、とつぶやきながら、それとは別のことを語る者は、まちがいなく、嘘つきでなければわからずやなのだ、と。

読者よ、わたしがどんなことをしたところでむだだろう。わたしにはよくわかっている、あなたとわたしは、わたしのエミールを同じ風貌のもとに見ることはけっしてあるまい。あなたはいつでも、あなたの周囲にいる青年と同じような者としてかれの姿を思い浮かべている。いつも軽率で、騒々しく、跳びはね、お祭りごと、楽しみごとをもとめてうろつきまわり、けっして落ち着いてなにかすることができない青年を思い浮かべている。このうえなく生命にわきたっている時期の、血気さかんな、いきいきした青年、興奮しやすく、荒っぽい青年を、わたしが、瞑想家、哲学者、ほんとうの神学者にしているのを見て、あなたは笑うだろう。あなたはこう言うだろう。この夢想家はいつもかれの幻《まぼろし》を追っかけている。かれ一流の生徒をわたしたちに示しながら、それを教育しているだけではない、かれはそれを創作している、それをかれの脳髄からひきだしている。そして、いつも自然に従っているつもりでいながら、たえずそこから遠ざかっていくのだ、と。わたしはといえば、わたしの生徒をあなたがたの生徒とくらべてみても、両者が共通にもっているようなものをほとんどみいださない。まったくちがったふうに育てられているのだから、わたしの生徒がなんらかの点であなたがたの生徒に似ているとしたら、それはほとんど奇跡とも言えるだろう。わたしの生徒は、あなたがたの生徒が青年時代にもつことになる完全な自由のうちに子ども時代を過ごしてきたのだが、青年時代になると、こんどは、あなたがたの生徒が子どものとき服従させられていた規則をまもるようになる。ところで、その規則は、あなたがたの生徒にとってはやっかいなものになる。かれらはそれに嫌悪を覚える。長年にわたる教師の圧制をそこに見るだけで、かれらは、あらゆる種類の軛《くびき》をふるいおとしたとき、はじめて子どもの状態からぬけだしたと思う。(三四)そこで、長いあいだひきとめられていた拘束状態のつぐないをする、鎖をとかれた囚人が手足をのばしたり、動かしたり、折り曲げたりするように。

エミールは、はんたいに、大人になることを、そして、生まれつつある理性の軛に屈することを名誉に思う。もうできあがっているかれの体は、以前のような運動を必要としなくなって、ひとりでに静止するようになり、一方では、なかば発達したかれの精神もまた、遠く、高く飛び立つことをもとめている。このように、理性の時期はあなたがたの生徒にとっては放縦の時期にすぎない。わたしの生徒にとっては、それは理性をはたらかせる時期になる。

あなたがたの生徒とわたしの生徒と、どちらがこの点においていっそうよく自然の秩序にかなっているか知りたいと思うなら、自然の秩序からいくらか遠ざかっている者を見て、そのちがいを考えてみるがいい。つまり、農村の青年たちを観察するがいい。そして、かれらがあなたがたの青年と同じように騒々しいかどうかみるがいい。ル・ボー氏は語っている。「未開人は、子どものころには、いつも活動的で、たえずさまざまな遊びをして体を動かしているのが見られる。しかし、青春期に達すると、たちまちかれらは落ち着いてきて、考えにふけっている。かれらはしんけんな遊び、つまり賭けごと以外の遊びは、ほとんどしなくなる。(三五)」エミールは農村の青年や若い未開人と同じように、完全な自由のうちに育てられているから、かれらと同じように、大きくなると変わってきて、動きまわらなくなるはずだ。ちがう点はただ、遊んだり食べたりするためにだけ行動しないで、かれはその仕事においても、遊びごとにおいても、考えることを学んだということだ。だから、そういう道を通ってこの時期に到達したかれは、わたしがこれから案内する道にたいしてすっかり準備ができている。わたしが示してやる考察の材料はかれの好奇心をかきたてる。それらはもともと美しいものだし、かれにとってはまったく新しいものだし、さらにかれはそれらを理解できる状態にあるのだ。はんたいに、あなたがたのおもしろくもない授業、長ったらしいお説教、いつまでもつづく教理問答に、退屈させられ、やりきれない思いをしているあなたがたの青年は、かれらには陰気なことになっている精神的な仕事を、たえずおっかぶせられる重苦しい教訓を、かれらの楽しみの敵にされている者、かれらの存在をつくった者についての省察を、どうして拒絶せずにいられよう。そういうことのすべてにかれらはただ嫌悪と反感と倦怠を感じているだけだ。拘束がかれらにそういうことをきらわせているのだ。かれらが自分で勝手になにかするようになったとき、その後も拘束をうけいれさせるにはどうすればいいのか。かれらを喜ばせるには新しいものが必要だ。子どもが言われているようなことは、かれらはもうなにも必要としないのだ。わたしの生徒にとってもそれは同じことだ。かれが大人になったら、わたしは大人に語るようにかれに語り、新しいことしかかれに語らない。それらはほかの青年を退屈させることだからこそ、かれは自分の趣味に合うものとしてそれらをみいだすことになる。

こうしてわたしは、理性を助け、自然の歩みをおくらせることによって、かれに二重に時をもうけさせてやる。しかし、わたしはじっさいに自然の歩みをおくらせたのだろうか。そうではない。わたしはただ、想像力がそれをはやめるのをさまたげただけだ。わたしは別の種類の授業で、青年がほかからうける先ばしった授業と均衡をたもたせたのだ。現在の教育法の奔流がかれを押し流そうとするとき、別の教育法で反対の方向にかれをひっぱることは、かれをその場所からひきはなすことではない。そこにひきとめておくことだ。

自然のほんとうの時期がついにやってくる。それはどうしてもやってこなければならない。人間は死ななければならないのだから、自分を繁殖させて、人類が永続し、世界の秩序がたもたれるようにしなければならない。わたしがもう話しておいたしるしによって、移り変わりの時期が予感されるようになったら、そのときはすぐに、かれにたいしてはあなたがたのこれまでのような態度を永久に捨てなければならない。それはまだあなたがたの弟子だが、もうあなたがたの生徒ではない。それはあなたがたの友人だ。それは一個の人間だ。これからはそういうものとしてかれをとりあつかうのだ。

なんということだ。権威がわたしにとってこのうえなく必要なときに、わたしは権威を捨てなければならないのか。青年が自分ではどうしたらいいのかまったくわからないときに、とんでもないところへ行ってしまうときに、かれを放りっぱなしにしなければならないのか。わたしの権利をもちいることがもっともかれにとって必要なときに、それを捨てなければならないのか。あなたがたの権利を！　だれがあなたがたにそれを捨てろと言ってるのか。いまこそはじめて、それはかれにたいする権利になるのだ。これまでのところは、力か技巧をもちいなければ、あなたがたはなにひとつかれにさせることはできなかった。権威、義務の掟はかれの知らないことだった。あなたがたに服従させるにはかれを拘束するか、だますかしなければならなかった。けれども、あなたがたはどれほど多くの新しい鎖でかれの心をとりまいてしまったことか、あなたがたはそれを見ている。理性、友情、感謝の念、さまざまの感情が、無視することのできない調子でかれに語りかけている。不徳はまだそれらの声がかれの耳にはいらないようにはしていない。かれはまだ自然の情念だけを感じている。あらゆる情念のなかでいちばん基本的なもの、自分にたいする愛はかれをあなたがたにゆだねている。さらに習慣がかれをあなたがたの手にゆだねている。一時の興奮があなたがたの手からかれを奪いさるとしても、すぐに後悔の念が連れもどしてくれる。かれをあなたがたに結びつけている感情だけがいつも変わらずにある。ほかのあらゆる感情は過ぎ去り、たがいに消し合う。堕落させるようなことがなければ、かれはいつまでも従順でいるだろう。反抗しはじめたときには、かれはもう悪へ転落しているのだ。

もっとも、あらわれはじめた欲望にまっ正面からぶつかっていって、愚かにも、かれが感じはじめた新しい欲求を罪悪視するようなことをすれば、あなたがたは長くかれに耳をかたむけさせることにならないだろう。それにしても、わたしの方法を捨てるようなことをするなら、わたしはもうあなたがたにたいしてなんの責任ももたない。あなたがたは自然につかえる者であることをいつも念頭におくがいい。けっして自然の敵になってはならない。

しかし、どういう態度で臨んだらいいのか。このばあい、かれの傾向を助けてやるか、それとも押さえるか、かれの暴君になるか、それとも御機嫌とりになるか、といったような二者択一だけが考えられるのだが、それはどちらもひじょうに危険な結果をもたらすことになるから、選択に迷わずにはいられない、ということになるだけだ。

この困難を解決するためにまず考えられる方法は、さっさとかれを結婚させることだ。これは疑いもなくいちばん確実で、そしていちばん自然なやりかただ。といっても、それがいちばんいいやりかた、いちばん有益なやりかたであるかどうかは疑わしい。その理由はすぐに述べるが、若い人を思春期に結婚させる必要があるということはいちおうわたしもみとめる。しかし、この時期は、かれらにとってまだそのときでもないのにやってくる。それをはやめているのはわたしたちなのだ。完全に熟するまでその時期をのばさなければならない。

傾向を許し、その指示に従うだけのことなら、ことはかんたんだ。しかし、自然の権利とわたしたちの社会的な掟とのあいだにはいろいろと矛盾があるので、それを調和させるには、たえずまわり道をしたり、体をかわしたりしなければならない。社会的な人間がまったく人工的な人間になってしまわないようにするためには、多くの技術をもちいなければならないのだ。

まえに述べた理由にもとづいて、わたしがあたえた手段と、ほかにも同じような手段をもちいれば、少なくとも二十歳まで、欲望についての無知な状態と官能の純粋さをもちつづけさせることができる、とわたしは考えている。これはほんとうのことなので、ゲルマン人の国では、この年齢にならないうちに童貞を失った者は名誉をけがした者とされていた。* そして著作家たちは、あの民族の体のたくましいこと、かれらがたくさんの子どもを生むことを、青年時代を通じて純潔をまもっていることによるものとしているが、これは正しい。

この時期はずっと長くのばすことさえできるし、二、三世紀まえまでは、フランスにおいても、それはごくありふれたことだった。よく知られていることから例をあげれば、モンテーニュの父は、強壮な、筋骨たくましい人で、しかも、つつしみぶかい、正直な人だったが、自分は長いあいだイタリア戦役に従軍していたあとで、三十三歳になって童貞のまま結婚した、と断言していたし、この父が六十歳をすぎてもどれほどのたくましさと、快活さをもっていたかは、息子の書物で知ることができる。たしかに、これと反対の意見は人類一般についての知識よりも、むしろわたしたちの風習と偏見にもとづいているのだ。

だからわたしは、わたしたちの周囲にいる青年は問題にしなくてもすむ。そういう青年を例にとることは、かれらと同じようには育てられなかった者については、なんの証明にもならない。この点では、はやめたり、おくらせたりすることのできない決まった期限は、自然にはないものと考え、わたしの心づかいのおかげでエミールは二十歳まで素朴な純真さのうちにとどまっているものと考えても、わたしは自然の法則からはずれることにならないと信じているが、いまやそのしあわせな時期も終わろうとしている。たえず大きくなっていく危険にとりまかれているかれは、わたしがどんなことをしても、機会がくればすぐにわたしの手からのがれようとしているし、そういう機会は遠からず生まれてくるだろう。かれは官能の盲目的な刺激に従うことになる。かれが身を滅ぼすことになるのは確実だといっていい。わたしは人間の習俗については十二分に考えてみたから、その最初のきっかけがその後のかれの生活に及ぼすうちかちがたい影響を思わずにはいられない。わたしがごまかして、なんにも見てないふりをしていれば、かれはわたしの弱みを利用することになる。わたしをだませると思って、かれはわたしを無視し、わたしはかれの破滅に手をかすことになる。かれを連れもどそうとしても、もうおそい。かれはもうわたしの言うことをきかない。かれにとってわたしはやっかいな人間、憎らしい人間、やりきれない人間になる。遠からずかれは、わたしを追っぱらうことになるだろう。そこで、わたしがとるべき道理にかなった態度は一つしかないことになる。それは自分の行動に責任をもたせること、少なくとも、血迷ったことをしないように気をつけてやること、そして、かれをとりまいている危険をはっきり見せてやることだ。これまでのところは、わたしはかれの無知のおかげでかれをひきとめていた。これからは知識によってかれをひきとめなければならない。

この新しい教えはたいせつなことだ。そこで、遠くさかのぼって事情を明らかにしたほうがいい。いわば、いまこそわたしの報告書をかれに見せるときだ。かれの時間とわたしの時間のもちいかたをかれに教えるときだ。かれはどういう者で、わたしはどういう者か、わたしはどういうことをしてきたか、かれはどういうことをしてきたか、わたしたちはおたがいになにを相手からうけているか、かれのあらゆる道徳的な関係、かれが約束したすべてのこと、かれに約束されたすべてのこと、能力の進歩の道程においてかれはどこまで到達しているか、これからどういう道を行かなければならないか、そこにみいだされる困難、その困難を乗り越える方法、どういうことではまだわたしはかれを助けてやれるか、どういうことではこれからはかれひとりが自分を助けることができるか、最後に、かれはいま移り変わりの時期にあること、新しい危険にとりまかれていること、そして、あらわれはじめた欲望の声に耳をかたむけるまえに注意ぶかく自分自身を警戒する気にならせるはずのあらゆる強固な理由、こういうことをはっきりかれに言ってやるときだ。

成人を導いていくには、子どもを導いていくためにしてきたあらゆることと反対のことをしなければならないと考えるがいい。じつに長いあいだ、注意ぶかく隠してきたあの危険な秘密を教えることをためらってはいけない。とにかく、かれはそれを知らなければならないのだから、それを他人からではなく、自分自身でもなく、あなたがただけから学ぶようにすることがたいせつだ。これからは、闘いなしにはすまされないことになったのだから、不意うちをされないように、かれは敵を知らなければならないのだ。そういうことについて、どうして知るようになったのかはわからないが、よく知っているらしい青年は、いまわしいことにならずに知ったためしはない。そういう不謹慎な教育は、そこにまともな目的があるわけはないから、少なくともそれをうける者の想像をけがし、かれらの心を、それをあたえる者の不徳にむけさせることになる。それだけではない。召使いたちはそうして子どもの心にとりいり、その信頼を得て、教師を陰気でうるさい人物と考えさせることになる。だから、かれらの内証ばなしで好んで話題にされることの一つは、教師の悪口を言うことなのだ。生徒がそういうふうになったら、先生は身をひくがいい。かれにはもうなにも有益なことをすることはできない。

だが、子どもはなぜ特別の話し相手を選ぶことになるのか。それはかならず、かれを指導する人々の圧制のためだ。子どもは、かれを指導する人々からかくれる必要にせまられないとしたら、なんのためにそういう人々からかくれるのだろう。かれらについてなにも不平を言うことはないとしたら、どういうわけで不平を言うのだろう。当然、かれらはだれよりも親密な子どもの話し相手なのだ。子どもはいそいそとやってきて自分が考えていることをかれらに話す、その様子を見ると、子どもはかれらに話すまではそのことを半分しか考えていなかったと思っているようだ。あなたがたから説教されたり、叱られたりする心配はないとしたら、子どもはいつもあなたがたになんでも話すだろうし、かれはあなたがたになにも黙ってはいないことが人にはっきりわかっていれば、あなたがたに黙っていなければならないようなことは、だれもかれにうちあけようとはしないだろう、と考えていい。

わたしの方法になによりも期待をもたせること、それは、その効果をできるだけ正確にたどっていけば、わたしの生徒の生活には、かれについてなにかしら快いイメージをあたえてくれないような状況は一つも見られないということだ。熱い血がかれをひきずっていくときにさえ、そして、かれを押しとどめる者に反抗して、身をもがき、わたしの手からのがれようとしているときにさえ、その動揺、興奮のうちに、わたしはいまでも幼いころの単純さをみいだす。肉体と同じように清らかなかれの心は、不徳以上につわることを知らない。叱責や軽蔑がかれを意気地のない人間にしてはいないのだ。卑怯な恐れが自分をいつわることをかれに教えたことはけっしてないのだ。かれは無邪気な心からくるまったく無遠慮な態度を見せる。素朴でなんの気がねもしない。人をだますことがなんの役にたつのかまだ知らない。かれの魂には口あるいは目で言い表わせない動きは一つも起こらない。そして、かれが感じている感情は、かれにはわからないうちに、わたしにはわかっている、ということもよくある。

そんなふうにかれが進んでわたしに胸をひらき、自分が感じていることを喜んでわたしに話しているあいだは、わたしにはなにも心配することはない。危険はまだ近づいてはいないのだ。しかし、かれがもっと臆病になり、ひかえ目になったら、話をしているときに恥ずかしさに当惑している様子が見えはじめたら、もう本能が発達しているのだ、もう悪の観念がそこに結びつくようになっているのだ、もう一刻も猶予はできない。急いで教えてやらなければ、まもなくかれは、わたしがどうしようと、知ってしまうことになる。

わたしの考えを採用しながらも、問題はただ青年を相手にいきあたりばったりの話をすることだ、それで、万事すむのだ、と考える読者は一人にとどまらないだろう。ああ、そんなことで、人間の心を導いていけるものではない。話をする時を準備したうえで話さなければ、話すことにはなんの意味もなくなる。種を蒔くまえに土地を耕さなければならない。徳の種はなかなか芽を出さないものだ。それに根をもたせるには長い準備が必要だ。説教をこのうえなく無益なものにしていることの一つは、見わけもせず、選択もしないで、だれにでもかまわずに説教することだ。さまざまの素質をもち、精神、気分、年齢、性、身分、意見がまったくちがった多数の聴衆に同じ説教が適当だとはどうして考えられよう。すべての人にむかって述べていることがぴったりあてはまるような人はたぶん二人といないだろう。また、わたしたちの感情はすべて、いつまでも変わらないでいることはほとんどないから、同じ話が同じ印象をあたえるような時はそれぞれの人の生涯にたぶん二度とないだろう。燃えあがった官能が悟性を失わせ、意志を押さえつけているとき、それは重々しい知恵の教訓に耳をかたむけるときかどうか考えてみるがいい。だから、理性の時期にあってさえ、まず理性を聞きわける状態に青年をおいてからでなければけっしてかれらに道理を説いてはならない。話をしてもむだになるのは、たいていのばあい、弟子が悪いからではなく、むしろ先生が悪いからだ。衒学者《げんがくしゃ》も教師もほぼ同じようなことを述べる。ただ、それを、衒学者はあらゆる機会に述べる。教師はその効果が確実と思われるときにだけ述べる。

夢遊病者は眠っているあいだにさまよいでて、眠りながら断崖の縁《ふち》を歩き、そこでとつぜん目を覚まされるとしたら、断崖の下へ落ちることになるのだが、そんなふうに、わたしのエミールも、無知の眠りのあいだに、みとめることのできない危険のほうへとびだしていく。わたしがいきなり目を覚まさせたとしたら、かれはもうおしまいだ。まずかれを断崖から遠ざけてやることにしよう。そうしておいて、かれの目を覚まさせ、遠くのほうから危険を示してやることにしよう。

読書、孤独、暇、じっとしている柔弱な生活、女性や若い人との交際。こういう道を踏み分けていくのは、かれの年齢にとっては危険なことで、それはたえずかれをあぶないところにおくことになる。わたしは、そういうこととは別の感覚的なことによって、かれの官能をだましてやるのだ。精気に別の流れを示してやることによって、それが取ろうとしていた流れからそれさせるのだ。骨の折れる仕事でかれの体を鍛練させることによって、かれをひきずっていく想像力の活動を押さえるのだ。腕が盛んにはたらいていれば、想像力は休んでいる。体がひどく疲れていれば、心は燃えあがらない。すぐにできて、いちばんやさしい用心は、危険な場所からかれをひきはなすことだ。わたしはまず、かれを都会から連れだし、かれを誘惑する恐れのあるものから遠ざける。しかし、それだけではたりない。かれは、どんな広漠たる土地へ行けば、どんな人気ない隠れ場所へ行けば、心についてまわる姿からのがれられるのか。危険なものを遠ざけるだけではどうにもならない。その思い出も遠ざけなければならない。あらゆるものからかれをひきはなす技術をみつけないなら、かれ自身を忘れさせないなら、もといたところにかれを放っておいてもよかったのだ。

エミールは一つの職業を知っている。しかしその職業も、ここではわたしたちの助けにはならない。かれは畠仕事が好きだし、それをよく知ってもいる。けれども、畠仕事ではわたしたちには十分ではない。かれがよく知っている仕事は機械的なことになっている。それをしていても、なにもしていないのと同じだ。かれはまったく別のことを考えている。頭と腕とは別々にはたらいているのだ。かれには新しい仕事が必要なのだ。その新しさによって興味をそそり、かれをひきつけ、喜ばせ、気持ちを集中させ、体をきたえさせる新しいこと、かれが情熱を感じて、うちこんでやれること、そういうことが必要なのだ。ところで、そういう条件をすべてみたしているように思われるただ一つのこと、それは狩猟だ。狩猟が罪のない楽しみになるときもあるとすれば、人間にふさわしいことになるときもあるとすれば、いまこそそれに助けをもとめなければならない。

エミールはそれに上達するために必要なすべてのものをそなえている。かれは丈夫で、器用で、忍耐づよく、疲れを知らない。かれはきっとこの運動に趣味をもつことになるだろう。それにかれの年齢に見られるあらゆる熱意をそそぐことになるだろう。それによって、とにかくしばらくのあいだは、柔弱な生活から生まれる危険な傾向を失うことになるだろう。狩猟は体と同じように心も頑強にする。それは血を見ることになれさせ、残酷なことになれさせる。ディアナは恋愛の敵とされているが、このたとえはきわめて正しい。* 恋のものうい気分は快い休息のうちにこそ生まれる。はげしい運動はやさしい感情を窒息させてしまうのだ。森のなか、ひなびた場所で、恋人と猟人《かりうど》はまったくちがった印象をうけ、同じ対象をまえにしてもぜんぜんちがった姿を見ている。さわやかな木蔭、木立ち、恋人の快い隠れ家は、猟人にとっては、獲物が草をはむところ、隠れる処、足をとめる林間の空地にすぎない。恋人が草笛の音、鶯の声、小鳥のさえずりだけを聞いているところで、猟人は角笛《つのぶえ》と犬のほえる声を聞いたのかと思う。恋人は森の精や水の精のようなものだけを思い浮かべ、猟人は馬に跨がって猟犬をつれていく者、犬の群れと馬だけを思い浮かべる。こういう二種類の人と一緒に山野を歩きまわってみるがいい。大地はかれらに同じような光景を見せてはいないこと、そして、かれらのもとめている楽しみがそれぞれちがうのと同様に、頭に浮かんでくることもちがうことが、かれらの語ることばのちがいで、すぐにわかってくるだろう。

どんなふうにして、この二つの趣味が結びつけられ、やがてはそのどちらにも時間をさくことができるようになるか、それはわたしにもわかっている。けれども、青年の情熱はそういうふうにわけられない。青年が好む一つのことだけをさせてみるがいい。ほかのことはなにもかもすぐに忘れられてしまうだろう。さまざまな欲望はさまざまな知識から生じる。そして、人が最初に知る楽しみは、長いあいだそれだけがもとめられる楽しみとなる。わたしはエミールの青年時代が野獣を殺すことだけで過ごされることを望んではいないし、そういう血なまぐさい遊びをあらゆる点で正当化するつもりもない。ただ、それがもっと危険な情熱を押さえるのに十分役だって、その危険な情熱についてわたしが語るとき、冷静に耳をかたむけさせることになればいいのだ。話して聞かせてもかれを刺激せずにすむ時をわたしにあたえることになればいいのだ。

人生にはけっして忘れられないようになる時期がある。エミールにとっては、わたしがいま語っている教育の時期がそれだ。この時期はその後のかれの生涯に影響することになる。だから、それが消えないようにかれの記憶にきざみつけてやることにしよう。わたしたちの時代の誤りの一つは、まるで人間が精神だけでできているかのように、あまりにもなまの理性をもちいることだ。想像にうったえる、しるしによる言語を軽視することによって、人はこのうえなく力づよい言語を失ってしまった。ことばがあたえる印象はいつでも弱い。そして、人は耳を通してよりも目を通してのほうがはるかによく心情にうったえることができる。論理にすべてをあたえようとして、わたしたちは教訓をことばだけのものにしてしまった。なにひとつ行動で示さなくなってしまった。理性だけでははたらきかけられない。理性はときにひきとめはしても、めったに刺激をあたえないし、偉大なことをなしとげたことはいちどもない。たえず論理で語るのはけちくさい精神の好んですることだ。たくましい魂にはまったく別の言語がある。そういう言語によってこそ、人々をなっとくさせ、行動させるのだ。

わたしの見るところでは、近代にあっては、人々はもう力と利害のほかには相手にはたらきかける手段をもたない。ところが、古代の人々はなっとくさせることによって、魂を揺り動かすことによってはたらきかけるばあいのほうがはるかに多かった。かれらはしるしによる言語を軽視してはいなかったからだ。約束はすべておごそかな雰囲気のうちにとりかわされて、それをいっそう破棄しがたいものにしていた。権力が確立されるまえには、神々が人類の司法官だった。神々をまえにして、個人は契約を交わし、縁組みをきめ、約束のことばを述べていた。大地の表面はそこに記録が保存される書物だった。そういう記録によって神聖なものとされ、野蛮な人間の目に尊敬すべきものと見えた岩石、樹木、石塚は、あらゆる人のまえにいつもひらかれているその書物のページだった。誓いの井戸、生ける者、見ている者の井戸、マムレの年老いた樫の木、証人の石塚*、こういったものが契約の神聖を語る粗野な、しかし尊い記念物だった。冒瀆的な手であえてそういう記念物を傷つけるような者は一人もいなかったにちがいない。そして、人々の誠意は、こんにち法律のあらゆるむなしい厳しさによって保証されているよりもいっそう確実に、そういう無言の証人の保証によって保証されていた。

　統治するにあたっては、王者の力を示す荘厳な装いが人民を威圧していた。王位のしるし、玉座、王杖《おうじょう》、緋《ひ》の衣、王冠は、人民にとっては神聖なものだった。そういうしるしは、尊敬の念をもって見られ、それを飾って目のまえにあらわれる人間を尊い者と人民に思わせていた。兵士がいなくても、おどかさなくても、その人間が語りさえすれば、人々はそのことばに従っていたのだ。いまではそういうしるしは廃止されているらしいが（三六）、しるしを捨ててかえりみないことからどういうことになるか。国王の威厳はすべての人の心から消えさり、国王は軍隊の力だけでかれの言うことをきかせることになり、臣下の敬意は罰を恐れることだけから生じる、ということになるのだ。国王は王冠を頭に戴こうとはしなくなったし、高官もその地位を示すしるしを身につけようとはしなくなっている。だが、かれらの命令を実行させるには、十万の常備兵がいなければならない。これはかれらにとっていっそうすばらしいことに見えるかもしれないが、そういうものにとりかえたことがやがてはかれらの利益にならなくなるということは容易にわかる。

　古代人が雄弁によってなしとげたことは驚くばかりだ。けれどもその雄弁は、ただ、みごとなことばをうまくならべることにあったのではないし、それは、弁論家が語ることがもっとも少なかったときに、かならずもっとも大きな効果をおさめていたのだ。もっともいきいきと述べられたことは、ことばで表現されたのではなく、しるしによって表現されたのだ。それは述べられはしなかった。そこに示されたのだ。目のまえに見せられることは想像力を揺り動かし、好奇心をかきたて、かれはなにを言おうとしているのか、という期待のうちに精神をとりこにする。さらに、しばしば、そのことだけで、すべてを語ったことになるのだ。けしの頭を切るトラシュブロスとタルクィニウス、気に入りの家来の口に印を押す*アレクサンドロス、ゼノンのまえを歩くディオゲネス、こういうことをした人たちは長い演説をしたばあいよりもいっそうよく語っていたのではないか。どんな長話が同じ考えを同じようにうまく表現できたろう。軍隊をひきいてスキュティアに侵入したダリウスは、スキュティア人の王から、一羽の鳥、一匹の蛙、一匹の二十日鼠、それから五本の矢をうけとる。使者は王の贈り物を渡して、なんにも言わずに帰っていく。* 現代のことなら、その男は気ちがいだと思われたにちがいない。その恐ろしい勧告の意味は理解され、ダリウスはできるだけ大急ぎで自分の国へひきかえすことだけを考えた。そういうしるしのかわりに手紙を渡したとしてみるがいい。それは、威嚇的であればあるほど、いっそう相手をおびえさせることにならないだろう。それは空威張りにすぎず、ダリウスはせせら笑っていたにちがいない。

ローマ人のあいだではしるしによる言語にどれほど注意がはらわれていたことだろう。年齢によって、身分によってちがうさまざまの衣服。成年男子の長い上衣、兵士の短いマント、身分のある青年が着る紫のへりのついた白衣、貴族の子どもが頭に飾る金の玉、元老院議員の服、高官のかける椅子、警士、束桿《そっかん》、斧《おの》、金の冠、草の冠、木の葉の冠、勝利を祝う歓呼の声、凱旋式。ローマ人のあいだではすべてが衣裳、表示、儀式だった。そして、すべてが市民の心に深い印象をあたえていた。国民が、ある場所にではなく、別の場所に集まること、カピトリウムの神殿を見ること、見ないこと、元老院のほうをむいていること、むいていないこと、これこれの日をとくに選んで協議すること、こういうことは国家にとって重要なことだった。告発をうけた者は衣服を変えた。候補者も変えた。戦士たちは手柄話をしないで、かれらがうけた傷を見せた。カエサルが死んだとき、現代の弁論家の一人なら、民衆の心を動かそうとして、弁論術のあらゆる常套句をならべたて、カエサルの傷、血、死骸の悲愴な描写をこころみることだろうが、アントニウスは、雄弁家だったにもかかわらず、そんなことはなにも言わない。かれは死体を運んでこさせる。なんという雄弁！

それにしても、こういう余談は、ほかの多くのことと同じように、知らないうちにわたしの主題から遠いところへわたしをひっぱっていく。それに、わたしはあんまりたびたび脱線しているので、こういうことを長々とつづけて、読者にがまんしてもらうというわけにもいくまい。そこで、本題にかえる。

青年にたいしてはけっしてひからびた理屈を言ってはいけない。道理をわからせたいと思ったら、それに肉体をあたえるがいい。精神のことばを心情からはいらせ、それが理解されるようにするがいい。くりかえして言うが、冷静な議論はわたしたちの意見を決定するかもしれないが、わたしたちの行動を決定しない。わたしたちに信じさせるが、わたしたちを行動させない。どう考えなければならないかを教えるが、なにをしなければならないかを教えない。すべての大人にとってこれは真実だとするなら、まだ感官につつまれていて、想像するかぎりにおいてのみ思考する青年にとっては、なおさらのことだ。

だからわたしは、すでに語ったような準備をしたあとでも、いきなりエミールの部屋へ行って、かれに教えたいと思っていることについて、重苦しい長話をするようなことはしないつもりだ。わたしはまず、かれの想像力を揺り動かそう。わたしがあたえたいと思っている印象にもっとも有利な時、場所、対象を選ぼう。いわば、自然ぜんたいをわたしたちの話の証人に呼ぼう。自然をつくった永遠の存在者に、わたしの話の真実性を保証してもらおう。永遠の存在者をわたしとエミールとの審判者にしよう。わたしたちがいる場所、わたしたちをとりまいている岩、森、山々を、かれの約束とわたしの約束の記念碑に指定しよう。わたしは、わたしの目、ことば、身ぶりのうちに、かれに感じさせたいと思っている感激と熱意をあらわそう。そこで、わたしは語り、かれは耳をかたむけるだろう、わたしは感動し、かれも心を動かされるだろう。自分の義務の神聖なことを深く感じているわたしは、かれの義務をいっそう尊敬すべきものと感じさせるだろう。わたしはイメージとたとえによって道理の力に生命をあたえよう。そっけない格率について長い散漫な話をするようなことはしないで、豊かな感情にみちあふれた話をしよう。道理を説いて聞かせるわたしのことばは重々しく簡潔だが、わたしの心情はいくら語っても語りつくせまい。そのときにこそ、わたしは、かれのためにしてきたことをなにもかもかれに教えながら、それをわたし自身のためにしてきたのだと教えるつもりだが、かれはわたしのやさしい愛情のうちに、わたしのあらゆる心づかいの理由をみるだろう。わたしは、急に調子を変えることによって、どんなに大きな驚きを、どんなに激しい動揺を、かれに感じさせることだろう。いつでもかれの利害について語ることによってかれの心を偏狭にするようなことはしないで、わたしはこれからはわたしの利害についてだけ語るだろうが、しかもいっそう深くかれの心を動かすことになるだろう。友情、気高い心、感謝の念のあらゆる感情でわたしはかれの若い心を燃えたたせるだろう。そういう感情はすべてわたしが生まれさせたのだし、それを育てていくことはじつに快いことだ。わたしは感動の涙を流しながら、かれをわたしの胸にだきしめよう。そしてこう言おう。きみはわたしの財産、わたしの子、わたしの作品だ、わたしはきみの幸福からわたしの幸福を期待しているのだ、きみがわたしの希望を裏切るなら、きみはわたしから二十年間の生活を盗み、わたしの老年の不幸をもたらすのだ、と。こんなふうにして青年に言い聴かせ、言われたことの思い出をかれの心の底にきざみつけるのだ。

これまでわたしは、むずかしいことでは、教師は弟子にどんなふうに教えるべきかということについて実例を示してきた。このばあいにもそうしようと思ったのだが、何回もこころみたあとで、わたしはそれをあきらめる。フランス語にはあまりにも気取りが多くて、ある種の事柄においては、はじめてそれを教えるときの素朴な調子を書物のなかで表現することはとてもできないとわかったからだ。

フランス語はもっとも清潔な国語だといわれている。わたしははんたいに、もっともみだらな言語だと信じている。言語の清潔さは、下品な言いまわしを注意してさけることではなく、そういう言いまわしをもたないことにある、と思われるからだ。じっさい、それをさけるためには、それを考えなければならないのだ。それに、フランス語くらい、あらゆる意味で純粋に語ることのむずかしい言語はないのだ。著者はみだらな意味を遠ざけようとしても、いつも敏感にそれを感じとる読者は、あらゆることに眉をひそめ、憤慨する。けがれた耳で聞かれることがどうしてそのけがれに染まらずにいられよう。はんたいに、風儀正しい国民はすべての事物にたいして的確なことばをもっている。そして、それらのことばはいつでも品のいいことばなのだ。それはいつでも品よくもちいられているからだ。聖書のことばくらい慎しみぶかいことばを思い浮かべることは不可能だ。そこではすべてのことが素朴に述べられているからにほかならない。同じことを慎しみのないことにするには、それをフランス語に翻訳するだけでいい。わたしがエミールに話さなければならないことは、なにもかもかれの耳に品よく清潔に聞こえることだろう。けれども、読んでそう感じるためには、エミールと同じようにけがれのない心をもっていなければなるまい。

ことばのほんとうの清らかさと、悪い習慣によるいつわりの繊細さとについての考察は、いま問題になっていることがわたしたちを導いていく道徳の話のなかで有益な部分を占めることになるとも考えられよう。品のいいことばづかいを学びながら、かれはまた礼節にかなったことばづかいも学ばなければならないのだが、なぜこの二種類のことばづかいはまったくちがったものなのか、かれはどうしてもそれを知る必要があるからだ。それはとにかくとして、わたしはこう言おう。まだその時が来ないうちから、人が青年にやたらに言い聞かせるむなしい教訓、その時期になれば青年がばかにするようなむなしい教訓をあたえないで、こちらの言うことを理解する時を待つ、その時を準備する。その時が来たら、自然の法則をありのままに説明してやる。その法則にそむくことがそむいた者にもたらす肉体的、精神的苦しみによってその制裁規定を教えてやる。あの理解しがたい生殖の神秘について語りながら、自然をつくった者がその行為にあたえている魅力の観念に、それを甘美なものにしている排他的な愛着の観念、それをとりまいている、そしてその目的をはたすことによってその魅力を倍加させている貞潔の義務の観念を結びつける。結婚を、たんにもっとも快い交わりとして描いてみせるだけではなく、あらゆる契約のなかでもっとも破棄しがたいもの、もっとも神聖なものとして描いてみせ、そういう神聖な結合をあらゆる人間にとって尊敬すべきものにしている理由、そしてその清らかさをあえてけがす者は憎しみと呪いを浴びることになる理由をすべて力づよいことばで話して聞かせる。放蕩《ほうとう》の恐ろしさの、その獣じみた愚かしさの、最初のふしだらな行為からあらゆるふしだらな行為へ導いていき、そういうことに身をゆだねる者をやがては破滅へとひっぱっていく目だたない坂道の、心を打ついつわりのない画面を見せてやる。さらにまた、健康、力、勇気、美徳、愛そのもの、そして人間のほんとうの宝はすべて、純潔への好みにかかっていることをはっきりと教えてやる。こういうふうにするなら、その純潔を願わしいもの、貴重なものとかれに考えさせ、それをたもつために示される方法にかれの精神を従順にすることになる、とわたしは言おう。純潔を失わないかぎり人はそれを尊重しているのであって、それを失ったあとではじめて軽蔑することになるのだ。

悪への傾向は矯正することができないものだというのは、それに屈服する習慣をもつまえにもそれは克服することができないものだというのは、正しいことではない。恋に夢中になった幾人もの男は、自分の命とひきかえに、喜んでクレオパトラの一夜を買った、とアウレリウス・ウィクトルは言っているが＊、情熱に酔いしれた者にはそういう犠牲も不可能でない。しかし、このうえなく狂おしい恋を感じて、とても官能を支配することができない男が、処刑台を見て、十五分後にはそこで責苦のうちに死ぬことになるのを確実に知っているものと考えよう。その男は、たちまちのうちに誘惑にうちかつことができるようになるばかりでなく、誘惑に抵抗するのにもほとんど骨が折れなくなるにちがいない。誘惑にともなう恐ろしいイメージがすぐにそれを忘れさせるにちがいないのだ。それに、いつも相手にされないので、誘惑もやってくる気がしなくなるだろう。わたしたちのあらゆる弱さのもとになるのは、ただわたしたちの意志の力がたりないことだ。だから、強く望んでいることをするときには人はいつも強い。「強い意志には困難はない。」ああ、もし、生を愛しているのと同じくらい不徳を憎んでいるなら、わたしたちは、いくらおいしいごちそうでも恐ろしい毒には手を出さないように、どんなに快いことでも罪をおかすのは、容易にやめるにちがいない。

この点について青年にあたえる教訓がすべてなんの効果ももたらさないとしても、それは、かれの年齢にあってはそういう教訓にはなんの理由もないからだということ、また、道理に好ましい姿をあたえることがあらゆる年齢の人々にとって必要だということを、どうして人は知らないのか。必要なときには重々しい調子で話すがいい。けれども、あなたがたの語ることにはいつもなにか魅力があって、それに耳をかたむけずにはいられないようにするのだ。素っ気ない調子で青年の欲望に逆らってはならない。かれの想像力を押さえつけてはならない、それを導いてやるのだ。そうしないと、それは怪物を生みだす恐れがある。恋について、女性について、快楽について話してやるがいい。かれの若い心をそそる魅力をあなたがたの話のなかにみいださせるがいい。かれのうちあけ話の相手になるためにあらゆることをするがいい。そういう話し相手になってこそ、あなたがたはほんとうにかれの先生になれるのだ。そうなればもう、あなたがたの話がかれを退屈させはしないかと心配することもない。かれはあなたがたが話したいと思っていることよりももっと多くのことを話させようとするだろう。

わたしには疑う余地のないことだが、こういう格率にもとづいてあらゆる必要な用心をすることができたなら、そして、歳月の歩みがわたしのエミールを到達させることになった状態にふさわしいことをかれに語ることができたなら、かれはわたしが連れていきたいと思っているところに自分からやってきて、喜んでわたしの保護に身をゆだね、自分がとりまかれている危険にびっくりして、その年齢にみられるあらゆる熱意をこめてわたしにこう言うだろう。「ああ、わたしの友人、わたしの保護者、わたしの先生、あなたの権威をそのままにしておいてください。あなたはそれを捨てようとしているが、いまこそそれがあなたの手にあることがわたしにとっていちばん必要な時なのです。これまであなたはわたしが弱いためにそれをもっていたのですが、これからはわたしの意志によってあなたはそれをもつことになり、それはわたしにとっていっそう神聖なものになるのです。わたしをとりまいているあらゆる敵から、そしてなによりもわたしが自分のうちにもっている敵、わたしを裏切る敵から、わたしをまもってください。あなたがつくったものを見はっていて、それがいつまでもあなたにふさわしいものであるようにしてください。わたしはあなたの掟に従いたいと思います。いつまでもそうしたいと思います。それはわたしの変わることのない意志です。かりにあなたにそむくようなことをするとしても、それはわたしの意志に反してのことでしょう。どうか、わたしに暴力をふるうわたしの情念にたいしてわたしを保護することによって、わたしを自由にしてください。わたしが情念の奴隷《どれい》にならないようにしてください。そして、わたしが自分の官能にではなく自分の理性に従って、わたし自身の支配者になれるように強制してください。」

あなたがたの生徒をここまで連れてきた(かれがついてこなかったら、あなたがたが悪いのだ)としても、いきなりかれのことばを真《ま》にうけるようなことをしてはならない。あなたがたに支配されることがあまりにもつらく思われるようなことになるとしたら、かれは、あなたがたはだましたのだと非難し、自分にはあなたがたの支配をまぬがれる権利があるのだ、と考えることになる恐れがあるからだ。そういうときこそ、ひかえ目な態度、重々しい態度がふさわしい時なのだ。そして、あなたがたがそういう調子をとるのをかれはそこではじめて見たことになるので、それはなおさらかれに尊敬の念を起こさせるだろう。

　だから、あなたがたはこう言ってやるがいい。「若者よ、あなたは骨の折れることをかるがるしく約束している。そういうことを約束する権利がある人はそれをよく知っていなければなるまい。官能がどんな激しさであなたのような人を、快楽の魅力のかげにかくされた悪の深淵にひきずっていくものか、あなたはそれを知らないのだ。あなたはいやしい魂をもってはいない。わたしはそれをよく知っている。あなたは約束を破るようなことはしないだろう。けれども、あなたは、約束したことをどれほど後悔することだろう。あなたをおびやかしている不幸をまぬがれさせるために、あなたを愛している者があなたの心をひきさかなければならなくなるとき、どれほどあなたはかれを憎むことだろう。セイレンの歌に*心を動かされたオデュッセウスが、水夫たちにむかって綱をほどいてくれと叫んだように、快楽の魅力に心を迷わされたあなたは、あなたをしばりつけている絆をたちきろうとするだろう。あなたは不平を言ってわたしを困らせるだろう。わたしがこのうえなくやさしい気持ちであなたのことを心配しているときに、あなたはわたしを暴君だと言って非難するだろう。あなたを幸福にすることだけを考えているのに、わたしはあなたの憎しみを買うことになるだろう。ああ、わたしのエミール、きみにとってわたしが憎らしい人間になるというような苦しみには、わたしはとうてい耐えられまい。それでは、きみの幸福も、あまりにも高くつくことになる。善良な若者よ、わたしに服従する義務を負うことによって、あなたはわたしに、あなたを導き、自分を忘れてすべてをあなたにささげ、あなたの泣き言にも苦情にも耳をかたむけずに、たえずあなたの欲望とわたしの願いに逆らう義務を負わせることになるのだ。あなたにはそれがわからないのだろうか。あなたがうける束縛よりももっと厳しい束縛をあなたはわたしにあたえることになるのだ。わたしたちは二人とも、そういう束縛をうけるまえに、わたしたちの力を考えてみようではないか。時間をかけて考えてみるがいい。わたしにも考える時間をあたえてほしい。そして、ゆっくりと約束する者はいつも忠実に約束をまもるということを知っておくがいい。」

あなたがたもまた知っておくがいい、あなたがたが約束をうけいれることを渋れば渋るほど、約束の実行をいっそう容易にすることになるということを。青年が、自分は重大なことを約束している、そしてあなたがたはさらに重大なことを約束している、ということを感じることがたいせつなのだ。その時がきて、かれがいわば契約に署名したときには、こんどは調子を変えて、あなたがたが予告した厳しい態度とはまるでちがったやさしい態度でかれに臨むがいい。かれにこう言ってやるがいい。「若い友よ、あなたには経験が欠けている。しかしわたしは、あなたには理性が欠けているということにはならないようにしてきた。あなたには、どんなことにせよわたしの行動の動機を知る能力がある。そのためには、あなたが冷静になるのを待ちさえすればいいのだ。いつでもまず服従するのだ。それからわたしの命令の説明をもとめるのだ。わたしの言うことがあなたに理解できるようになれば、わたしはいつでもあなたにその理由を話すことにするし、わたしは、あなたをあなたとわたしの審判者にすることをけっして恐れはしないだろう。あなたは従順になると約束している。そしてわたしは、あなたを人間のなかでいちばん幸福な者にするためにだけその従順さを利用することを約束する。わたしの約束を保証してくれるものとしては、あなたがこれまで楽しんできた境遇がある。あなたと同じ年齢の者で、だれかあなたと同じくらい楽しい生活を送ってきた者がみつかるとしたら、わたしはあなたにもう約束などしない。」

わたしの権威が確立したあとで、わたしがまず心がけることは、その権威をもちいる必要を遠ざけることだろう。わたしはあらゆることをして、わたしにたいするかれの信頼の念をますます深めさせ、かれの心のうちあけ相手、かれの快楽の判定者としてのわたしの地位をますます固めていくだろう。かれの年齢にみられる傾向に逆らうようなことはしないで、わたしはそういう傾向を考慮して、それを支配するだろう。かれの見方に賛成しておいて、それを指導していくだろう。現在を犠牲にして将来の幸福をさがしてやるようなことはしまい。わたしはかれが一度だけ幸福になることを望んではいない。できれば、いつでも幸福でいられるようにしてやりたい。

青年を賢明に導いて、官能の落とし穴からまもってやりたいと思っている人々は、恋愛を嫌悪すべきものと考えさせ、恋は老人のすることだとでも思っているのか、若いころにそういうことを考えるのは罪悪だと言いたいらしい。心情が否定するそういういつわりの教えはすべて、だれもなっとくさせはしない。もっと確実な本能に導かれている青年は、そういう陰鬱な格率に同意するように見せかけながら、心のなかではそれを笑って、そのむなしさを証明する機会をひたすら待っている。そういうことはすべて自然に反することだ。それとは反対の道を進みながら、わたしはもっと確実に同じ目標に到達するだろう。かれがやさしい感情に飢えているのをみとめたとき、わたしはそれに媚びることを恐れはしない。わたしはそれを人生の最高の幸福として描いてみせるだろう。じっさいそのとおりなのだから。それを描いてみせるとき、わたしはかれがそれに身をゆだねることを望んでいる。心の結びつきは官能の喜びにどんな魅力を添えるかを感じさせることによって、わたしはみだらな行ないに嫌悪を感じさせるだろう。そして、かれを恋のとりこにしながら、賢明な人間にしてやるだろう。

青年のあらわれはじめた欲望のうちに理性の教えにたいする邪魔ものだけをみるためには、どんなに狭い了見をもっていなければならないことだろう。はんたいにわたしは、理性の教えにたいして青年を従順にするいつわりのない手段をそこにみている。情念を支配するには情念をもってするよりほかに道はない。情念の力によってこそ情念の圧制と闘わなければならないのだし、いつも自然そのものから自然を規制する適当な道具をひきださなければならないのだ。

エミールはいつまでも一人でいるようにはつくられていない。かれは社会の一員として、その義務をはたさなければならない。人々とともに生きるように生まれついているかれは、人々を知らなければならない。かれは人間一般を知っている。個々の人間を知ることがかれには残されている。かれは世間で人々がしていることを知っている。どんなふうに暮らしているかを見ることだけがかれには残されている。かれはすでにひろい舞台のかげに隠されたあらゆる仕掛けを知っているのだが、いまこそその舞台の外観をかれに見せてやる時だ。かれは、いまでは、まぬけな青年の愚かな感嘆の声をあげてそれをながめるようなことはしないで、正確な精神の見識をもってながめるだろう。もちろん、かれの情念はかれを誤らせることもあるだろう。情念に身をゆだねている者を情念が誤らせなかったことがあるだろうか。しかし、少なくとも、かれは他人の情念にだまされることはあるまい。他人を見るときは賢者の目をもって見て、他人の示す手本にひきずられることも、他人の偏見に心を迷わされることもないだろう。

学問の研究にふさわしい時期があるのと同様に、世間のしきたりを学ぶ者は、一生のあいだそれに従っていても、選択することもなく、反省することもなく、自信はもっていても、自分がしていることを十分に知ることもない。しかし、それを学び、さらにその理由を知る者は、もっと豊かな見識をもって、それゆえにまた、もっと適切な、優美なやりかたでそれに従うことになる。まったくなにも知らない十二歳の子どもをわたしにあたえてみるがいい。十五歳のとき、わたしはその子を、あなたがたがごく幼いときから教えてきた子どもと同じくらいもの知りにして返してさしあげるつもりだ。ちがうところは、あなたがたの生徒の知識は記憶のうちにあるだけだが、わたしの生徒の知識は判断力のうちにあることだろう。同じように、二十歳の青年を世間に出してやるがいい。よく導かれるなら、かれは一年後には、子どものときから世間で育てられていた者よりもいっそう好ましい、いっそう的確に礼儀正しい青年になるだろう。前者は世間のしきたりになっている、年齢、身分、性に応じてのあらゆる礼儀作法の理由を感じとる能力があるので、それを原則に還元し、思いがけないことにであったばあいにそれを拡張することができるのだが、後者は習慣を規則にしているだけなので、習慣にはずれたことにであうとすぐに当惑してしまうからだ。

フランスの若いお嬢さまがたはみんな、結婚することになるまで修道院で教育されている。結婚してから、彼女たちにとってまったく新しい作法を覚えこむのに骨が折れるというようなことが見られるだろうか。パリの女性が、ぎごちない、当惑した様子をしているといって、また、子どものときから社交界に連れていかれなかったためにそのしきたりを知らないといって非難されるようなことがあるのだろうか。そういう偏見は社交界の人たち自身から生まれるのだ。かれらはそのつまらない知識よりも重要なことはなにも知らないので、その知識を得るためにはできるだけはやくはじめるほうがいいと、まちがって考えているのだ。

たしかに、あまりおそくまで待っていてもいけない。青年時代を通じて花やかな社交界から遠くはなれていた者は、その後一生のあいだ、そういうところへ出ると当惑したぎごちない様子をみせ、いつもその場にふさわしくない話をし、重くるしい不器用な態度を示し、たえず社交界に顔を出すようになっても、もうそれを改めることができず、それをなくそうと努力すればさらにおかしなことになるだけだ。あらゆる種類の教育には心得ておかなければならない適当な時期があり、さけなければならない危険がある。

とくにいま述べていることには、危険が寄り集まっている。しかしわたしは、危険からまもってやる用心をしないでわたしの生徒を危険にさらすようなこともしない。

わたしの方法がある一つのことによってすべての目的を達することになるなら、一つの不都合をさけることによってほかの不都合をふせぐことになるなら、それはすぐれた方法であり、わたしは正しい道にあると考えられる。ここでわたしの方法が示唆する対策のうちにそういうことがみられるとわたしは信じている。わたしの弟子にたいして厳しく素っ気なくしようとすれば、わたしはかれの信頼を失い、やがてかれはわたしにかくれてなにかすることになる。かれの気に入るように、なんでもすぐにうけいれたり、目をつぶっていたりしようとするなら、わたしに保護されていることがかれにとってなんの役にたつ。わたしはかれのふしだらな生活を許して、かれの良心の重荷を軽くし、わたしの良心を苦しめることになるだけだ。ただ世間のことを教えるつもりでかれを世間に出してやるとすれば、かれはわたしが教えたいと思っていることよりも多くのことを知るだろう。いつまでも世間から遠ざけておくとすれば、かれはわたしからなにを学んだことになるか。たぶん、あらゆることを。ただし、人間にとって、市民にとって、もっとも必要な技術、仲間と一緒に生活する技術を除いてだ。そういう配慮をしてもあまりにも遠い先の効用を考えていたのでは、かれにとってはなんの効用もないのと同然だ。かれは現在のことしか考えていないのだ。かれに楽しいことをさせてやるだけで満足しているなら、わたしはかれにどんなよいことをしてやることになるのか。かれはだらけてしまってなにも教えられないことになる。

そういうことはみんなだめだ。わたしの対策だけがあらゆる必要をみたしてくれる。わたしは青年にこう言ってやる。きみの心は伴侶《はんりょ》をもとめている。きみにふさわしいひとをさがしにいこう。わたしたちはたぶん、そのひとを容易にはみいだせまい。ほんとうにすぐれたものはいつも稀れにしかないからだ。けれども、あわてることはないし、がっかりすることもない。たしかにそういうひとはいるし、いずれわたしたちはそのひとをみつけることになる。でなければ、とにかく、そのひとにいちばんよく似たひとをみつけることになる、と。こういう楽しい計画をもって、わたしはかれを世間へ導いていく。これ以上なにを言う必要があるのか。わたしはいっさいのことをしているのが、あなたがたにはわからないのか。

わたしは、かれにあたえるつもりでいる愛人の姿を描いてみせるとき、その話に耳をかたむけさせることができるだろうか。かれが愛さなければならないすぐれた性質を快いもの、貴重なものと考えさせることができるだろうか。かれのあらゆる感情がもとめなければならないものをもとめ、さけなければならないものをさけるように、しむけることができるだろうか。それは御想像にまかせよう。相手はだれなのかわからなくても、かれがはじめから恋を感じることにならないとしたら、わたしはこのうえなく不器用な人間であるにちがいない。わたしの描いてみせる対象は想像したものであってもかまわない。それが、かれを誘惑するかもしれないものに嫌悪を感じさせることになればいいのだ。どこへ行っても、目にふれる現実の対象より幻影のほうを好ましく感じさせるような比較を、かれがするようになればいいのだ。それに、ほんものの恋といっても、それはいったいどういうことなのか。それは幻影、うそ、錯覚にすぎないのではないか。人は自分がつくりだすイメージを、それをあてはめる対象よりも、はるかに愛している。愛しているひとを正確に、あるがままに見たとすれば、地上には恋などというものはなくなるだろう。愛を感じなくなったときには、愛していたひとは、以前と同じままでも、もう同じひととは見えないのだ。幻想のヴェールが落ちると、恋は消えうせる。ところで、想像の対象をあたえることによって、わたしはどんな比較でもさせることができるし、現実の対象から生まれる錯覚を容易にふせいでやれる。

だからといってわたしは、この世にありえないような完璧な典型を描いて、青年をだますことを望んでいるのではない。ただわたしは、かれの愛人の欠点を、かれにふさわしいように、かれの気に入るように、かれ自身の欠点を改めさせるのに役だつように、選ぶことにする。わたしはまた、描いてみせる対象の存在をいつわって肯定して、かれにうそをつくことも望んではいない。しかし、描かれたものが気に入れば、やがてかれはその実物がほしくなる。「ほしい」から「あるかもしれない」までの距離は短い。もっとはっきりした線でその想像の対象にもうすこし多くの真実性をあたえるような、なにかしら巧みな描写をすれば、それでいい。わたしはその対象に名前をあたえるようなことまでしたい。わたしは笑いながら、こう言ってやりたい。「あなたの未来の愛人をソフィーと呼ぶことにしよう。ソフィーは幸先《さいさき》のいい名前だ。*あなたの選ぶひとが、こういう名前をもっていなくても、そのひとは、少なくとも、こういう名前をもつのにふさわしいひとだろう。わたしたちは、あらかじめそれに敬意を表してもいいのだ。」そういう細かいことをいろいろ言ったすえ、その存在を肯定することも否定することもしないで、なにか口実をつくって話をそらすとすれば、かれの推測は確信に変わっていく。かれは、自分にあたえられることになっている妻のことを、人は秘密にしているのだと考え、その時期がくれば彼女に会えるのだと考えるようになる。ひとたびそういうことになれば、そして、かれに教えてやらなければならない特徴をよく考えておいたとしたら、あとはなにもむずかしいことはない。かれを世間に出してやっても、ほとんどなんの危険もあるまい。ただ、かれの官能からかれをまもってやるがいい。かれの心は安全なところにある。

しかし、かれに好ましいものと思わせることができた典型を、かれが人格化するにせよ、しないにせよ、その典型は、よくできているなら、現実の対象があるばあいと同じように、それに似ているすべてのものにたいしてかれに愛着を感じさせ、似ていないすべてのものにたいして距離を感じさせるだろう。これは、かれの身がさらされることになる危険からかれの心をまもるために、想像によって官能を押さえるために、とくに、高い授業料を払わせて教育をあたえる女性たち、あらゆる品のよさをなくさせることによってのみ青年に礼節を教える女性たちからかれをひきはなすために、どれほど役にたつことだろう。ソフィーはとてもつつましい。ああいう女性たちがもちかけることを、かれはどんな目でみることになるか。ソフィーはとても単純だ。どうしてかれは、ああいう女性たちの様子が好きになれよう。かれが考えていることと見ていることとのあいだには、あまりにも距離がありすぎる。だから、見ていることはかれにとってはけっして危険にはならない。

子どもの指導について語っている人々はみんな同じ偏見と同じ格率に従っている。かれらはよく観察していないし、なおさらよく考えていないからだ。青年の過ちが起こるのは、欲情のせいでも、官能のせいでもない。それは臆見のせいだ。ここで、学校で教育される少年、修道院で教育される少女を問題にするとしても、かれらにたいしてもそれは正しいことを、わたしは証明してみせるだろう。そういう少年少女が最初に学ぶことは、それだけが実を結ぶことは、不徳の教えなのだ。そしてかれらを堕落させるのは自然ではなく、それは他人が示すお手本なのだ。しかし、学校と修道院の寄宿生は悪い風習に染まらせておくことにしよう。それにはけっきょく対策はないのだろう。わたしは家庭教育についてだけ話をする。地方の父親の家で賢明に育てられた青年を考えていただきたい。そして、パリにやってきたときの、あるいは世間に出たときの、その青年をしらべていただきたい。あなたがたにもわかるように、かれは品のいいことをよいことと考え、理性と同じように健全な意志さえもっている。あなたがたは、かれが不徳を軽蔑し、放蕩を嫌悪していることを知るだろう。娼婦ということばを聞いただけでも、純真な心から生まれる不快な気持ちがかれの目に見られるだろう。たとえそういういまわしい女たちの効用を知ったとしても、その必要を感じたとしても、彼女たちのみじめな住処《すみか》へひとりで足を踏み入れる決心ができるような青年は一人もいない、とわたしは断言する。

それから半年たって、もういちどその青年をしらべていただきたい。あなたがたにはもう、それが同じ青年とは思われないだろう。みだらな話、なまいきな言いぐさ、だらしのない風采はかれを別の人間かと思わせるだろう。ただ、以前の自分の単純さについてのおどけた話、それを思い出させられたときの恥ずかしそうな様子が、同じその青年だということを、そしてかれがそのために顔を赤らめていることを、教えてくれる。ああ、わずかのあいだになんとりっぱに教育されたことよ。そんな大きな、しかもそんな急激な変化は、どこから生じたのか。体が発達したためか。父親の家にいたら、それほど体は発達することにならなかったとでも言うのだろうか。そして、たしかに、父親の家にいたら、そういう調子で話したり、そういう言いぐさをしたりすることにはならなかったのだ。はじめて官能の楽しみを味わっているからだろうか。まったくはんたいだ。そういうことにはじめて身をゆだねたころには、臆病で不安になり、明るいところ、騒々しいところをさけるものだ。はじめて味わう肉体の喜びは、かならず神秘的なもので、恥じらいがそれに風味をそえ、それをかくしている。最初の愛人は恥知らずにはしないで、小心にするものだ。かれにとってまったく新しい状態にすっかり心を奪われている青年は、ひたすらそれを味わおうとし、それを失いはしないかとたえず心配している。陽気に騒いでいるなら、肉体の喜びをもとめているのでも、やさしい感情にとらえられているのでもない。えらそうなことを言っているあいだは、まだ享楽してはいないのだ。

以前とはちがう考えかただけがそういうちがいを生みだしているのだ。かれの心情はまだもとのままだが、かれの意見が変わったのだ。かれの感情は、そうはやくは変わらないが、その意見のためにいずれは変わってくる。そして、そうなったときにはじめて、かれはほんとうに堕落することになる。世間に出たかと思うと、かれはそこで、最初の教育とはまったく反対の第二の教育をうけ、そのおかげで尊敬していたものを軽蔑し、軽蔑していたものを尊敬することを学ぶ。かれは、両親と先生の教えを衒学者のたわごととみなし、かれらが説いて聞かせた義務を、大人になったら軽蔑しなければならない子どもの論理とみなすことを教えられるのだ。行ないを変えなければ自分の名誉にかかわるとかれは考える。欲望も感じないのに女性を誘惑したり、きまり悪さに、きざなまねをしたりするようになる。悪い行ないにたいする好みをまだもたないのに、よい行ないをあざわらい、放蕩者になれないのに放蕩を自慢する。親衛隊のある若い士官は、同僚の騒々しい楽しみごとにうんざりしながらも、かれらにあざけられることを恐れて、それに加わることをこばむことができなかったが、その士官の言ったことをわたしはけっして忘れないだろう。かれはこう言っていたのだ。「わたしはそういうことに自分を訓練しているのです。きらいなたばこも吸う練習をしているようにね。好みは習慣から得られるでしょう。いつまでも子どもでいるわけにはいきませんよ。」

こんなわけで、世間に出た青年は、肉感からではなく、むしろ虚栄心からまもってやらなければならない。青年は自分の傾向よりも他人の傾向に屈服することが多いし、自尊心は恋よりも多くの放蕩者をつくりだすのだ。

そういうことがはっきりしたとして、わたしはたずねよう。その行ない、感情、原則を攻撃してくるあらゆるものにたいして、わたしの生徒以上によく武装されている青年が、この地上ぜんたいにいるのか、滔々《とうとう》たる流れにもっとよく逆らっていける青年がいるのか、と。どんな誘惑にたいしてかれはまもられていないというのか。欲望がかれを異性のほうへひっぱっていくとしても、かれはそこに自分がもとめているものをみいだすことはないし、すでに別のものにとらえられている心はかれをひきとめる。官能がかれを揺さぶり、しめつけるとしても、それを満足させてくれるものをかれはどこにみいだすだろう。姦通と放蕩にたいする嫌悪は、街の女からも、結婚した女性からも、同じようにかれを遠ざける。ところで、青年のふしだらな生活がはじまるのは、かならずこの二種類の女性の一人のせいなのだ。適齢期にある娘は嬌態を見せるかもしれない。けれども、彼女は恥知らずな女ではないだろう。彼女をおとなしい娘だと思ったら妻にするかもしれない若い男の首にいきなりかじりついてくるようなことはしないだろう。それに、彼女にはだれか見張りがついているだろう。エミールのほうも、完全に一人で放っておかれはしまい。二人には、少なくとも、最初の欲望にかならず付き添っている恐れと恥ずかしさという番人がいることになる。かれらはいきなりこのうえなく親密な仲になることはあるまいし、しだいに親密になっていくとしても、そのあいだには邪魔ものがないわけはあるまい。別のやりかたで行動するには、かれはすでに仲間から教えられていなければならない。かれらから、ひかえ目な態度をあざけることを、かれらのまねをしてあつかましい人間になることを、学んでいなければならない。ところが、エミールほど人のまねをしない人間が世界のどこにいるのか。偏見をもたず、他人の偏見を気にすることも知らない者よりもふざけた調子にひきまわされることが少ないどういう人間がいるのか。あざけりわらう連中にたいしてかれを武装させるために、わたしは二十年間努力してきたのだ。かれをそういう連中のなぶりものにするのは、一日でできることではあるまい。こっけいなやつだ、ということは、かれの目から見れば、頭のない連中の理由になるだけだし、臆見を相手にしないということ以上に、人をあざけりに無関心にすることはないのだ。からかいではなく、かれには道理が必要なのだ。そして、かれがそういうふうであるかぎり、ばかげた青年たちがわたしの手からかれをひっさらっていきはしまいかと心配することはない。わたしには良心と真理という味方がある。そこにはどうしても偏見が混じりこんでくるとしても、二十年間の結びつきもまたなにかの手助けにはなる。わたしはくだらない授業でかれを退屈させてきたのだとかれに信じさせるようなことはだれにもできまいし、まっすぐで感じやすい心のなかでは、忠実でいつわりのない友人の声は、二十人の誘惑者の叫び声を消すことくらい十分にできるだろう。そのばあい、問題はただ、かれらはかれをだましていること、かれを大人あつかいにするようなふりをしながら、じつは子どもあつかいにしていることをかれに教えてやることだから、わたしはいつも素朴な態度をとるようにしながらも、まじめにそして明快に、筋の通った話をして、わたしこそかれを大人としてとりあつかっていることがよくわかるようにしてやる。わたしはこういうことを言うつもりだ。「あなたにもよくわかるように、あなたの利害、それはわたしの利害なのだが、それだけがわたしに話をさせている。わたしはほかの利害を考えることはできない。ところが、あの青年たちは、なぜあなたを説き伏せようとしているのか。それはあなたを誘惑しようと思っているからだ。かれらはあなたを愛してはいない。あなたになんの関心ももたない。かれらのもつ動機はただ、自分たちよりもあなたがすぐれているのを知って、心のなかでそれをくやしがっている、ということだ。かれらはあなたを自分たちの低い水準にまでひきおろしたいと思い、ただ自分たちの手であなたをひっぱっていくために、あなたがほかの人間に指導されていることを非難しているのだ。そういう指導者の交代によって、なにか得になることがあるとあなたには考えられるだろうか。かれらの知恵はそんなにすぐれたものなのか。また、かれらの一日の愛着はわたしの愛着よりも強いのか。かれらのあざけりをいくらかでも重く考えるためには、かれらの権威が重く考えられなければなるまい。しかし、かれらの格率をわたしたちの格率よりも高いところにおくような、どんな経験をかれらはもっているのか。かれらはただ、ほかの軽率な連中のまねをしているだけだ。そして、こんどは自分たちが他人からまねしてもらいたいと思っているのだ。かれらの父親たちのもついわゆる偏見を克服しようとして、かれらは仲間の者の偏見にしばられているのだ。そういうことでかれらになんの得があるのかわたしにはわからない。ただ、かれらは、そういうことをして、やさしいまじめな忠告をあたえてくれる父親の愛情からうける利益と、よく知っていることについて判断させる経験からうける利益という二つの大きな利益を確実に失っているということはわかる。父親は子どもだったのだが、子どもは父親であったことはないのだ。

しかし、少なくともかれらはそのばかげた格率をまじめに考えているとあなたは思っているのか。エミールよ、そういうことさえないのだ。かれらはあなたをだますために自分をだましているのだ。かれらは自分自身と一致していない。かれらの心はたえずかれらに反対している。そしてしばしばかれらの口もかれらを反駁している。かれらのある者は誠実なことをなんでも笑いものにしているが、かれの妻も同じように考えているとしたら、絶望するにちがいない。またある者は、正しい行ないにたいするそういう無関心を推し進めて、未来の妻の品行にさえ、あるいは、このうえなくいまわしいことに、すでに娶っている妻の品行にさえ無関心になる。しかし、もっと先へ推し進めて、かれの母親の話をしてみるがいい。そして、かれが不義の子、身持ちのよくない女の息子とされ、ある家族の姓をいつわって名乗り、当然その家を継ぐべき者から父親の遺産を盗みとっていることにされて、うれしがっているかどうかみるがいい。さらに、私生児あつかいにされて平気でいられるかどうかみるがいい。かれらのうちのだれが、自分が他人の娘に背負わせている汚名を、他人が自分の娘にあたえることを望むだろう。かれらは、あなたにあたえようとしているあらゆる原則を、あなたがかれらにたいして実行したとすれば、きっとあなたの生命にさえ危害をくわえようとするだろうし、そうしない者はかれらのなかに一人もいないのだ。そんなふうに、けっきょく、かれらは言行の不一致を暴露していて、かれらのなかの一人として自分の言ってることを信じていないことがわかる。エミールよ、これが道理だ。かれらにも道理があるというなら、それをよく考えて、これとくらべてみるがいい。もしわたしが、かれらと同じように、軽蔑したり、あざわらったりする気になれば、かれらにも、わたしとたぶん同じくらい、あるいはわたし以上に、笑いものにされるすきがあることがわかるだろう。しかし、わたしはまじめな検討を恐れはしない。あざわらう者の勝利は長つづきしない。真実は残り、かれらのばかげた笑いは消え去るのだ。」

どうして二十歳のエミールが従順でありうるのか、あなたがたには考えつかない。わたしたちはどれほどちがった考えかたをしていることだろう。わたしには、どうしてかれが十歳のとき従順でありえたかわからない。その年齢のかれにたいしてわたしはどんな手がかりをもっていたか。その手がかりをつかむためには、わたしには十五年の心づかいが必要だったのだ。あのころは、わたしはかれを教育していたのではない。教育をうける準備をさせていたのだ。いまではかれは十分に教育されているから従順なのだ。友情の声を聞きわけているし、道理に従うことも知っている。なるほど、わたしは、見かけはかれを独立させているが、かれはいまほどわたしにしばられていたことはこれまでなかったのだ。かれは自分から望んでしばられているからだ。かれの意志の支配者になることができなかったあいだは、わたしはかれの体の支配者にすぎなかった。わたしは一歩もかれのそばを離れなかった。いまはときどきかれを一人にさせておく。わたしはいつでもかれを支配しているからだ。かれのそばを離れるとき、わたしはかれを抱擁して、安心しきった態度でこう言ってやる。「エミール、わたしはきみをわたしの友人にあずけていく。きみをかれの誠実な心にゆだねていくのだ。それがきみのことでわたしに責任をもってくれるだろう。」

これまでけっして悪い変化をうけたことがない健全な愛情をそこなうことは、また、理性の最初の光りから直接に導かれた原則を消しさることも、ちょっとのあいだにできることではない。かりにわたしの留守に、なにか変化が起こるとしても、わたしはそう長いあいだ留守にすることはけっしてないだろうし、かれはうまくわたしから隠れることはけっしてできないだろうから、悪いことが起こるまえに、わたしは危険に気づかないでいることはあるまいし、その対策を考える時機をうしなうこともあるまい。人はいっぺんに堕落することはないし、人の目をくらますこともすぐに覚えられるものではない。それに、そういう技術に不器用な人間がいるとしたら、それはエミールだ。かれはこれまでただの一度も、そういう技術をもちいる機会をもたなかったのだ。

わたしは、こういう心づかいと、そのほかにも同じようなことによって、かれは十分に外部のものと卑俗な格率からまもられていると信じているから、かれがパリでもっとも好ましくない人々のなかにいるとしても、一人で部屋のなかか庭園にいて、その年齢のあらゆる不安に悩まされているのを見るよりはましだと思うだろう。どうにもならない、青年におそいかかってくるあらゆる敵のなかでいちばん危険な敵、そして遠ざけることのできないただ一人の敵、それはかれ自身だ。それにしても、この敵は、わたしたちがまちがったことをするからこそ、危険になる。わたしが千回も言ったように、官能がめざめさせられるのはいつも想像によってなのだから。官能の欲求は正確にいえば肉体的な欲求ではない。それはほんとうの欲求だというのは正しくない。みだらな対象がわたしたちの目にふれなかったとしたら、けがらわしい観念がわたしたちの精神のなかにはいりこまなかったとしたら、おそらくこのいつわりの欲求はけっしてわたしたちに感じられなかったにちがいない。そしてわたしたちは、誘惑を感じることもなく、努力する必要もなく、したがってなんの手柄にもならないで、純潔をもちつづけたことだろう。なにかよくわからないひそかな醱酵を、ある状況、ある光景が青年の血のなかに呼び起こすが、青年ははじめて感じたその不安、容易に静めることができない不安、静めてもすぐにまた生まれてくる不安の原因を、自分でつきとめることができない。わたしとしては、こういう重大な危機と、身近なところ、あるいは遠いところにあるその原因について、よく考えてみればみるほどなおさら、人のいないところで、書物をもたず、知識をあたえられず、女性にも会わずに育てられた孤独な人間は、何歳になっていても、童貞のまま死んでいくだろう、と確信させられる。

しかしここでは、そういう種類の未開人は問題にならない。同じような人間のあいだで、そして社会のために、一人の人間を教育するばあいには、いつまでもそういう有益な無知の状態のうちにかれを育てるのは不可能なことだ、さらにいえば、それは適切なことでもない。また、知恵にとっていちばん悪いことはなま半可な物知りになることだ。わたしたちの目にふれた対象の思い出、わたしたちが獲得した観念は、世間から遠くはなれても、わたしたちのあとを追いかけてきて、わたしたちの意に反して、対象そのものよりもいっそう心をそそるイメージで隠れ家をいっぱいにし、人のいないところを、いつもひとりでそこにいる者にとっては有益であるのと同じ程度に、そこに誘惑的なイメージをもちこむ者にとっては有害なところにする。

だから、よく注意して青年を見はっているがいい。かれはあらゆるほかのものからは自分をまもれるかもしれない。しかし、かれをかれ自身からまもってやるのはあなたがたの仕事だ。昼も夜も一人にさせておいてはいけない。少なくともかれと同じ部屋に寝るがいい。ねむくてやりきれなくなるまでは床につかせないように。そして、目が覚めたらすぐに床をはなれさせるように。そういうことではすまされなくなったら、本能を警戒するのだ。本能は単独にはたらいているあいだはよいものだ。人間がつくりだしたものに交渉をもつと、それは疑わしいものになる。本能を失わせてはならないが、それを規制しなければならない。そしてこれはおそらくそれを失わせることよりもいっそうむずかしいことだ。それがあなたがたの生徒に官能をだますことを教え、官能を満足させる機会にかわるものを教えるなら、ひじょうに危険なことになる。ひとたびかれがそういう危険なおぎないを知ることになったら、もうだめだ。その後かれはいつまでも虚弱な体と心をもつことになる。青年が束縛されるもっとも有害な、そういう習慣のみじめな結果を、墓にはいるまでもちつづけることになる。たしかに、まだましだと思われるのは……。燃えあがる欲情の激しさがうちかちがたいものになるとしたら、ああ、わたしのだいじなエミール、わたしはきみをかわいそうだと思う。しかし、わたしはひとときもためらいはしまい。わたしは自然の目的がさまたげられるのを黙って見てはいまい。どうしても一人の暴君がきみを屈服させることになるというなら、わたしの力できみをその束縛から解放できる暴君を選んで、きみを引き渡そう。どんなことになるにしても、わたしはきみを、きみ自身からよりも女性たちからのほうがいっそう容易にひきはなせるだろう。

二十歳になるまでは体は成長し、あらゆる物質を必要とする。そのころは、禁欲は自然の秩序にかなったことで、それをまもらなければ、たいていのばあい、体質をそこなうことになる。二十歳をすぎてからは、禁欲は道徳的な義務になる。それは自分自身を支配することを学び、いつでも自分の欲望を押さえることができるようになるために必要なことだ。しかし、道徳的な義務にはいろいろな変化があり、例外があり、規則がある。人間の弱さが二者択一をさけがたくしているときには、二つの悪のうち小さいほうをとることにしよう。とにかく、悪いくせを身につけるよりは過ちをおかしたほうがましだ。

ここでわたしが話しているのは、もうわたしの生徒のことではなく、あなたがたの生徒のことだということを思い出していただきたい。あなたがたが醱酵するがままに放っておいたかれの情念が、あなたがたを悩ましているのだ。いっそのこと、あっさりかぶとをぬいで、かれの勝利をごまかすようなことをしないほうがいい。ありのままにそれを教えてやれるなら、かれはそれを誇らしく思わないで、むしろ恥ずかしく思い、あなたがたは、かれがまちがった道にあるあいだかれを導いていく権利を手に入れて、少なくとも転落はさけさせることになる。たとえ悪いことでも、弟子がなにかするときにはかならず先生はそれを知っているし、許してもいる、ということにならなければいけない。それに、教師が生徒にだまされて、なにも知らないうちにまちがいが起こるよりは、教師がまちがったことを許可して、過ちをおかすほうがずっとましなのだ。ある種のことには目を閉じているほうがいいと考える者は、やがてはいっさいのことに目を閉じていなければならなくなる。一度でも勝手なまねをさせておくと、またそういうことをするし、それがつづいているうちに、かならずあらゆる秩序の崩壊とあらゆる掟の無視という結果をもたらす。

まえにも非難したことだが、けちくさい精神からはけっして消えうせないもう一つの誤りは、たえず教師の威厳を見せつけて、完璧な人間らしい印象を弟子の心にあたえようとすることだ。こういうやりかたはまちがっている。かれらは、権威を固めようとしてそれをぶちこわしていること、言うことに耳をかたむけさせるには相手の地位に自分をおかなければならないこと、そして、人間の心に語るすべを知るには人間にならなければならないこと、こういうことがどうしてわからないのか。そういう完璧な人間はすべて、相手の心を動かしもしなければ、なっとくさせもしない。自分が感じていない情念を非難するのはまったくやさしいことさ、と相手はいつも心のなかでつぶやいている。あなたがたの生徒の弱点をなおしたいと思ったら、あなたがたの弱点をかれに見せてやるがいい。かれが心のうちに感じている闘いと同じ闘いをあなたがたの心のうちに見させるのだ。あなたにみならって自分にうちかつことを学ばせるのだ。そしてほかの者が言ってるようなことを言わせないことだ。「この御老人たちは、自分たちはもう若くないのがくやしくて、若い者を老人なみにあつかおうとしている。そして、自分たちの欲望はすっかり消えてしまったので、わたしたちの欲望を罪悪と考えさせようとしているのだ。」こんなことを言わせないことだ。

モンテーニュは、あるときランジェーの殿に、ドイツとの商議では、国王のために何回酒に酔ったかとたずねてみた、と語っている。*わたしは、どこかの青年の教育にたずさわっている人に、生徒のために何回悪い所へ足を踏みいれたかとたずねてみたいものだ。何回？　わたしはまちがっている。いちど行ってみて、その放蕩者がまたそういうところへ行く気を永久になくさなかったとしたら、そこから後悔の念と恥ずかしい思いをもちかえらなかったとしたら、あなたがたの胸に熱い涙をそそがなかったとしたら、すぐにかれを見捨てるのだ。かれはまちがいのない怪物なのだ。でなければ、あなたがたはほんとうの意気地なしなのだ。あなたがたはかれのためになんの役にもたたないだろう。しかし、みじめでもあり危険でもあるそういう極端な手段は、わたしたちの教育とはなんの関係もないことだし、その話はやめることにしよう。

生まれのいい青年を世間のいまわしい風俗にさらすまえに、どれほど用心しなければならないことか。それは骨の折れることだが、どうしても必要なことだ。この点の怠慢がすべての青年をだめにしてしまうのだ。若いころのふしだらな生活によってこそ、人間は退化して、こんにち見られるような人間になっていくのだ。悪いことをしているときにさえ、卑劣で意気地のないかれらには、けちくさい魂しか見られない。すりへらされたかれらの体ははやくから腐敗しているからだ。そこには動くために必要な生命力さえほとんど残っていない。かれらの小ざかしい考えは生地《きじ》のない精神を示している。かれらは偉大なこと、高貴なことはなにひとつ感じることができない。かれらには率直なところもたくましいところもない。あらゆる点で唾棄すべき人間、下等な悪人であるかれらは、空威張りで、ずるくて、うそつきだ。花々しい極悪人になるだけの勇気さえない。こういう軽蔑すべき人間を青年時代の放蕩はつくりだす。節制をまもり、身持ちをつつしむことを心得た人間、人々のあいだにあって、かれらの示す手本に感染することからその心、血、行ないをまもることができる人間が、一人でもいるなら、三十歳になったとき、かれはあらゆる虫けらどもをふみつぶし、たちまちかれらの支配者になるにちがいないのだが、いつも自分の支配者でいられるようにするためにはかれは苦しい思いをしなければならなかったのだ。

家柄や財産がエミールのためにほんのすこしのことしかしてくれなかったとしても、かれは、そういう人間になりたいと思えばなれるだろう。けれども、かれはあまりにも人々に軽蔑を感じているので、かれらを服従させる気にはなるまい。ここで、人々のあいだにあるかれの姿をながめることにしよう、世間で高い地位を占めるためにではなく、世間を知り、そこで自分にふさわしい伴侶をみいだすために、世間へ出ていったかれの姿をながめることにしよう。

どんな身分に生まれていたとしても、どんな人々のなかへはいっていったとしても、社交界へのかれのデビューはじみで人目をひかないだろう。かれは社交界で光彩を放つような気のどくな人間であってもらいたくないものだ。ひと目でわかるような美点はかれの美点ではない。そういうものをかれはもってもいないし、もちたいとも思っていない。かれは人々の判断にそれほど価値をみとめていないから、かれらの偏見のまえに自分の美点をひけらかすようなことはしないし、人がかれを知らないうちから、人に評価してもらおうなどと考えてはいない。人々のまえに出るかれの態度は、ひかえ目でも生意気でもなく、自然で率直だ。かれは間《ま》の悪さも、感情をいつわることも知らないし、人々の集まっているところにいるときにも、だれも見ていないところにひとりでいるときと同じだ。だから、かれはがさつで、尊大で、だれにも注意をはらわない、ということになるのだろうか。まったくはんたいだ。ひとりでいるときはほかの人間のことをぜんぜん考慮しないとしても、かれらと一緒にいるときにもぜんぜん考慮しないことになるだろうか。かれは自分よりもかれらを好ましく思っているような態度を示さない。心のなかで自分よりもかれらを好ましく思っていないからだ。けれども、かれらに無関心な態度を見せもしない。とうてい無関心にはなれないからだ。礼儀の公式を知らなくても、かれには人間愛から生まれる心づかいがある。かれは、だれだろうと人が不快な思いをしているのを見ていたくない。お体裁に自分の席を他人に譲ろうとはしないだろうが、他人がみんなから忘れられているのを見て、そんなふうに忘れられていることがその人の心を苦しめていることがわかれば、親切な心から喜んで自分の席を譲るだろう。この青年にとっては、他人がしかたなしに突っ立っているのを見るよりは、自分の意志で自分が突っ立っているほうがずっと楽なのだ。

一般的にいって、エミールは人々を高く評価しないが、かれらにたいして軽蔑の念を示すようなことはしないだろう。かれらを気のどくに思い、同情を感じているからだ。じっさいによいことにたいする好みをかれらにあたえることができないかれは、かれらがそれで満足している臆見にもとづくよいことをそのままにしておく。それをかれらからとりあげたところでなんにもならないで、かれらをまえよりもいっそう不幸にすることになりはしないかと心配しているからだ。だからかれは、人と論争したり、人に逆らったりしない。相手の気に入りそうなことを言ったり、おせじを言ったりすることもない。かれは、だれの考えにも反対しないで、自分の考えを述べる。かれはなによりも自由を愛好しているし、率直に語ることは、自由のもっとも美しい権利の一つなのだから。

かれはあまりしゃべらない。他人に相手になってもらおうなどとはほとんど考えていないからだ。同じ理由で、かれは必要なことしか言わない。必要がなかったとしたら、なにがかれにしゃべらせるのか。エミールはあまりにも多くのことを教えられているからおしゃべりにはけっしてなれない。うるさいおしゃべりは、あとで話すつもりだが、才能をうぬぼれること、それとも、つまらないことに価値をあたえて、愚かにも、他人も自分と同じようにそれを重要視していると考えること、このどちらかから必然的に生まれてくる。ものごとを十分よく知っていて、すべてのものにそのほんとうの価値をあたえることができる人は、けっしてよけいなことは言わない。相手がかれにたいして示す関心とかれの話にたいしてもてる興味を評価することも心得ているからだ。一般的にいって、わずかなことしか知らない人は多くのことを語り、多くのことを知ってる人はわずかなことしか語らない。無知な人間は自分が知ってることをなんでも重要なことだと思い、だれにでもそれを話す、これはわかりきったことだ。ところが、教養のある人は容易にかれの持ち物を公開しない。かれには語るべきことがありすぎるし、自分に言えることのほかにもまだ多くのことが言えることがわかっている。だからかれは口をつぐんでいる。

エミールは、他人のやりかたにぶつかっていくようなことはしないで、なるべく他人と調子をあわせるようにしている。しきたりをよく知ってるように見せかけるためではなく、洗練された人間らしい様子を見せるためでもなく、はんたいに、他人とちがった人間と思われることを恐れているからだ、人目に立つことをさけるためだ。そして、人がかれにかまわないでいるときほど、かれが気楽になれるときはないのだ。

世間に出ても、かれは世間の流儀をまったく知らない。だからといって小心にも臆病にもならない。人目をさけることがあっても、それは困ることがあるからではない。よく見るためには、人から見えないところにいる必要があるのだ。かれは人が自分のことをどう考えているかと思って不安を感じることはほとんどないし、笑いものにされはしないかと心配することはぜんぜんないのだ。だからいつも冷静に落ち着いていて、きまり悪さにどぎまぎするようなことはない。人が見ていようといまいと、自分のすることをできるだけうまくやり、他人をよく観察することにうちこんでいて、臆見の奴隷には見られない余裕のある態度で他人のやりかたを理解する。かれは世間のしきたりをあまり重く見ていないので、いっそうはやくそれをおぼえるのだ、ともいえよう。

とはいえ、かれの落ち着いた態度について思いちがいをしてはいけない。それをあなたがたの愛想のいい青年の態度にくらべようとしてはいけない。かれはしっかりしているが、傲慢ではない。かれの態度は自由だが、尊大ではない。横柄《おうへい》な様子は奴隷だけに見られるもので、不羈独立の人には気どったところはぜんぜんないものだ。心に誇りをもっている人間がそれを態度にあらわすのをわたしはかつて見たことがない。そういう気どりは、そんなことでしか威厳を示せない、いやしいくだらない人間にはるかにふさわしいことだ。ある書物のなかで読んだことだが、一人の外国人があるとき有名なマルセル＊の教室にやってくると、マルセルはその人に、どこの国の人かとたずねた。「わたしはイギリス人です」とその外国人は答えた。「あなたが、イギリス人！」とダンスの先生は言った。「あなたがあの、市民が国政に参与して、主権の一部をなしている島国〔三七〕の方だとは！　いや、そんなことはない。あなたの下をうつむいた顔、臆病なまなざし、しっかりしない歩きかた、それを見ると、わたしには、あるドイツ選帝侯の、なにか肩書をもった奴隷としか思われませんよ。」

この判断はある人の性格と様子との正しい関連についてのすぐれた知識を示しているものかどうかわたしは知らない。わたしはダンスの先生である名誉をもたないが、わたしなら、まったく反対のことを考えたにちがいない。わたしはこう言ったことだろう。「あのイギリス人は宮廷人ではない。宮廷人がうつむいていたり、しっかりしない歩きかたをしたりするということをわたしはかつて聞いたことがない。ダンスの先生のところで臆病になる人は、下院ではたぶん臆病でなくなる人なんだろう。」たしかに、そのマルセル氏は、かれの同国人〔フランス人〕をみんなローマ人と勘ちがいすることになるのだ。

愛する者は愛されたいと思う。エミールは人々を愛している。だからかれは人々の気に入られたいと思っている。女性たちにはなおさら気に入られたいと思っている。かれの年齢、かれの品行、かれの意図、すべてが一致してかれのそういう願いを育てようとしている。わたしは、かれの品行、と言った。それは大いに関係のあることなのだ。品行の正しい人こそほんとうに女性を尊敬している人なのだ。他の人々のように、女性にちやほやする社会の、人をばかにした、なにかわけのわからぬことばづかいは知らないが、そういう人には、もっと真実のこもった、もっとやさしい、そして心からのいんぎんさがある。わたしは若い女性のそばにいて、品行の正しい、自然を支配している一人の男性を、十万人の放蕩者のなかからみつけだすにちがいない。めざめたばかりの肉体をもちながらも、それに抵抗する豊かな理性をそなえているエミールはどんなふうに見えることだろう、それを考えていただきたい。女性たちのそばにいるために、かれは、ときには小心になり、当惑させられることもあるだろうと思う。しかし、たしかに、その当惑は女性たちを不愉快にはしないだろうし、およそ浮気女とは縁の遠い女性たちでさえ、それを楽しみ、いっそうかれを当惑させる技術を知っているばあいも、あんがい、しょっちゅうあることだろう。それにまた、かれのいんぎんな態度は相手の境遇によってかなり形を変えることになるだろう。かれは、既婚の女性にたいしてはいっそうつつましく、うやうやしくふるまい、これから結婚する女性にたいしては、いっそういきいきと、そしてやさしくふるまうだろう。かれは、自分がもとめている対象を見失うことなく、それを思い出させるようなひとには、いつもいちばん大きな関心を示している。

自然の秩序にもとづいている尊敬、さらにまた社会の正しい秩序にもとづいている尊敬のすべてに欠けることがないように、かれ以上に心がけている者はいないだろう。けれども、自然の秩序は社会の秩序よりもいつも重くみられるだろう。だからかれは、自分より年長の個人にたいして自分と同じ年齢の高官にたいするよりもいっそう敬意をはらうだろう。そこで、たいていのばあい、その場にいる人々のなかでもっとも若い人の一人であるかれは、かならず、もっともつつましくしている人の一人だろう。謙遜な人間と思われたいという虚栄心からではなく、自然の感情、そして道理にもとづいた感情からそうするのだ。そこにいる人々をおもしろがらせるために、賢い人たちよりも大きな声でしゃべり、年寄りの話をさえぎる、きざな青年の生意気な処世術を、かれは知らないだろう。ある年とった貴族は、ルイ十四世から、かれの時代と今の時代とどちらがいいと思うかとたずねられて、「陛下、わたくしは若いころには老人を尊敬してまいりましたが、年をとってからは子どもたちを尊敬していかなければなりません」と答えたが、エミールとしては、そういう答えを正しいとはみとめないだろう。

やさしく感じやすい魂をもってはいるが、なにごとも世間の相場で評価しないかれは、他人の気に入られたいとは思っていても、他人から尊敬されたいなどとはほとんど考えないだろう。だからかれは、鄭重である以上に人なつこい人間になるだろう。わざとらしいところもなく、飾りたてることもしないだろう。そして、賞讃を浴びせかけられたときよりもやさしいことを言われたときにいっそう心を動かされることだろう。同じ理由から、かれは態度や身のこなしをいいかげんにすることもあるまい。多少は服装に気をくばることさえあるかもしれない。趣味のいい人間であることを示すためにではなく、自分の姿を快く感じさせるためだ。かれは金の額縁*にたよるようなことはしまいし、富の目じるしがかれの身なりをきたならしくするようなことはけっしてあるまい。

こういうことはすべて、わたしが教訓をならべたてることを必要としない、それはかれの幼いころの教育の結果にすぎない、ということは明らかだ。わたしたちは世間のしきたりをひじょうに神秘めいたもののように思わせられている。そういうしきたりをおぼえる年ごろになっても、自然にはおぼえられないとでも言うのだろうか。また、その基本的な法則をもとめなければならないのは誠実な心のうちにではないとでも言うのだろうか。ほんとうの礼儀とは人々に好意を示すことにある。好意は、それをもっていれば、わけなく示される。好意をもたない者のためにこそ、好意の見せかけを技術にまとめてやらなければならないのだ。

「慣用の礼儀のもっとも有害な結果は、それが模倣する美徳をもたずにすませる術を教えることだ。教育によって人間愛と情けぶかい心をあたえてくれれば、わたしたちは礼儀を知ることになる。あるいは、わたしたちはそういうものを必要としなくなる。

優雅な態度によって示される礼儀を知らなくても、わたしたちは誠実な人間であり市民であることを示す礼儀を知ることになる。わたしたちはうそにたよる必要はなくなる。人に快く思われるために技巧をもちいるようなことはしないで、親切であればそれでいいだろう。他人の弱点にこびるためにうそをつくようなことはしないで、寛大であればそれでいいだろう。

こういうやりかたをすれば、相手はそのために傲慢にもならなければ堕落もしないだろう。ひたすらそれに感謝し、それによっていっそうよい人間になるだろう。」*

ここでデュクロ氏がもとめているような礼儀を生みだすことになる教育があるとすれば、それはこれまでわたしがそのプランを示してきた教育だと思われる。

それにしても、人とまったくちがった格率をもっているエミールは、すべての人と同じような人間にはならないことはたしかだし、けっしてそんな者になってもらいたくもない。しかし、他人とはちがっていても、かれはうるさい人間にもこっけいな人間にもならないだろう。ちがいははっきりしていても、目ざわりにはなるまい。エミールは、そういってよければ、愛すべき異邦人になるだろう。はじめ、人は、「いずれ大人になるだろう」と言って、かれの奇妙な点をゆるすだろう。そのうちに、かれのやりかたに人はすっかりなれてくる。そして、かれがちっとも変わらないのを見て、「かれはああいう人間なんだ」と言って、またそれをゆるすだろう。

かれは好ましい男としてちやほやされることはないが、人はなぜか知らずにかれが好きになる。だれもかれの才能をほめる人はいないが、人は好んでかれを才人たちの審判者にする。かれの精神は明晰で、限られている、かれには正しい感覚と健全な判断があるのだ。新規な観念を追っかけるようなことをけっしてしないかれは、才能を誇るようなことは知らないだろう。わたしはかれにわからせておいたのだ、有益な観念、人間にとってほんとうに役にたつ観念は昔から知られていることを、それだけがいつの時代にも社会のほんとうの絆《きずな》であったことを、卓抜な人々に残されていることは人類にとって有害ないまわしい観念によって人にぬきんでることだけだということを。そんなふうにして人から賞め讃えられることなど、ほとんどかれの心を動かしはしない。自分の生活の幸福はどこにみいだされるか、どんなことで他人の幸福に役だつことができるか、そういうことをかれは知っているのだ。かれの知識の範囲は有益なことの外へ遠くひろがってはいない。かれが行く道は狭く、はっきりと示されている。その道からそれる気になれないかれは、同じ道をたどる人々のなかに混じったままでいる。かれは道に迷うことも輝かしい存在になることも望んではいない。エミールは良識の人だし、それとは別の者になりたいとも思っていない。そういう人間であるかれを侮辱しようとしてもむだだろう。かれはいつまでもそれを名誉に思っているだろう。

人の気に入られたいという望みのために、いまでは他人の意見に完全に無関心ではいられなくなっているとしても、かれは、その意見のなかでも、直接に自分の身に関連のあるものだけをとって、流行や偏見のほかには掟となるものをもたないいいかげんな評価は気にしないだろう。誇りたかい心から、自分のすることをなんでもりっぱにやりとげたい、ほかの者よりもりっぱにやりとげたいとさえ考えるだろう。競走ではいちばん足の速い者、力くらべではいちばん強い者、仕事ではいちばん腕のいい者、器用さを必要とする遊戯ではいちばん器用な者になりたいと思うだろう。けれども、それがどういうことかはっきりしない長所、他人の意見で確認される必要のあること、たとえば、ほかの者より才気に富んでいるとか、うまくしゃべれるとか、いっそう物知りであるとか、そういったことはあまりもとめないだろう。自分の身にまったくかかわりのないこと、

さら考えないだろう。たとえば、他人よりも家柄がいいとか、もっと財産家で、信用があって、尊敬されていると思われているとか、もっと豪奢な生活で人を威圧するとか、そういったことはなお

自分と同じような人間として人々を愛しているかれは、とくに、自分にもっともよく似ている人々を愛するだろう。自分をよい人間と感じているからだ。そしてかれは、その似ている点を道徳的なことがらにおける趣味の一致によって判断し、よい性格を示すあらゆることで人からみとめられるのをひじょうにうれしく思うだろう。かれは、人がみとめてくれるからうれしい、というふうには考えないだろう。わたしがよいことをしたのをみとめてくれるからうれしい、わたしに名誉をあたえてくれる人々は自分たちに名誉をあたえているのだからうれしい、人々がいつもこんなふうに健全にものを考えているなら、かれらの尊敬をうけるのはけっこうなことだ、と考えるだろう。

まえには歴史のなかで人間を情念の面から研究していたのだが、こんどは世間にあって風俗の面から人間を研究しているかれは、しばしば、人間の心を喜ばせたり不快にしたりすることについて考えてみる機会をもつことになる。こうしてかれはいま趣味の原則について哲学しているのだが、これは、この時期を通じてかれにふさわしい研究だ。趣味の定義を遠くもとめていけばいくほど、なおさら道がわからなくなる。趣味とは

もっとも多くの人を喜ばせたり不快にしたりするものを判断する能力にほかならないのだ。それを忘れては、趣味とはなにかわからなくなってしまう。だからといって、よい趣味の人がそうでない人よりもたくさんいることにはならない。多数の人は一つ一つのことについて健全に判断するとしても、すべてのことについて多数の人と同じように判断する人は少ないし、もっとも一般的な趣味の綜合がよい趣味を形づくるとしても、よい趣味の人は少ないのだ。これは、もっともありふれた線の集合が美人をつくるとしても、美しいひとは少ない、ということと同じだ。

ここでは、わたしたちにとって役にたつから好きだとか、害をあたえるからきらいだとかいうことが問題なのではないことを注意しなければならない。趣味ということは、利害のないことか、せいぜい楽しみに利害のあることにたいしてはたらくにすぎないので、わたしたちの必要に関係のあることにたいしてははたらかない。わたしたちの必要に関係のあることを判断するには、趣味は必要ではなく、欲望だけで十分なのだ。こういうことが趣味の純粋な決断を、ひじょうにむずかしいものにしている、また、見たところ、ひじょうに気まぐれなものにしている。趣味を決定する本能のほかにはその決断の理由は別にみあたらないのだ。さらに、道徳的なことにおける趣味の法則と物体的なことにおける趣味の法則とを区別しなければならない。物体的なことにおいては、趣味の原則はまったく説明されえないように思われる。しかし、模倣に関係のあることでは、なにごとにおいても、道徳的なものがはいってくることを注意する必要がある。(三八) 物体的であるように見えながら、じつはそうでない美しさはこうして説明されるのだ。さらにいえば、趣味には局地的な規則があって、これは、さまざまなことにおいて、趣味を、風土、風習、統治形態、制度などによって左右されるものにしている。また、年齢、性、性格に関係のある規則もあるし、こういう意味で、趣味を非難してはならない、といわれているのだ。

趣味はすべての人に自然にそなわっているものだが、人はすべて同じ範囲のものをもっているのではない、それはすべての人に同じ程度に発達するのではない、また、すべての人にとって、それはさまざまな原因で変化しやすいものだ。人がもつことのできる趣味のひろさはうけている感受性によってきまり、その育成と形態は生活してきた環境によってきまる。第一に、多数の人とつきあって多くのことをくらべてみなければならない。第二に、ひまと遊びから生まれるつきあいが必要だ。仕事のうえのつきあいは、楽しみではなく、利害によって規制されるからだ。第三には、不平等があまり大きくなく、臆見の圧制が緩和されていて、虚栄心よりも快楽が支配的なつきあいが必要だ。そうでないばあいには、流行が趣味を失わせてしまい、人を喜ばせるものではなく、きわだたせるものがもとめられることになるからだ。

この最後のばあいには、よい趣味とは多数者の趣味であるということは真実ではなくなる。なぜそうなるのか。目標が変わってくるからだ。そうなると大衆にはかれら自身の判断というものはなくなり、自分たちよりもそのことに明るいと思われる人たちの考えにしたがってのみ判断するようになる。よいことではなく、その人たちがよいとみとめたことをみとめるようになる。いつでも、あらゆる人に自分自身の考えをもたせるようにするがいい。そうすれば、それ自体いちばん感じのいいことがかならず多くの人の賛同をかちえるだろう。

人間は、いくら骨を折っても、模倣によらなければ美しいものをなにひとつつくりだせない。趣味の正しい手本はすべて自然のうちにある。この巨匠から離れると、それだけわたしたちの絵はゆがんだものになる。そうなると、わたしたちは自分の好きなものから手本をひきだすことになり、思いつきと権威によって決まる気まぐれの美は、わたしたちを指導する人たちの気に入るもの以外のなにものでもなくなってしまう。

わたしたちを指導する人たちとは、芸術家、貴族、金持ちのことだが、そういう人たち自身を導いているのはかれらの利益か虚栄心なのだ。虚栄心のつよい人たちは富をみせびらかそうとして、利益をもとめる人たちはその恩恵にあずかろうとして、きそって金をつかい、つかわせる新しい方法をさがしている。そこで大がかりなぜいたくが支配権を確立し、手に入れることの困難な、高価なものを好ませる。そうなると、いわゆる美しいものは、自然を模写するどころではなく、自然に反することによってのみ美しいとされる。こんなわけで、ぜいたくと悪趣味はかならず結びついているのだ。趣味に金がかかるばあいには、それはいつもまちがった趣味なのだ。

とくに男女の交際においては、趣味は、よきにつけ、悪しきにつけ、はっきりした形をとる。趣味の育成はそういうつきあいの目標の必然的な結果の一つなのだ。けれども、欲しいものが容易に手にはいるために、相手の気に入られたいという欲求が弱められると、趣味は退化することになる。そして、これは、なぜよい趣味はよい風俗と結びついているかということの、このうえなく明らかなもう一つの理由になると思われる。

物体的なこと、そして感官の判断に関係のあることでは女性の趣味を、道徳的なこと、そして悟性にいっそう関係のあることでは男性の趣味を、参考にするがいい。女性たちは、本来そうあるべき者であるかぎりは、自分の領分のことだけを心がけていて、かならず正しい判断をくだすだろう。ところが、女性たちは、文学の判定者になりすましてからは、書物について判断をくだしたり、なんとかして書物をかこうとしたりするようになってからは、もうなにひとつわからなくなっている。自分の作品のことで女学者たちの意見をきく作家はいつもきまってよくない忠告をうける。服装のことで彼女たちの意見をきくにやけた男はかならず妙なかっこうをしている。女性のほんとうの才能について、それを育てる方法について、そこでは女性の決定に耳をかたむけなければならないことについて、わたしはやがて語る機会をもつことになる。

わたしのエミールがおかれている状況において、またかれが心がけている探求にとって、けっして無関心ではすまされない問題についてかれと一緒に考えてみるとき、わたしが原則として提示する基本的な考えはそういうことだ。エミールばかりではない、その問題はだれにとっても無関心ではすまされないのではないか。どういうことが人々に快く思われ、不快に思われるかを知るのは、人々の助けをかりなければならない者にとって必要であるばかりでなく、人々の役にたちたいと思っている者にとっても必要なことだ。人々の役にたつためには人々に喜ばれることもだいじなのだ。それに、ものを書く技術も、それをもちいて真実に耳をかたむけさせるばあいには、けっしておろそかにはできない研究の対象になる。

わたしの弟子の趣味を養うために、この趣味の育成がこれからはじめられようとしている国と、すでにそれが衰えているようなほかの国と、どちらかを選ばなければならないとしたら、わたしは逆のコースをとることにしよう。わたしはまず衰えつつある国から出発して、生まれつつある国へ到達する道をとることにしよう。この選択の理由はつぎのようなことだ。趣味は大衆の気がつかないことを敏感に感じさせる極端な繊細さによって頽廃する。そういう繊細さは論議を好む精神に導く。対象は微細に考えれば考えるほどふえていき、そういう微細な考察は人々の感覚をいっそう繊細にし、一様性を失わせるからだ。そこで人によってそれぞれちがう趣味が生まれてくる。どれをとるかということで議論することによって、哲学と知識はひろがっていく。こうして人は考えることを学ぶのだ。細かい事実はひじょうにひろいつきあいをもつ人たちによってのみ観察されるといっていい。それらはほかのあらゆる事実のあとでわかってくることだし、多くの人々のつきあいにあまりなれていない人たちは、大まかなことで注意力をつかいはたしてしまうからだ。現在のところ、地球上にある都市でおそらくパリ以上に趣味の悪いところはあるまい。しかもよい趣味が育てられているのはこの首都においてなのだし、ヨーロッパで高く評価されている書物の著者がパリで教育をうけていないということはあまりないようにみえる。パリで出ている書物を読めば十分だと考えている人たちはまちがっている。著者の書いた本からよりも著者の話を聞くことによってはるかに多くのことが学べるのだし、著者といわれるような人も、その人からいちばん多くのことを学べる人ではないのだ。考える頭脳を発達させるのは、視野を可能なかぎり遠くまでひろげさせるのは、社交界の精神なのだ。あなたがたにすこしでも才能があるなら、パリへ行って一年間くらしてみるがいい。あなたがたはすぐに、あなたがたがなりうるものに完全になれるだろう。そうしなければ、あなたがたはけっしてなにものにもなれまい。

人は悪い趣味が支配しているところで考えることを学ぶことができる。といっても、その悪い趣味をもっている人たちと同じように考えてはならないのだが、そういう人たちとあまり長いあいだつきあっていると、かれらと同じように考えないようにするのはひじょうにむずかしい。かれらの世話になって判断する道具を完全なものにしなければならないが、かれらと同じようなことにそれをもちいることはさけなければならない。わたしは、エミールの判断力をみがきあげているうちに、それをだめにしてしまうようなことはしまい。そこで、かれが十分に鋭敏な感覚をもって、人々のさまざまな趣味を解し、それらをくらべてみることができるようになったら、もっと単純な対象にかれを連れもどして、そこにかれの趣味を定着させよう。

わたしはまた、もっとはやくから心がけて、純粋で健全な趣味をかれにもちつづけさせるつもりだ。気を散らさせるざわついた生活のうちにも、わたしはかれと有益な話をする時間をもつことができるだろう。そして、たえず話をかれの喜ぶようなことにむけながら、それを楽しくもあり教訓的でもあるものにするように心がけるだろう。いまこそ読書と楽しい書物の時期だ。話の内容を分析することを学ばせ、雄弁と言いまわしのあらゆる美しさが感じられるようにしてやる時期だ。語学そのものを学ぶのはつまらないことだ。語学の効用は人が考えているほど大きなものではない。しかし、語学の勉強は一般文法の研究に導く。フランス語をよく知るためにはラテン語を学ばなければならない。話す技術の規則を理解するためにはこの二つの国語を研究し比較しなければならない。

それにまた、心にじかにうったえる素朴な趣味というものがあって、これは古代人の書いたものにだけみいだされる。雄弁において、詩において、あらゆる種類の文学において、古代人は、歴史におけると同じように、事実に豊富で、判断にひかえ目であることをエミールはみいだすだろう。近代の著者は、はんたいに、わずかなことを語って多くのことを断定している。たえずかれらの判断をわたしたちにおしつけるのは、わたしたちの判断力を養う方法にはならない。古代人と近代人の趣味のちがいは、あらゆる遺跡に、墓碑にさえ、感じられる。近代人の墓碑にはやたらに賞讃のことばがしるされている。古代人の墓碑には事実が読まれたのだ。

旅人よ、足をとどめよ、おんみは一人の英雄のうえを歩いているのだ。*

この墓碑銘を古代の遺跡にみいだしたとしても、わたしにはすぐに、これは近代のものだ、とけんとうがついたろう。近代にあっては英雄ほどありふれたものはないが、古代には英雄はめったにいなかったのだ。ある人は英雄であったとは言わずに、古代人は、その人が英雄になるためにしたことを語ったにちがいない。右の英雄の墓碑銘と女々しいサルダナパロスの墓碑銘*とをくらべてみるがいい。

わたしはタルソスとアンキアレスを一日で建設したが、いまでは死んでいる。

どちらが多くのことを語っているか。あなたがたの御意見は？ 誇張した近代の碑銘文は小人《こびと》をふくれあがらせるのに役だつだけだ。古代人は人間をありのままに示したのだし、それは人間であることが人々にわかったのだ。クセノフォンは、一万人の退却のときだまし討ちにあって殺された何人かの戦士の記憶に名誉をささげて、「かれらは戦いにおいても友情においても非難されることなく死んだ」*と語っている。それだけだ。だが、この飾らない短い頌辞を読んで、作者の心がどれほどの感慨にみたされていたかを想ってみるがいい。これをすばらしいと感じない人は、じっさい気のどくなことだ。テルモピレの大理石の碑にはつぎのようなことばがきざまれているのが読まれた。

旅人よ、スパルタへ行って語れ、その神聖な掟に従って
わたしたちがここで死んだことを。*

この文をつくったのは碑銘アカデミー*ではないことははっきりわかる。ことばにほとんど価値をみとめないわたしの生徒が、右のようなちがいにまず注意をむけないとしたら、そして、このちがいがかれの読む書物の選択に影響をあたえないとしたら、わたしは思いちがいをしているのだ。デモステネスの力づよい雄弁にひきつけられて、かれは、「これは雄弁家だ」と言うだろう。しかし、キケロを読むと、「これは代言人だ」と言うだろう。

一般的にいって、エミールは近代人よりも古代人の書物にたいしていっそう多くの好みをもつことになるだろう。先に生まれた者として古代人はいっそう自然に近い、そして、かれらの天才はいっそう自分に固有のものである、ということだけでそうなるのだ。ラ・モットやテラッソン師にどんなことが言えたとしても、人類にはほんとうに理性の

進歩といえるものはない。一方で得になることはすべて他方で損になるからだ、すべての精神はいつも同一の点から出発するからだ、さらに、他人が考えたことを知るために時間をもちいることは、それだけ自分で考えることを学ぶ時間を失うことになるので、いっそう多くの知識を獲得しても、以前のような精神力をもたないことになるからだ。近代人の精神はその腕と同じだ。なにもかも道具をつかってするようにならされていて、自分ではなにひとつしない。古代人と近代人についてのあの論争*は、けっきょく、昔の樹木は今の樹木よりも大きかったかどうかを知ることにある、とフォントネルは言っていた。農耕の方法が変化したとすれば、そういう質問をするのも不当なことにはなるまい。

こんなふうに、純粋な文学の源泉にさかのぼっていかせたのちに、近代の編纂者たちの水槽にある溜まり水のような文学、新聞、翻訳、辞書のたぐいのことも教えてやる。エミールはそういうもののすべてに一瞥《いちべつ》を投じて、あとは忘れて二度とそういうものをかえりみない。わたしは、かれを楽しませるために、いろいろなアカデミーのおしゃべりを聞かせてやる。それらのアカデミーを構成している人たちはみんな、ひとりでいるほうが団体をなしているよりもかならずすぐれていることにわたしは気づかせてやる。そこでかれは、あらゆるそういうすばらしい団体の効用について自分で結論をひきだすことになる。

わたしはかれを劇場へ連れていく。風俗ではなく、趣味を研究するためだ。反省することができる者には、趣味はとくにそこではっきりあらわれることになるからだ。教訓や道徳は忘れるのだ、とわたしはかれに言うだろう、それらを学ばなければならないのは、ここではないのだ、と。芝居は真実を教えるためにつくられているのではない。人々の機嫌をとるために、人々を喜ばせるためにつくられているのだ。人々を喜ばせ人間の心をそそる技術をこんなによく学べる学校はない。演劇の研究は詩の研究に導く。これらはまったく同じことを目的としている。ほんのすこしでも詩に趣味をもっているとしたら、かれは、詩人の言語を、ギリシャ語、ラテン語、イタリア語を、どんなに喜んで学ぶことだろう。これらの研究はかれにとってはなんの拘束も感じられない楽しみごとになり、しかもいっそうためになるばかりだろう。心を動かすようにできているあらゆる種類の美に大きな魅力を感じる年ごろと状態にあるかれにとっては、それらはたまらなく快いものになるだろう。一方にはわたしのエミールが、他方には学院の不良少年が、「アエネイス」の第四巻を、あるいはティブルスを、*またはプラトンの「饗宴」を読んでいるところを想像してみるがいい。なんというちがいだろう。一方は、他方の心になんの感じもあたえないことにさえどんなに感動させられることだろう。ああ、善良な若者よ、やめるがいい、しばらく本をおくがいい、きみはひどく感動させられているようだ。わたしは、愛のことばがきみを喜ばせることは望んでも、それがきみの心を乱すことは望まない。感じやすい人間であれ、しかし、賢明な人間であれ。たんにこの両者のどちらかであるなら、きみはなんの価値もない人間なのだ。それにしても、死んだ言語、文学、詩の勉強がかれによくできたにしてもできなかったにしても、そんなことは大したことではない。そういうことをなにひとつ知らないとしても、そのためにかれのねうちが下がるわけでもないだろうし、かれの教育において問題にされるのは、そんなたわいないことでは全然ないのだ。

　あらゆる種類の美しいものを感じ、愛することを学ばせるにあたって、わたしの主な目的は、そこにかれの愛情と趣味を定着させること、自然の欲求が変質するのを、また、もっと身近なところにみいださなければならない幸福になる手段をいつか富にもとめるようになるのをふせぐことにある。わたしは別の機会に、趣味とは些細なことにおいて自分を知る技術にほかならないと述べたが*、これはまちがいのない真実だ。けれども、人生の楽しさは些細なことから織り成されるものだから、そういうことに心をむけるのはけっしてどうでもいいことではない。そういう心づかいによってこそ、わたしたちは、わたしたちの手の届くところにおかれているよきもの、それらがわたしたちにたいしてもちうるあらゆる真実性においてよきもので生活を充実させることを学ぶのだ。わたしはここで、魂のよい傾向にもとづいている道徳的なよいものではなく、ただ、官能の喜び、偏見や臆見は別にして、現実的な享楽に属することを言っているのだ。

わたしの考えをもっとはっきり説明するために、エミールの純粋で健全な心はここではもうだれにも標準にすることはできないから、しばらくかれのことは忘れて、わたし自身のうちにもっとよくわかる、そして読者の日常にもっと近い例をもとめることを許していただきたい。

本性を変えさせ、そこにある人間を、あるいはもっとよく、あるいはもっと悪く、つくりなおすようにみえる状態がある。ナヴァールの連隊*にはいると臆病者も勇敢になる。団体精神を身につけるのは軍隊においてだけではないし、その精神の効果もよいほうにあらわれるとはかぎらない。わたしは、もし不幸にも、今日、ある国でこんな役目につくとすれば、明日は、ほとんど不可避的に、圧制者、公金横領者、人民を破滅させる者、君主に有害な者、人類ぜんたいの、あらゆる正義の、あらゆる種類の美徳の、公然の敵になるにちがいないと考えて、恐怖にとらえられたことがたびたびある。

同じように、もしわたしが金持ちなら、金持ちになるために必要なことはなんでもしていたにちがいない。だからわたしは、尊大で下劣で、自分のことにだけ敏感で細心な、すべての人にたいして無慈悲で冷酷な人間で、賤民の悲惨な生活をふふんと笑いながらながめているにちがいない。わたしは昔は自分もそういう階級に属していたことを忘れさせるために、いまでは貧しい人たちを賤民としか呼ばないことにしているにちがいないのだ。そしてわたしは、自分の財産を快楽の手段にして、快楽のことだけを念頭においているにちがいない。ここまでは、わたしもほかのすべての人たちと同じことだろう。しかし、こういう点では自分はほかの人たちとひじょうにちがっているだろうと考えられることは、わたしは傲慢でいばりくさった人間になるよりはむしろ官能の喜びをもとめ、快楽にふける人間になるだろうということ、そして、人にみせびらかすぜいたくよりはむしろ遊惰なぜいたくにうちこむにちがいないということだ。わたしは自分の財産をあまりひけらかすのはなにか恥ずかしいという感じさえもつだろうし、そんなことをすれば、わたしのはでな生活に顔をつぶされたやっかみ屋が、「みたまえ、あの悪者は、悪者だとわかってもらえないんじゃないかとひどく心配しているんだぜ」と近所の人に言っているのをたえず見ているような気がするだろう。

大地を覆っている無限に豊かな財宝のなかから、わたしは、わたしにとってなによりも快いもの、そして、もっとも確実に自分のものにすることができるものをもとめよう。そこで、わたしの財産の最初の使いみちは、それで暇と自由を買いとることだ。それに、金で買えるものなら、健康も、とつけくわえたいのだが、健康は節制によってのみ得られるのだし、健康でなければ人生のほんとうの喜びは味わえないのだから、わたしは、官能の喜びに執着するからこそ、節制をまもることになる。

わたしはいつもできるだけ自然の近くにとどまって、自然からうけている感覚を喜ばせることにしよう。自然がいっそう自然のものを楽しませてくれれば、わたしはいっそうほんとうの楽しみを味わえるものと確信しているからだ。模倣の対象を選ぶときには、いつも自然をモデルにしよう。食欲を感じさせるものでは、なによりも自然のものを選ぶことにしよう。味覚についてはいつも自然にきいてみよう。料理ではいつも自然が真心こめて支度してくれたもので、食卓にならべられるまでにできるだけ人の手をかりなくてすむものをもとめよう。ごまかしのまぜものをつくらせるようなことはさせないで、自分で楽しみの用意をすることにしよう。ばかで粗野な食いしん坊であるわたしは、コック長に財産をこしらえさせるようなことはしまい。かれが毒《ポワゾン》を魚《ポワソン》だといって高い値段でわたしに売りつけるようなことにはなるまい。わたしの食卓にはみごとな汚物や遠い国からきた腐った肉がごたごたならべられることはあるまい。わたしは自分でせっせと骨を折って官能を満足させることにしよう。そうすれば、その骨折りもまた一つの楽しみになり、そこから期待される楽しみを大きくすることにもなるのだ。世界のはてにあるごちそうを味わいたいと思ったら、わたしは、それを取り寄せるよりも、むしろ、アピキウス*のように、それをもとめて世界のはてまで行くことにしよう。どんなにおいしいごちそうにも、それと一緒にもってこられない風味、どんな料理人でもあたえることができない風味、つまり、それを産出した地方の空気が、かならず欠けているものだ。

同じ理由でわたしは、自分がいないところでなければいい気分になれないで、いつも季節を矛盾させ、風土と季節とを矛盾させている人たちのまねはしまい。そういう人たちは、冬には夏をもとめ、夏には冬をもとめて、イタリアへ寒い思いをしに行き、北国へ暑い思いをしに行く。季節のきびしさをさけるつもりで、だれもその季節のきびしさからは身をまもることを学んでいない場所でそれをみいだしているということを考えないのだ。わたしは、どこへも行かずにじっとしていよう。あるいは人々とまったく逆のことをしよう。ある季節に感じられるあらゆる快いものをその季節からひきだすことにしたい、ある風土に特有のあらゆるものをその風土からひきだすことにしたい。わたしは、おたがいに似てはいないが、いずれも自然にかなった、さまざまの楽しみと習慣をもつことになる。わたしは夏はナポリへ行って過ごし、冬はペテルスブルグへ行って過ごすことにしよう。あるときはターラントのさわやかな洞窟に半ば身を横たえて快い微風を呼吸し、あるときは光り輝く氷の宮殿で息が切れるまで、くたくたになるまで舞踏を楽しむのだ。

食事をととのえるにも、部屋を飾るにも、わたしは、季節のちがいに応じてごく簡素な飾りをもちい、それぞれの季節からあらゆる甘美なものをひきだすことにして、ついでやってくる季節のものをはやくからもちいるようなことはしたくない。そんなふうに自然の順序をみだすのは、自然が呪いをこめて恨めしげにあたえる不本意な産物、品質もよくないし味わいもないもの、胃袋のたしにもならず、舌を喜ばせもしないものを自然からとりあげるのは、骨が折れることだし、よい趣味でもない。走りの品くらい無味なものはない。パリのある金持ちは、ボイラーや温室をつかって、けっきょくまずい野菜やまずい果物を一年じゅう食卓のうえにならべることに成功しているのだが、それはたいへんな費用をかけなければできないことなのだ。大地が凍りついているときに桜んぼが手にはいったとしても、冬のさなかに琥珀色のメロンがあったとしても、喉をしめらせることも冷やすこともいらないのに、どうして喜んでそれを味わうことができよう。暑い土用に重っ苦しい栗がとてもうまいと感じられるだろうか。ストーヴがいらなくなったときに、そんなに苦労しなくてもわたしのために地上におかれているすぐりの実やいちごや、渇きをいやしてくれる果物よりも、栗がほしいと思うだろうか。まだ一月なのに暖炉の棚に促成の植物、色も香もない花をごたごたならべるのは、冬を飾るよりも、むしろ春の飾りをはぎとることだ。それは、森のなかへでかけていって、最初に咲いたすみれをさがし、最初に吹きでた木の芽をみつけて、喜びに身をふるわせ、「人間たちよ、きみたちは見捨てられてはいないのだ。自然はまだ生きているのだ」と叫ぶ、こういう楽しみを奪われることだ。

申し分なく用をたしてもらうために、わたしはあまり召使いをおかないことにする。これはまえにも言ったことだが、もういちど言っておいたほうがいい。公爵がかれのまわりにいる十人の紳士からうける奉仕よりも、もっと多くの心のこもった奉仕を町人はたった一人の従僕からうけている。わたしはいくたびとなく考えたものだが、食卓でコップが自分のそばにおいてあれば、わたしは飲みたいときすぐに飲める、ところが、大がかりなお膳立てのばあいには、わたしが喉の渇きをいやすことができるまでに、二十人もの人が、「お飲みものを」とくりかえさなければなるまい。なにごとも他人の手をかりてすることは、どんなふうにしてみたところで、うまくいかないものだ。わたしは商人のところへ人を買い物にやらせはしまい、自分で行くことにしよう。召使いたちがわたしより先に商人と取り引きをしないように、自分で行って、いっそうたしかなものを選び、いっそう安く買うことにしよう。自分で行けば、快い運動にもなるし、多少は家の外で起こっていることも見られる。それは気ばらしになるし、ときには教えられることもある。さらにまた、わたしはでかけるためにでかけることもあるが、それもやっぱりけっこうなことだ。倦怠はあまり家にばかりいる生活から起こってくる。たびたび外へでかけることにすれば、退屈することは少ない。門番や従僕はよくない通訳だ。わたしは、そういう者をいつも自分と世間のほかの人たちとのあいだにおくようなことはしたくないし、まるで人に寄ってこられるのを恐れているかのように、いつも馬車に揺られて行くようなこともしたくない。自分の脚をつかっている人の馬車はいつでも用意ができている。馬が疲れたり病気になったりすれば、ほかのだれよりも先に自分でそれがわかる。また、そういう口実のもとに、馭者が愉快に時を過ごしたいと思ったときに、心ならずも家に閉じこもらなければならなくなる心配もない。道でいろんな邪魔ものにであっていらいらすることもないし、飛んでいきたいときにじっと停まっていることもない。とにかく、わたしたち自身よりもよくわたしたちの用をたしてくれる者はけっしていないのだから、たとえ、アレクサンドロス以上に権力があって、クロイソス*以上に富裕だったとしても、自分ではできないことのほかには他人にしてもらうべきではない。

　わたしは宮殿を住居にするようなことはしたくない。そんな宮殿にいても、わたしは一つの部屋にしか住めないのだ。共同でつかう部屋はみんなだれのものでもないし、わたしの召使いの一人一人の部屋は、隣人の部屋とまったく同じように、わたしにとっては他人の部屋なのだ。東洋人はひじょうに快楽を好んでいるにもかかわらず、みんな簡素な部屋に住み、簡素な家具をおいている。かれらは人生を旅とみなし、かれらの家を宿屋と考えている。こういう道理もわたしたちのような金持ちにはそれほど感銘をあたえず、わたしたちはいつまでも生きるつもりで生活の設計をしている。それにしてもわたしは、同じような結果をもたらす別の理由をみいだすだろう。わたしにとっては、一つところにいろいろと設備をして住みつくのは、あらゆるほかの場所から自分を追放するようなもの、いわばわたしの宮殿のなかに監禁されるようなもの、と考えられるだろう。世界は十分に美しい宮殿だ。金持ちは、楽しもうと思えばなんでも意のままになるのではないか。「快適なところは自分の国」これがかれのモットーだ。金でなんでもできるところがかれの住居、金庫をもっていけるところはどこでもかれの国。金を積んだ驟馬《らば》がはいっていけるあらゆる城市をフィリッポス*が押さえたのと同じことだ。それなのになぜ、城壁にかこまれ、門を閉じて、そこからけっして出ていかないことをするのか。伝染病、戦争、反乱のためにある場所から追い出されたら、わたしは別のところへ行くが、わたしはそこで寝る家がわたしより先に到着していることを発見する。世界じゅうどこへ行ってもわたしの泊まる家が建てられているのに、なぜわざわざ自分でそれをつくるようなことをするのか。はやく生きなければならないのに、きょうにもみいだせる楽しみを、なぜ遠い先に準備しようとするのか。たえず自分と矛盾したことをしていたのでは、楽しい境遇に身をおくことはできまい。だからエンペドクレスも、アグリケントゥムの人々が、一日しか生きられないと思っているかのように、やたらに快楽をむさぼりながら、けっして死ぬことはないと思っているかのように、家を建てていることを非難していた*のだ。

それにまた、そこに住ませる人はいくらもいないのに、そこに入れるものはなおさらもたないのに、そんな広い住居がわたしになんの役にたつのか。わたしの味覚は単純だが、わたしの家具も簡素なものだ。わたしは画廊も図書室ももつまい。読書を好んでいるとしたら、絵画がわかるとしたら、なおさらのことだ。そうだとしたら、そういうたぐいのコレクションはけっして完璧なものにはならないし、なにか欠けているものがあることは、なにひとつもたないことよりもいっそうつらい思いをさせるということをわたしは知っているはずだ。そういうことでは、豊富にあることが貧困を感じさせる。それを経験しなかった蒐集家は一人もいないのだ。蒐集についてよく知っている人は蒐集などしないはずだ。自分のために陳列室を利用することを知っている人は、他人に見せる陳列室などもっていることはほとんどない。

勝負ごとは金持ちのする遊びではない。それはなんにもすることがない人間のなぐさみごとだ。ところが、わたしの楽しみはいろいろな仕事をわたしにさせることになるだろうから、そんなくだらないことをして過ごす時間を十分に残しておいてはくれまい。わたしは現在、孤独な貧しい人間なので、勝負ごとは全然しない。もっとも、たまに将棋をすることはあるが、それも余計なことだ。もし金持ちだとしたら、わたしはなおさら勝負ごとはしないだろうし、してもごくささやかな賭けにとどめるだろう。不満な人の顔を見ないように、自分も不満を感じないようにするためだ。勝負ごとにたいする興味は、富裕な人のばあいには動機がないことになるので、頭の悪い人は別として、けっして気ちがいじみたことになるようなことはない。金持ちが勝負ごとでもうけることができる金は、いつでも、損する金よりも大したものとは感じられない。それに、かなりの程度の勝負ごとのしくみは、いずれはもうけを吐きださせてしまうもので、一般的にいって、それはもうけさせるよりも損をさせるほうが多いことになるから、よく考えてみれば、あらゆる危険が自分にふりかかってくる遊びごとがそんなに好きになれるはずはない。運命の恵みを誇って得意になるような人も、もっとずっと刺激的なことにそれをもとめることができるのだし、ささやかな賭けでは大きな賭けにおけるほどそういう恵みが示されないわけでもないのだ。勝負ごとにたいする趣味は、貪欲と退屈の結果で、空虚な精神、空虚な心にだけ根をおろすのだが、わたしはそういう補いを必要としない程度の感情と知識をもっているつもりだ。ものを考える人がひじょうに勝負ごとを好んだというのはめったに見られないことだ。それは考える習慣を停止させるか、発展性のない計画へむけさせる。そこで、学問にたいする好みが生みだしたよいことの一つ、いや、おそらくただ一つのよいことは、この品の悪い道楽をいくらかでもやめさせることだ。人々は勝負ごとに熱中するよりも、その効用の証明をこころみることを好むようになるだろう。わたしはといえば、わたしは勝負ごとを好む人たちのいるところでそれを非難するだろうし、かれらの金を巻き上げることよりも、*かれらが損をするのを見て笑ってやることに、いっそう多くの楽しさを感じるだろう。

私生活においても世間とのつきあいにおいてもわたしは同じだろう。わたしは、わたしの財産がいたるところでくつろいだ気分をもたらし、けっして身分のちがいを感じさせないようにしたい。はでな服装はいろいろな点で不便だ。人々のあいだにあってできるだけ自由にしていられるように、わたしは、どんな階級の人々のなかにいても自分も同じ階級の者に見えるように、どこにいても差別されないように、服装をととのえることにしたい。わざとらしいことをせず、わたし自身を変えなくても、酒場では民衆になり、パレ・ロワイヤル*では上流人士になれるようにしたい。そうすれば、いっそう自由に行動することができて、あらゆる身分の人の楽しみをいつも自分の手の届くところにおくことになる。袖口に刺繍をしただけの人には扉を閉じて、レースをつけている人だけを迎えいれる女性があるということだが、そんならわたしは、ほかのところへ行って一日を過ごすことにしよう。ただ、それが若くて美しい女性なら、たまにはレースをつけて、せめて夜だけは、そういう女性のところで過ごすことになるかもしれない。

わたしの交友関係の絆《きずな》は、おたがいの愛着、趣味の一致、性格の適応ということだけだろう。わたしは人間として人とつきあい、金持ちとしてつきあいはしないだろう。わたしは交遊の魅力が利害の念によって毒されるようなことにはとうてい耐えられまい。富裕な人間になってもわたしにいくらかの人間愛が残されているとしたら、わたしは遠いところまで援助の手をさしのべ、善行をほどこすことだろう。けれども、わたしは、わたしの周囲に仲間をもちたいとは思うが、宮廷をもちたいとは思わないだろう。友人をもちたいとは思うが、庇護してやらなければならない人をもちたいとは思わないだろう。わたしは、わたしの食卓につらなる人たちのパトロンにはなるまい。その人たちをもてなす家の主人《あるじ》になりたい。独立と平等はわたしの交遊にまったく純粋な好意をもちつづけさせることになる。そして、義務とか利害とかいうことはぜんぜん考えられないところでは、楽しみと友情だけが支配することになるのだ。

友人や愛人は金で買えるものではない。金で女を手に入れるのはやさしいことだが、この方法ではどんな女の愛人にもなることはできまい。愛は売り物ではなく、はんたいに、金はかならず愛をなくさせてしまう。金を出す男は、だれよりも愛すべき男だったとしても、金を出すからこそ、長く愛されることにならない。そういう男は、いずれはほかの男のかわりに金を出していることになる。いや、むしろ、そのほかの男が金をもらうことになる。そして、利害によって、淫欲によって結ばれ、愛もなく、貞節もなく、ほんとうの快楽もない、そういう三角関係をつづけている、欲ばりで不実でみじめな女は、金をくれるばか者を彼女があしらうのと同じ態度で、金をうけとるいやしい男からあしらわれるので、けっきょくどちらの男にも負い目を感じない。愛する者に惜しみなくあたえるのは気持ちのいいことだが、それが取り引きになってはだめだ。愛を不純なものにすることなしに、愛人にたいしてそういう気質を満足させる方法を、わたしは一つしか知らない。それは、愛人になにもかもやってしまって、あとは彼女に養ってもらうことだ。問題はただ、そういうやりかたをしても無茶なことにはならない女性が、どこにいるかということだ。

「わたしはライス*を楽しんだが彼女は楽しまなかった」と言った人は気のきかないことを言ったものだ。相互的でない愛の楽しみにはなんの意味もない。それはせいぜい性の享楽にとどまって、相手を自分のものにすることにはならないのだ。ところで、愛に精神的なものがないとしたら、ほかのものをどうしてそんなに重くみることができよう。そんなものをみつけるのはどんなことよりやさしいことだ。そういうことなら、驟馬引きは百万長者よりもいっそう幸福に近づいているのだ。

ああ、無分別な不徳を遠く推し進めていくことになるとしたら、それがほしがっていたものが手にはいるとき、とんだけんとうちがいをしていたことがわかるだろう。純真無垢な者を堕落させ、保護してやらなければならない若いひとを犠牲にして、その第一歩から不可避的に、死にいたるまでぬけだすことのできない悲惨の淵へひきずっていく、ああいう野蛮な貪欲はなんのためか。それは、獣のような本能、むなしい望み、たわけた考え、心の迷い、それ以上のなにものでもない。その快楽そのものさえ自然にもとづく快楽ではない。それは臆見にもとづく快楽、このうえなくいやしい臆見にもとづく快楽だ。それは自分を軽蔑していることに結びついているからだ。自分をこのうえなくみじめな人間と感じている者は、だれだろうとほかの人間と比較されることを恐れ、いちばんいい人間だと考えられて、それほどいやな人間と思われないようにしようとする。そういう架空の珍味にだれよりも飢えているのが、女性の気に入りそうな好ましい青年、いろいろ注文をつけるとしてもむりはないと思われるような青年であったためしがあるかどうか考えてみるがいい。そんなことはけっしてない。人なみすぐれた容貌、性質、感情をもっていれば、愛人が経験をつんでいたとしても、それほど心配することはない。正当な自信をもってこう言ってやれるのだ。「きみは愛の楽しみを知っている。それがなんだ。ぼくの愛はきみがまだ味わったことのない楽しさをきみに約束しているのだ。」ところが、放蕩に身をすりへらした老いたる好色漢《サチュロス》、魅力もなく、思いやりもなく、相手のことを考えず、体裁などいっさいかまわない男、好ましい人とはどういう人かよく知っている女性を喜ばせることはとてもできないし、その資格もない男は、まだなにも知らない若い女性を相手に、経験の先を越すことによって、彼女の官能に最初の刺激をあたえることによって、自分に欠けているものをすべておぎなうつもりでいる。かれの最後の希望は未知のことの魅力で相手を喜ばせることだ。これが疑いもなくそういう気まぐれのひそかな動機だ。しかし、かれは思いちがいをしているのだ。かれがあたえる嫌悪は、かれが刺激しようとしている欲望と同じように、自然のものなのだ。かれはまた、その愚かな期待においても思いちがいをしているのだ。その同じ自然はあくまでその権利を主張しようと気をくばっている。つまり、身を売るような娘はみんなすでに身をまかせているのだ。しかも、好いた男に身をまかせているのだから、彼女は老人が恐れている比較をしているのだ。だから、かれは架空の楽しみを買っているのだ、しかもやっぱり相手にきらわれているのだ。

わたしはどうかといえば、金持ちになって人間が変わったところで、一つの点ではわたしはけっして変わらないだろう。よい習慣も美徳もすべて失われたとしても、とにかく、なんらかの趣味が、感覚が、繊細さがわたしには残っていることだろう。それがわたしをまもってくれて、だまされながらもないことを追っかけまわして財産をつかいはたすようなことを、子どもみたいなものに裏切られ、あざけられて財布をからっぽにしたり、生命をすりへらしたりするようなことを、わたしにさせないだろう。若ければ、わたしは青春の快楽をもとめよう。しかし、官能の喜びを完全に楽しむことを願いながらも、金持ちとしてそれをもとめるようなことはしまい。現在のわたしにとどまっているなら、ことは別だろう。わたしは用心して自分の年齢にふさわしい快楽だけをもとめよう。わたしが楽しむことのできる趣味を趣味として、いまではわたしに苦しみをもたらすだけの趣味はなくしてしまうことにしよう。白い毛がまじっているひげを若い娘の頬に近づけて、軽蔑され、嘲笑されるようなことはしまい。わたしのいやらしい愛撫が彼女たちの胸をむかむかさせるのを見たり、わたしの悪口をいってひどくおかしな話をする材料を彼女たちに提供したり、老いぼれ猿の下劣な快楽をがまんしたはらいせに、それを人に話して聞かせる彼女たちの姿を思い浮かべたりする、そういうことにはわたしはとても耐えられまい。かりに、習慣を押さえきれないために、昔の欲望が必要になっていたとしたら、たぶんわたしはそれを満足させるだろうか、それを恥ずかしく思い、そういう自分を考えて顔を赤くするにちがいない。わたしはその必要から情熱を遠ざけ、できるかぎり似合わしい相手を選んで、それで満足することにしよう。わたしはもう自分の弱さにとらえられてはいまいし、とくに、それについては一人の証人しかもたないことにしたい。そういう楽しみがなくなっても、人生にはほかにも楽しみはある。逃げていくものを追っかけまわしてもむだで、そんなことをしていると、まだわたしたちに残されているものまでなくなってしまう。年とともに趣味を変えることにしよう。季節と同じように年齢もずらせないことにしよう。いつでもあるがままの自分でいなければならない、そして、自然に逆らうようなことをしてはならない。そういうむだな努力は生命をすりへらし、わたしたちがそれをもちいることをさまたげる。

民衆は退屈するようなことはほとんどなく、その生活は活動的である。その楽しみには変化がないにしても、それはたまにしか味わえない。長期にわたる日々の労苦は二、三日のお祭りをこのうえなくうれしいものに感じさせてくれる。長い労働と短い憩《いこ》いの交代は民衆の楽しみに風味を添えるものとなる。金持ちにとって大きな災厄となるもの、それは倦怠だ。多くの費用をかけて寄せ集めたたくさんの楽しいことにうずもれながらも、あらそってかれらの御機嫌をとろうとしているたくさんの召使いにとりまかれながらも、倦怠がかれらを消耗させ、うんざりさせ、かれらは倦怠をのがれようとしながらもそれにとらえられて毎日を過ごしている。かれらはその耐えがたい重みにおしつぶされているのだ。とくに婦人は、いまでは仕事をすることも遊ぶことも知らないので、ふさぎの虫という名の倦怠感にさいなまれている。それは、婦人にとっては恐ろしい病気に変わり、そのために彼女たちはときには理性を失い、やがては生命を失う。わたしとしては、パリのきれいな婦人の境遇よりもぞっとする境遇を知らない。もっとも、それよりぞっとさせるのはそういう婦人のそばにくっついているやさ男の境遇で、そういう男は、同じように有閑婦人に変身していて、二重の意味で本来の状態から遠ざかり、運のいい男というくだらない考えにささえられて、人間という生き物がかつて送ったことのないこのうえなくみじめな日々の悩みに耐えているのだ。

ぜいたくと見かけのよさから生じてくる作法、流行、しきたりは、このうえなく陰気な単調さのうちに生活の流れをとじこめる。他人に見せつけようとする楽しみは、すべての人にとって失われたものとなる。それは他人にとっても自分にとっても楽しみにはならない(三九)。臆見がなによりも恐れているもの笑いの種は、いつも臆見のかたわらにひかえていて、それを苦しめたり罰したりする。型にはまったことをしなければ人はけっして笑いものにされることはない。自分の状況や楽しみをいろいろと変えることを知っている人は、きょうはきのうの印象を消してしまう。そういう人は人々の精神のうちには存在しないも同然だ。しかし、かれは楽しんでいるのだ。わたしのいつまでも変わらないただ一つの姿に自分のすべてをうちこんでいるからだ。わたしはほかの状況のことはぜんぜんはそういう姿だろう。それぞれの状況において、わたしはほかの状況のことはぜんぜん考えないだろうし、一日一日を、前の日とも次の日とも関係のないものとして、あるがままにとらえるだろう。民衆にまじっているときは民衆の一人であるように、わたしは、田舎にいれば田舎者になり、農業の話をしても農民に笑われはしまい。わたしは、田園へ行って自分の都市を建設したり、地方の辺鄙なところへ行って、わたしの部屋のまえにチュイルリ宮殿の庭園をつくったりするようなことはしないだろう。どこか、さわやかな木蔭のある気持ちのいい丘の中腹に、田舎風の小さな家をもつことにしよう。緑色の鎧戸がついた白壁の家を。そして、藁屋根はどんな季節にもいちばんいいものだが、わたしはむしろ気前よく、陰気なスレートではなく、瓦の屋根にしたい。瓦は藁よりも見た目にきれいで明るい感じがするし、わたしの国〔スイス〕ではほかのもので屋根を葺くことはないし、それはわたしに青春の幸福な時代をいくらか思い出させることにもなるからだ。中庭は家禽を飼う場所にする、馬小屋ではなく牛小屋を建て、わたしの大好きな乳製品をつくるために牝牛を飼う。庭園は野菜畑にし、屋敷の周辺は感じのいい果樹園、あとで話す果樹園*と同じようなものにする。果実は、散歩にくる人たちに自由にもぎとらせ、園丁に数をしらべさせたり、収穫させたりしない。それにわたしのけちな気前のよさは人々のまえに、さわることさえできない、いかめしい樹牆《じゅしょう》をならべ立てるようなことはしまい。ところで、こういうささやかなぜいたくにはたいして金もかかるまい。わたしはどこか遠い地方に、金はあまり見られないが品物はたくさんあって、豊富と貧困が支配している地方に、安住の地を選ぶことにするからだ。

そこにわたしは、数は多くなくても選ばれた交友を集めることにする。友人たちは快楽を愛し、よく知っている人たち、婦人たちは、ソファからぬけだして、田園の遊びに加わり、ときには梭《ひ》や型紙のかわりに釣竿やもち竿、乾草をあつめる熊手、ぶどうを摘んで入れる籠を手にもつことができる、そういう人たちだ。そこでは、都会の風俗はすべて忘れられ、村に来て村人になったわたしたちは、いくらでもあるさまざまな楽しみごとに身をゆだね、毎晩、あしたはなにをしようかと選択に困惑させられるばかりだ。運動と活動的な生活によって、わたしたちには新しい胃袋と新しい味覚があたえられる。わたしたちの食事はすべて宴会となり、繊細な味よりも豊富な食べものがいっそうわたしたちを喜ばせる。愉快な気分、田園の仕事、無邪気な遊び、これは世界でいちばんすぐれた料理人だ。そして、微妙な珍味も、日が出たときからひっきりなしに動いている人たちにとってはまったく奇妙なものだ。食卓には優雅なものは見られないし、食事をするにも順序はない。食堂はいたるところにある。庭でも、舟の上でも、木の下でもいい。ときには遠いところに、清冽な泉のほとり、緑したたるさわやかな草の上、榛《はん》の木の茂みの下にある。長い列をつくって楽しげな会食者たちは歌をうたいながら宴会に必要なものを運んでいく。芝草が食卓や椅子になる。泉の縁が食器台になり、デザートは木にぶらさがっている。料理は順序などかまわずに食卓におかれる。食欲は遠慮をなくさせてくれる。みんなぶしつけにだれよりも先に自分のものを取り、ほかの者もみんな同じように他人にはかまわずに自分のものを取っても、別に悪い顔もしない。そういううちとけた、しかも節度のある親しみから、粗野なことやいつわりや遠慮をともなわない、陽気な争い、お上品な礼節にくらべてはるかに魅力があって、いっそう心をむすびつけることになる争いが生まれる。わたしたちの話に耳をすましていたり、小さな声でわたしたちの態度を批評したり、ものほしそうな目つきでわたしたちが口に入れるものを数えたり、わたしたちに飲みものを待たせておもしろがったり、なかなか食事がおわらないのでぶつぶついったりする、迷惑な給仕人など一人もいない。わたしたちは主人でいられるように、わたしたち自身の召使いになり、みんながみんなから給仕してもらう。時刻を気にすることもなく時はすぎていく。食事《ルパ》は休息《ルポ》となり、日がかげるまでつづいている。鍬を肩にまた仕事にでかけていく農夫のだれかがわたしたちのそばを通りかかると、わたしはなにかしら親切なことばで、二、三杯のうまいぶどう酒でかれの心を楽しませてやる。それはかれにもっと朗らかな気分で貧しい生活に耐えさせることになる。そしてわたしも、多少はあわれみの情に動かされる自分を感じ、心のなかで「わたしはまだ人間なのだ」とつぶやいて、うれしい気持ちになる。

なにか田舎らしいお祭りがあって土地の人たちが集まるときには、わたしは仲間を連れてまっさきにでかけていく。だれかの婚礼が、都会の婚礼よりもいっそう多くの祝福を天からうけている婚礼が、わたしの近所で行なわれるとすれば、わたしが喜ばしいことを好んでいることはみんな知っているので、わたしはそれに招待される。わたしはその善良な人たちに、その人たちと同じように質素な贈り物をなにかもっていくが、それは喜びをいっそう大きくする。そしてわたしはそのかわりに、はかりしれないねうちのあるよいもの、わたしと同じような者はほとんど知らないよいもの、うちとけた心とほんとうの楽しさをみいだす。わたしはその家の長い食卓の端にすわって愉快な気分で夕食をごちそうになる。そこでわたしは、ひなびた古い歌をいくたびも合唱し、その家の納屋《なや》で、オペラ座の舞踏会にでているときよりもうれしい気持ちで、踊るだろう。

これまでのところはすばらしいことばかりだ、と人はわたしに言うかもしれない、しかし狩猟は？　田舎にいて狩猟をしないのは、田舎にいることになるかしら、と。なるほど。わたしは農地のことばかり考えていた。それはまちがいだった。わたしは自分を富豪と仮定している、だからわたしには排他的な楽しみ、破壊的な楽しみが必要なのだ。そこでこんどは事情はまったくちがってくる。わたしには、広い土地が、森が、監視人が、賦課金が、領主の名誉が、そしてなによりも香《こう》と聖水が必要なのだ。

けっこうなことだ。しかしその土地の隣りには自分の権利をたえず見はりながら、他人の権利を侵害しようとしている連中がいるだろう。おたがいの監視人は、そして恐らく主人たちも、争いをすることになるだろう。そこで口論、けんか、憎しみが、少なくとも訴訟ごとがはじまる。これだけでももうあまり愉快なことではない。わたしの領民はかれらの麦畑がわたしの兎に、かれらのそら豆がわたしの猪に荒らされるのを見て喜ぶはずはない。みんなは、かれらの労働を台なしにする敵を殺すことはできないので、とにかく畑から追っぱらおうとする。一日じゅう畑をたがやしていたあとで、かれらは一晩じゅう畑の番をしていなければならない。かれらは番犬、太鼓、ラッパ、鈴をつかうだろう。そういう騒ぎでかれらはわたしの眠りをさまたげることになる。わたしは心ならずもそれらのあわれな人たちの不幸を考えることになり、自分を責めずにはいられないだろう。光栄にもわたしが君主であったなら、そういうことはすべてほとんどわたしの心にふれないだろうが、最近の成り上がり者、金持ちになって間もないわたしは、まだいくらか庶民の心をもっているにちがいない。

それればかりではない。豊かな獲物は猟師に誘惑を感じさせるだろう。やがてわたしは密猟者を罰しなければならなくなる。牢屋、牢番、警吏、徒刑船が必要になる。そういうものはすべてわたしにはとても残酷にみえる。その不幸な人たちの妻たちがやってきてわたしの邸《やしき》の門をとりまき、泣きわめいてわたしを困らせるだろう。彼女たちを追っぱらうか、ひどい目にあわせなければなるまい。密猟などしなかった人たち、わたしの獲物のために収穫を台なしにされたあわれな人たちもやってきて嘆くだろう。ある者は獲物を殺したために罰せられ、ほかの者は獲物を殺さなかったために破滅することになる。なんというつらい選択！　どちらを向いてもわたしには、悲惨なことしか目に映らず、嘆きの声しか聞こえない。これでは、たくさんのいわしゃこや兎を思いのままに、足で踏みつぶすように殺す楽しみも大方きえてしまうことになる。

楽しみをそれにつきまとう苦しみから解放したいと思うなら、その楽しみをひとり占めにするのをやめるがいい。楽しみは、人々が一緒に楽しめるようにすればするほど、いつでもいっそう純粋に楽しめることになる。だからわたしは、右に述べたようなことはいっさいしないつもりだ。しかし、趣味は変えないで、それほど厄介なことにならないと思われる道をとることにする。わたしは田舎の住居を、狩猟がすべての人に許されている地方、したがって、わたしもめんどうなことなしに狩猟を楽しめる地方につくることにしよう。獲物は少なくなるだろう。しかし、獲物をさがすときのいっそうすぐれた技倆、それをしとめたときのいっそう大きな喜びが得られることになる。わたしの父が最初にいわしゃこの飛びたつのを見たときに感じた心臓の鼓動、一日じゅうさがしまわっていた兎をみつけたときの喜びの興奮を、わたしは思い出すことだろう。そうだ、わたしは断言する。一人で犬を連れ、銃と獲物袋と火薬入れをもち、ささやかな獲物をたずさえて、夕方、疲れはて、いばらにひきさかれて、帰ってきたわたしの父は、あなたがたの気どった狩人《かりうど》のだれよりも、ずっとその一日に満足していたのだ。あなたがたの狩人は、りっぱな馬にまたがって、二十人の従者に弾丸《たま》をこめた銃をもたせ、それをつぎつぎにぶっぱなして、まわりの獲物を殺しているだけのことで、技倆もいらない、名誉にもならない、ほとんど運動にもならないのだ。だから、土地を監視したり、密猟者を罰したり、貧乏人を苦しめたりしなければ、楽しみがへるわけではなく、しかも不都合なことはなにもなくなる。これがわたしの選択の一つの強固な理由になる。どんなふうにしてみたところで、さいげんなしに人を苦しめていたのでは、自分もやっぱりなにかいやな思いをせずにすまないし、長いあいだの人民の呪いはおそかれはやかれ獲物をにがいものにする。

もういちど言っておくが、排他的な楽しみは楽しみを殺す。ほんとうの楽しみは民衆と分けあう楽しみだ。自分ひとりで楽しみたいと思うことは楽しみではなくなる。わたしの庭園のまわりに囲いの壁をめぐらして、そこを閉じられた陰気な場所にしたのでは、わたしは多くの費用をかけて散歩の楽しみを自分からとりあげただけだ。わたしは散歩する場所をさがして遠くまで行かなければならなくなる。所有権という魔物はそれがふれるいっさいのものを毒する。金持ちはいたるところで主人になりたいと思いながら、主人でないところでしかいい気分になれない。かれはいつも自分を避けなければならないのだ。この点わたしは、金持ちになっても貧しかったときと同じようにする。いまでは、他人の財産によって、自分の財産だけではけっしてなれないような財産家になっているわたしは、近所にあるもので自分に都合のいいものはすべて占領することにする。囲わたし以上に徹底的な征服者はいないのだ。王さまのものだろうと奪いとってやる。その土ってなければ、わたしの気にいった土地はどこでもおかまいなしに手に入れる。その土地にわたしは名前をつける。あるところはわたしの庭園に、あるところは築山《つきやま》にして、それを自分のものにしてしまう。そうしておいて、人からとがめられることもなく、そこを歩きまわる。たびたびやってきて、所有権を確保する。歩きまわって思う存分に地面をすりへらしてやる。わたしが自分のものにした土地の正式の所有者は、わたしがその土地からひきだしているよりもいっそう多くの効用を、それがかれにもたらす金からひきだしていると言ったところで、わたしはけっしてなっとくしないだろう。堀をつくったり、垣をめぐらしたりして人がいやがらせをしようとしても、わたしはたいして気にしない。わたしは自分の庭園を肩にかついで、どこかほかのところへもっていく。そのあたりに適当な場所がないわけではないし、わたしが安んじていられるところがなくなるまでには、十分ながいあいだ隣人たちの土地を荒らしてやれるだろう。

以上、ひまな時間を楽しく過ごすにはなにをしたらいいかということで、ほんとうの趣味とはどういうものかいくらか示してみたわけだ。どういう精神で楽しむべきかこれでわかったわけだ。ほかのことはすべて、錯覚、幻影、愚かな虚栄心にすぎない。こういう規則からはなれる者は、どんなに金持ちだろうと、その金をくだらないことにつかいはたして、けっして人生の価値を知ることはあるまい。

おそらく人はわたしに抗議して、そういう楽しみはすべての人がすぐ手にいれられるもので、そういう楽しみを味わうためには金持ちになる必要はない、と言うだろう。わたしはまさにそれを言いたかったのだ。楽しみは楽しみたいと思えば味わえるのだ。臆見だけがなにもかもことをむずかしくして、幸福を先へ先へとかりたてていくのだ。そして、幸福になるのは、幸福らしく見せかけるよりはるかにやさしいことなのだ。趣味の人、ほんとうに快楽を愛する人には、財産などなんの使いみちもない。自由で、自分を支配することができれば、それで十分なのだ。健康な体をもち、生活に必要なものにことかかない人なら、自分の心から臆見にもとづく幸福を捨ててしまえば、十分豊かな人間になれる。それがホラティウスの「黄金の中庸」*だ。金庫をもっている人よ、だからあなたがたの富をなにか別のことにつかうように心がけるがいい。楽しむためには富はなんの役にもたたないのだ。エミールはすべてこういうことをわたしよりもよく知ることにはなるまい。しかし、わたしよりも純粋で健康な心をもっているかれは、そのことをずっとよく感じているだろうし、かれが世間にあって観察することはすべて、それを確認させてくれるだけだろう*。

こんなふうに時を過ごしながら、わたしたちはたえずソフィーをさがしているのだが、ソフィーはみつからない。そんなにはやくみつからないようにする必要があったのだ。だから、わたしたちは、ソフィーがいないことがわたしには確実にわかっているところに、彼女をさがしていたのだ(四〇)。

しかしもう、時はせまっている。いまや真剣にソフィーをさがすときだ。でなければ、エミールは、ソフィーらしきものをみつけだして、それをほんもののソフィーだと思い、思いちがいに気がついたときにはもうおそい、ということになる恐れもある。そこで、パリよ、さらば。この高名な都、騒音の都、はかない煙の都、泥まみれの都では、女は貞操というものを、男もまた美徳というものを、まじめに考えようとはしなくなっている。さらば、パリよ。わたしたちは愛を、幸福を、けがれを知らない心をもとめている。だから、おまえからどんなに遠くはなれても、これでいいということにはなるまい。

原注

番号

一　ビュフォン氏はこう述べている。「都会では、そして楽な生活をしている人々のところでは、子どもたちはいつも豊かな、栄養のある食物をとっているので、いっそうはやくそういう状態に到達する。田舎では、そして貧しい民衆のあいだでは、子どもたちはもっと発育がおくれる。栄養のない、あまりにも乏しい食物をとっているからだ。かれらには二年あるいは三年よけいに歳月が必要である」（『博物誌』、十二折り判、第四巻、二三八ページ）。わたしはこの事実はみとめるが、説明はみとめない。たとえば、ヴァレー州〔イタリアとフランスに接するスイスの州〕においては、またたとえば、フリウリ〔イタリア北東部、オーストリアに近い地方〕のようなイタリアのいくつかの山岳地方においても、男子、女子とも、思春期はやはり、都会の中心におけるよりもおくれてはじまるからだ。そして都会でも、見栄をかざるために食べものを極度に倹約することがしばしば見られ、大部分の人は、ことわざにもいわれているように「ビロードを着て糠《ぬか》を食っている」ようなことをしているのだ。あの山地で、大人と同じくらいたくましい大きな男の子が、まだ甲高《かんだか》い声をだしたり、顎《あご》に髯《ひげ》もはえていなかったりするのを見て、また大きな女の子がすっかり体ができあがっているのに、性を示す周期的なしるしをぜんぜん経験していないのを知って、人はびっくりする。こういうちがいはもっぱら、その純朴な風俗のために想像がいっそう長いあいだ平静な状態にあって、もっとおそくなってから血を燃えあがらせ、体質をそれほど早熟にしていないことから生じてくるものとわたしには考えられる。

二　こういうことはいまでは多少かわってきているらしい。身分はいっそう固定してきているようだし、人間ももっと冷酷になっている。

三　愛着はむくいられることがなくてももつことができるが、友情はけっしてそうではない。友情は一つの交換であり、契約であって、ほかの契約や交換と同じようなものだ。しかし、それはあらゆる交換、契約のなかでもっとも神聖なものだ。「友人」ということばには、このことば自体のほかに相関語はない。自分の友人の友人でないような人間は詐欺師であることはまったく確実だ。人は友情にむくいるか、むくいるようなふりをすることによってのみ、友情を獲得することができるのだから。

四　他人にしてもらいたいと思っていることを他人にもしてやれという教訓も、良心と感情のほかにはほんとうの根拠をもたない。このわたしが他人であるかのように行動する正確な理由はどこにあるのか。とくに、自分が同じようなばあいにたちいたることはけっしてないことが道徳的に確実にわかっているときには、そういう理由はどこにあるのか。それに、この格率を完全に忠実にまもることによって、他人にもわたしにたいしてそれをまもらせることができるようになるとだれが責任をもっていえるのか。悪人は正しい人の正直と自分自身の不正から利益をひきだす。かれは自分を除いて世の中のすべての人が正しい人であれば大いにけっこうなことだと思っている。こういう取りきめは、人がなんといおうと、よい人間にとって大して有利なことではない。けれども、あふれでる魂の力がわたしをわたしと同じ人間に同化させ、いわばわたしをその人のなかに感じさせるばあいには、その人が苦しんでいることを欲しないのは、自分が苦しまないためなのだ。わたしは自分にたいする愛のために、その人に関心をもつのだ。だから、右の教訓の根拠は、どんなところに自分が存在すると感じてもわたしに快適な生活を願わせる自然そのもののうちにあるのだ。そこでわたしは、自然の掟の教えがたんに理性にもとづいているというのは正しくないと結論する。それにはもっと強固で確実な基礎がある。自分にたいする愛から派生する人々にたいする愛は、人間の正義の原理である。倫理学ぜんたいの要約は、福音書のなかの掟の要約によってあたえられている。

五　あらゆる国の法律にみられる普遍的な精神は、いつも弱者に対抗して強者を助け、もたざるものに対抗してもてるものを助けることだ。この不都合はさけがたいことで、これには例外はない。

六　ダヴィラ〔イタリアの歴史家、一五七六―一六三一〕、グイッチャルディーニ〔イタリアの歴史家、一四八三―一五四〇〕、ストラダ〔イタリアの歴史家、一五七二―一六四九〕、ソリス〔スペインの歴史家、一六一〇―八六〕、マキアヴェリ〔一四六九―一五二七〕など、そしてときにはド・トゥー〔フランスの歴史家、一五五三―一六一七〕もそうだ。ヴェルトー〔フランスの歴史家、一六五五―一七三五〕は肖像をつくらずに描くことをこころえていたほとんど唯一の人だ。

七　現代の歴史家のなかでただ一人の人〔デュクロ〔一七〇四―七二、モラリスト、アカデミー・フランセーズ会員、ルソーの友人〕〕は、大まかなことではタキトゥスを模倣しているが、細かい点ではあえてスエトニウスを模倣し、ときにコミーヌ(フランスの歴史家、一四四五頃―一五〇九)を写している。しかも、かれの書物の価値を高めているこのことのために、かれはわたしたちのあいだで批判されることになった。

八 わたしたちの心のなかで情念を激しくするのはいつも偏見である。現実にあるものだけを見る人、知っていることだけを評価する人は、なにかに夢中になるようなことはほとんどない。わたしたちの判断の誤りはわたしたちのあらゆる欲望の激しさを生みだす(自筆原稿にある注)。

九 健康とりっぱな体はかれの教育によって得られた利益の一つだ、あるいはむしろ、かれの教育がもちつづけさせた自然の賜物の一つだ、とあえて言うことができるとわたしは信じている。

一〇 もっとも、わたしたちの生徒はそういう落とし穴にひっかかることはほとんどあるまい。かれの周囲にはたくさんおもしろいことがあるし、かれはいままで退屈したことはないのだし、金銭がなんの役にたつのかもほとんど知らないのだから。人々がそれによって子どもを導いていく二つの動機は利害と虚栄心だが、この二つの動機は、やがてかれらをつかまえようとする娼婦と詐欺師の役にたつ。子どもの貪欲が報酬や褒美《ほうび》によってかきたてられるのを見たら、かれらが十歳のとき学校でなにか公けにほめられるのを見たら、かれらが二十歳になったとき、どんなふうにして財布をばくち宿においてきたり、健康を淫売窟においてきたりすることになるかをあなたがたは見ているわけだ。クラスでいちばんできる子どもは、だれよりも賭けごとの好きな人間、だれよりもひどい放蕩者になるといってもさしつかえない。ところで、子どものころにもちいられなかった方法は、青年時代になってもそれを悪用されることはない。しかし、この点では、わたしの変わらない方針は、いつも事態を最悪に考えることにあるということを思い出してもらわなければならない。わたしはまず悪を防止しようとする。それから最悪の状態を予想してその対策を述べる。

二　わたしは思いちがいをしていた。わたしはそういう人を一人みいだした。それはフォルメイ氏である〔上巻原注二参照〕。

三　ここでまたフォルメイ氏の訂正をうけなければならない。まず蟬がでてきて、それから烏、等々だ〔上巻原注三三参照〕。

三　けれども、だれかがかれにけんかをふっかけてきたら、どうしたらいいのか。かれはけんかなどすることはあるまい、自分でけんかするほど争いを好むことはあるまい、とわたしは答える。人はつづけて言うかもしれない、といっても、けっきょく、らんぼうな人間や酔っぱらい、あるいは、おもしろがって相手を殺そうとして、無礼なことをしかける無茶なよた者の、平手打ちや言いがかりを、だれが完全にまぬがれることができるのか、と。それは別問題だ。市民の名誉や生命が、らんぼうな人間や酔っぱらい、あるいは無茶なよた者の自由にされることがあってはならない。だが、そういう事故からは、瓦が落ちてきたときと同様、身をまもることはできない。平手打ちや言いがかりをうけたり、そのために苦しんだりしたばあいは、どんな知恵もふせぐことができない、そして、どんな法廷も辱しめられた者のために報復してやることができない、社会的な結果が生じたことになる。法律の力の不十分なことは、だから、そういうばあいその人に自由をあたえることになる。そこでその人は、辱しめた者と自分とを裁くただ一人の司法官、裁判官になる、自然の掟のただ一人の解釈者、執行者となる。かれは裁きをつけるべきだし、かれだけが裁きをあたえることができる。そして、そういうばあいに仕返しをしたことを罰するような非常識な政府は、地上にはない。わたしは、かれはぶちあいをすべきだとはいわない。それはばかげたことだ。わたしは、かれは裁きをつけるべきだし、かれだけが裁きをあたえる者となる、と言っているのだ。もしわたしが主権者なら、決闘を禁じたくさんの役にもたたない命令などださなくても、わたしの支配する国では平手打ちをくわしたり、言いがかりをつけたりする者はけっしてあるまい、と言ってもいいが、それはひじょうにかんたんな方法でそうなるので、それには裁判所が介入することもない。それはとにかくとして、エミールは、そういうばあいには仕返しをしなければならないこと、そして、名誉ある人々の安全のために範例を示さなければならないことを知っている。どんなにしっかりした人でも、だれかがかれを侮辱するのをさまたげることはできないが、人はかれを侮辱したことを相手が長いあいだ自慢するのをさまたげることはできる。

一四 プルタルコス「恋愛について」、アミヨ訳。悲劇「メナリッペー」は最初はこんなふうに始まっていた。しかし、アテナイの民衆が騒いだので、エウリピデスはこの冒頭を変えなければならなかった。〔「メナリッペー」はエウリピデスの失われた作品「哲学者メラニッペー」のこと。十八世紀まではふつう「メナリッペー」とされていた。〕

一五 人間の精神の自然の状態については、また、その進歩の遅いことについては、「人間不平等起源論」第一部を参照していただきたい。

一六 ラ・コンダミーヌ氏の報告は、三までしかかぞえることのできない民族について語っている。しかしながら、その民族を構成している人間も手はもっていたから、五まで勘定をすることを知らなくても、しばしばかれらの五本の指をみとめていたのだ。〔ラ・コンダミーヌはフランスの科学者、一七〇一―七四、南アメリカで地球の形と大きさを決定する観測を行なった。〕

一七 この静止は相対的なものにすぎない、と言ってもいい。けれども、わたしたちは運動に大小をみているのだから、二つの極限の一つ、つまり静止は、ひじょうにはっきりと理解されるし、それは十分によく理解されるので、わたしたちは、相対的なものにすぎない静止を、絶対的なものと考えたくもなる。ところで、物質が静止状態において考えられるなら、運動は物質の本質だというのは正しくない。

一八 化学者たちは、燃素、つまり火の元素は、それが一部をなしている混合物のなかにちらばり、動かずによどんでいるのだが、外部的な原因がそれを解放し、集合させ、運動状態におくと、火に変化する、と考えている。

一九 生きた分子というものを考えようとしてわたしはあらゆる努力をしてみたが、成功しなかった。感官をもたないのに感じる物質という観念は、理解できない、矛盾した観念だと思われる。この観念を採用するにしても、捨て去るにしても、まずそれを理解しなければならないのだが、正直のところ、わたしはそういう幸運にめぐまれていない。

二〇 証拠がなければ、人間の不条理がそんなところまで推し進められると信じられようか。アマトゥス・ルシタヌスは、ジュリウス・カミルスが、新しいプロメテウスみたいに、錬金術の知識によってつくりだした一インチくらいの背の高さの小人をたしかに試験管のなかに見たと言っていた。パラケルスス〔ルネサンス期の有名なスイスの学者、一四九三―一五四一〕は、「物の本性について」のなかで、そういう小人をつくりだす方法を教え、小人族、牧神、半獣神、そしてニンフなどは、化学によって生みだされたのだと主張している。じっさい、そういう事実の可能性を確定するには、有機物質は火の熱に耐え、その分子は反射炉のなかでも生きていられる、と主張することのほかに、まだしなければならないことが残っているというのは、わたしにはあまりよくわからないのだ。

二　岩は考える、と言うどころか、近代哲学は、はんたいに、人間は考えないということを発見したように思われる。近代哲学は自然のうちに、感覚する存在だけしかみとめなくなっている。そして、それが人間と石ころとのあいだにみいだすただ一つのちがいは、人間は感覚印象をもつ感覚する存在だが、石ころは感覚印象をもたない感覚する存在だということにある。しかし、あらゆる物質は感じるということがほんとうなら、感覚する統一体、つまり個別的な自我をどこにわたしは考えることができるのか。物質の一つ一つの分子、あるいは集合体のうちにか。そういう統一性を流体や固体にも混合物にも元素にも、同じようにみとめることになるのか。自然のうちには個別的なものしかない、と人は言う。しかし、そういう個別的なものとはどんなものか。この石ころは個別的なものか、それとも個別的なものの集合体か。それは、一個の感覚する存在か、それとも砂粒のようにたくさんの感覚する存在を含んでいるのか。基本的な原子の一つ一つが感覚する存在であるなら、ある者がほかの者のなかに自分を感じ、その二つの「自我」が一つに溶け合うあの内面的な交感が、どうしてわたしに考えられるのか。引力はその秘密がわたしたちにわからない一つの自然法則なのかもしれない。しかし、わたしたちは少なくとも、引力は質量に応じて作用し、空間および分割可能性と両立しないものをなにももたない、と理解している。感情についてもあなたがたは同じようなことを考えているのか。感じられる部分にはひろがりがある。しかし、感覚する存在は分割できない一つのものだ。それを部分に分けることはできない。それは全体か無だ。感覚する存在はだから物体ではない。唯物論者がそれをどう理解しているかわたしは知らないが、かれらに思惟を否定させる困難は、同様に感情も否定させるべきだ、と思われる。そして、第一歩を踏み出しながらなぜかれらは先へ進まないのか、わたしにはわからない。そうしたところでいっそうつらいことにはならないだろう。そして、かれらは、自分は考えていない、と確信しているのに、どうして、感じていることをあえて肯定するのか。

三一　古代人は至高の神をオプティムス・マクシムス(最大の善)と呼んでいるが、かれらがそういっているのはひじょうに正しい。けれどもマクシムス・オプティムス(善なる最大の者)と言ったとしたら、いっそう正確に語ったことになる。神の善性はその力から生じるのだから。神は偉大なるが故に善なる者なのだ。

三二　「わたしたちのためにではなく、わたしたちのためにではなく、主よ、ただ、おんみの名のために、ただ、おんみ自身の名誉のために、ああ、神よ、わたしたちをよみがえらせたまえ」(旧

約「詩篇」一一五)。〔ルソーは十七世紀末にジュネーヴで出た詩篇集の訳を引用している。〕

二四　近代哲学は、それが説明することだけをみとめるのだが、知識を獲得しなくても動物をある目的に導いていくようにみえる「本能」と呼ばれるよくわからない能力をみとめようとはしない。現代のもっとも賢明な哲学者の一人(コンディヤック〔上巻二〇九ページ参照〕)によれば、本能とはひそかな反省の習性、しかし反省することによって獲得される習性にほかならない。そして、その発達をどんなふうにかれが説明しているかをみると、子どもは大人よりも反省することが多いと結論しなければならない。これはかなり奇妙な逆説で、よく検討するねうちがある。ここでは、その論議にたちいらないで、わたしの犬が食いもしないモグラをやっつけるはげしさ、ときには何時間ものあいだそれを見はっている忍耐づよさ、だれもけっしてそういう狩りをすることを仕込んだわけでもないのに、また、そこにモグラがいることを教えたわけでもないのに、それをひっとらえ、モグラが頭をだしたとたんにそれを地上にひっぱりだし、ついでそれを殺してそこに置いてくる、そういったことをする巧みさ、そういうことにどんな名称をあたえたらいいのか、とたずねよう。さらに、これはもっと重要なことだが、その犬をわたしがはじめておどかしたとき、なぜその犬は、地面のうえにひっくりかえって、足を折り曲げ、嘆願するような態度、できるだけわたしの心を動かさせるような態度をとったのか。わたしが怒りをやわらげないで、そういう状態にある犬をぶったとすれば、けっしてそうしていようとはしなかったろうが、なぜそういう態度をとったのか、とたずねよう。いったい、わたしの犬は、まだほんの小さい犬なのに、ほとんど生まれたばかりなのに、もう道徳的な観念を獲得していたのだろうか。寛大な心とはどういうものか知っていたのだろうか。どんな知識を得ているために、そんなふうにわたしに身をまかせて、わたしの心をやわらげることを期待したのだろう。どんな犬でもみんな、同じようなばあいにはほぼ同じようなことをするのだし、わたしはここで、だれでもしらべてみることができること以外にはなにも言ってはいないのだ。そんなに軽蔑した調子で本能を否認する哲学者たちに、感覚と、それがわたしたちに獲得させる知識のはたらきだけで右の事実を説明してもらいたいものだ。良識のある人間に満足のいくように説明してもらいたいものだ。それを説明してくれれば、わたしにはもうなにも言うことはないし、本能についてはもう語らないつもりだ。

二五　ある点からいえば、観念は感情であり、感情は観念である。この二つの名称は、知覚の対象のことも、その対象に心を動かされているわたしたち自身のこともわたしたちに考えさせるあらゆる知覚にあてはまる。そういう心の動きにふさわしい名称を決定するのはその順序にすぎないのだ。まず対象のことを考え、反省することによってのみわたしたちのことを考えるばあいには、それは観念であるが、はんたいに、うけた印象が最初にわたしたちの注意を呼び起こすばあいには、そして、反省することによってのみその印象をひき起こす対象を考えるばあいには、それは感情である。

二六　これは、このよき助任司祭がこんにち公衆にむかって言えることだ、とわたしは考える。

二七　「善良で賢明なある司祭はこう述べている。すべての人は(こういうわけのわからないことばをもちいて)人間からではなく、いかなるつくられたものからでもなく、神からそれをうけ、それを信じていると言っている。

しかし、なにもおせじを言ったり、本心をかくしたりするわけではなく、ほんとうのことを言えば、そういうことはありえない。それらは、人がなんと言ったところで、人間の手で、人間的な手段によってあたえられたのだ。それは、まず、宗教がどんなふうに世の中にうけいれられたか、そしていまでも毎日のように、どんなふうに個人によってうけいれられるかを見ればわかる。民族、国土、場所が宗教をあたえるのだ。人はそこで生まれ育った場所で行なわれている宗教に属しているのだ。わたしたちは自分が人間であることを知らないうちに、割礼をうけたり、洗礼をうけたりして、ユダヤ教徒、マホメット教徒、キリスト教徒になるのだ。宗教はわたしたちが好んで選べるものではないのだ。つぎに、それは、生活と風俗が宗教とまったく一致しないことを見てもわかる。人間的な、しかもひじょうにつまらないことで人がその宗教の教えと反対のことをするようになるのを見てもわかる。」シャロン「知恵について」、一六〇一年ボルドー版、第二巻第五章、二五七ページ。

コンドムの有徳な神学教授のまじめな信仰告白は、サヴォワの助任司祭の信仰告白とそれほどちがったものではなかったのではないか。それは大いにありうることだ。〔ピエール・シャロンはフランスのモラリスト、一五四一―一六〇三。〕

六　このことは聖書の無数の個所にはっきりと示されている。とくに「申命記」第十三章には、もしある預言者が他国の神を告げ、そのことばを奇跡によって確証し、かれの預言したことが起こったとしても、それに敬意をはらうようなことはしないで、かえってその預言者を死刑にすべきだと述べられている。だから、異教徒たちが、他国の神を告げ、その使命を預言と奇跡によって証明する使徒を死刑にしていたとしても、かれらがすぐにこちらにたいして逆用できないようななにか強固なことでかれらに反対できたとはわたしには思えない。そこで、こういうばあいにはどうしたらいいのか。道はただ一つ、論理にたちかえって、奇跡をみとめないことだ。奇跡などにたよらないほうがよっぽどよかったのだ。それがいちばん単純な良識なのだが、人々はとにかくひじょうに煩瑣な区別をすることによって、その良識を曇らしているのだ。キリスト教に煩瑣な議論！　そんなら、イエス・キリストが単純な者に天国を約束したのはまちがっていたのだ。そのもっとも美しい教えのはじめで、心の貧しい者をほめたのはまちがっていたのだ。かれの教説を理解し、かれを信じることを学ぶためには、そんなに才気が必要なのだから。わたしは従わなければならないことをあなたが証明してくれたとすれば、すべてはまことにうまくいくだろう。けれども、それをわたしに証明するためには、わたしにわかることを言ってもらいたい。あなたの論理を心の貧しい者の能力に合わせてもらいたい。そうでなければ、わたしはもう、あなたをあなたの師のほんとうの弟子とはみとめない。そして、あなたがわたしに知らせているのはかれの教えではないのだ。

二九　プルタルコスがしるしていることだが、ストア哲学者は、いろいろと奇妙な逆説を述べているなかで、判断が矛盾しているばあい、両方の言い分を聞くことは無益だと主張している。かれらはこう言っていた。第一の者はかれの言うことを証明したか、証明しなかったかである。証明したとすれば、それでかたづいたことになって、反対のことは否定されなければならない。

証明しなかったとすれば、かれはまちがっているので、かれの言い分は却下されなければならない、というわけだ。排他的な啓示をみとめるすべての人の方法は、そういうストア哲学者の方法にひじょうによく似ていると思う。みんな自分だけが正しいと主張しているなら、多くの言い分のなかから選択するためには、みんなの言い分を聞いてみなければならない。でなければ、正しい人とはいえない。

三〇　よく知られている無数の事実のなかで、注解を必要としないつぎのようなことがある。十六世紀にカトリックの神学者たちは、ユダヤ人の書物はすべて区別せずに火に投ずべしとしたが、有名な学者ロイヒリン〔ドイツの人文学者、一四五五―一五二二〕は、そのことについて意見をもとめられ、恐ろしい事件を招き、そのためにもうすこしで身を滅ぼすところだった。というのも、ただ、キリスト教に反することはなにも書いてない書物、また、宗教とは関係のない問題をあつかっている書物は保存しておいてもさしつかえないという意見をもっていたからだ。

三一　山上の垂訓（マタイによる福音書、第五章第二十一節以下）でイエスがみずから行なっているモーセの倫理とかれの倫理との比較を参照のこと。

三二　自分の国の宗教をまもり愛する義務は、正しい道徳に反する教理、たとえば不寛容の教理、にまで拡張されるものではない。それは、人々をたがいに他人にたいして武装させ、かれらを人類の敵にしている恐ろしい教理だ。社会的な寛容と神学的な寛容とを区別するのは子どもじみた無意味なことだ。この二つの寛容は分けられないもので、一方をみとめなければ他方もみとめることはできない。神の敵とみなされるような人とは、天使でさえも、平和に暮らせまい。

亖　二つの党派はたがいに数々の詭弁を弄して攻撃しあっている。それらをすべて指摘しようとすれば、たいへんな仕事、向こう見ずな仕事になるだろう。そういう詭弁のいくつかにであったときにそれをしるしていくだけでも、すでに大きな仕事だ。哲学者の側にもっともよく見られる詭弁の一つは、よい哲学者と考えられる国民を、悪いキリスト教徒である国民に対立させることだ。ほんとうの哲学者である国民はほんとうのキリスト教徒の国民よりも容易につくれるとでも思っているのだろうか。個人のあいだではその一方が他方よりも容易にみいだせるかどうかわたしは知らない。しかし、国民を問題にするなら、宗教をもたずに哲学を悪用することになる国民を予想しなければならない、それはわたしたちの見る国民が哲学をもたずに宗教を悪用しているのと同じだ、ということをわたしはよく知っている。そしてこのことは、問題の所在をいちじるしく変えることになる、とわたしには思われる。

ベール〔フランスの哲学者、一六四七―一七〇六〕は狂信は無神論よりもいっそう有害であることをみごとに証明した。それは異論のないことだが、しかし、かれが述べようとしなかったことで、やはり真実なことがある。狂信は、血なまぐさい残酷なものであるにせよ、大きな力強い情熱で、人間の心を高め、死を無視させ、人間にすばらしい力をあたえる、そして、そこからこのうえなく崇高な徳をひきだすためには、もっとよくそれを導いていきさえすればいいのだが、無宗教は、そして一般的にいって、理屈を好む哲学的な精神は、人生に執着し、魂を弱め、いやしくし、あらゆる情念をいやしい個人的利害に、いまわしい人間の「自我」に集中させ、こうして、あらゆる社会のほんとうの基礎を、それほど大きな音も立てずに掘りくずしていく、個人的利害がもつ共同的なものはたいしたものではなく、それに対立するものをけっして揺がせることにはならない、ということだ。

無神論は人間の血を流させないにしても、それは、平和にたいする愛よりもむしろ善にたいする無関心からなのだ。いっさいのことがどうなろうと、自称賢者にはたいしたことではない。自分が書斎で落ち着いていられればいいのだ。かれの原則は人間を殺させはしないが、人間をふやしていくよい風俗を破壊することによって、人間を同類からひきはなすことによって、人間のあらゆる愛情を、国民にとっても徳にとってもいまわしいひそかなエゴイズムに還元することによって、人間が生まれるのをさまたげている。哲学者の無関心は、専制政治下にある国家の平穏無事に似ている。それは死の静けさだ。それは戦争よりももっと破壊的なものだ。

こうして狂信は、その直接の結果においては、こんにち哲学精神と呼ばれているものにくらべて、いっそういまわしいものであるとはいえ、その帰するところは、はるかに害が少ない。それにまた、書物のなかでりっぱな格言を述べたてることはやさしい。しかし問題は、それが十分に教説と結びついているか、そこから必然的に出て来るものかどうか知ることだが、これは今までのところ、はっきりとは示されていない。さらに、哲学は、泰然と王座にすわっているが、うぬぼれ、利害の念、野心、人間のけちくさい情念を十分に押さえることになるかどうか、そして、それがペンを手にしてわたしたちに誇っているまことに快い人間愛を実践するかどうか、それを知ることが残されている。

原則からいえば、哲学は宗教がさらによく行なうことのできる善をけっして行なうことはできないし、宗教は哲学が行なうことのできないような善をたくさん行なっている。

実践の面からいえば、問題は別だ。しかし、それでも検討してみなければならない。ある宗教を信じていても、あらゆる点においてそれに従っている人間は一人もいない。それはほんとうだ。大部分の人間はほとんど宗教を信じていないし、また信じている宗教にぜんぜん従っていない。これもまたほんとうだ。しかし、とにかく、ある人々はある宗教を信じ、とにかく、部分的にそれに従っている。そして、宗教的な動機が、しばしばかれらに悪いことをするのをやめさせ、かれらから徳行をひきだし、そういう動機をもたなければ、ありえなかった賞讃すべき行動をひきだしているのは、疑いえないことだ。

坊主が人からあずかっているものをあずかっていないと言ったとする。それでどういうことになるのか。ばか者がそれをかれにあずけたというだけのことではないか。パスカルがそういうことをしたとすれば、それはパスカルが偽善者であることを証明することにはなっても、それ以上のことはなにも証明することにならない。しかし、坊主！……宗教を商う人々が、宗教を信じている人々なのだろうか。ほかで行なわれているように、聖職者階級でも行なわれているすべての罪悪は、宗教が無用なものであることを証明しはしない。ただ、ごく少数の人だけが宗教を信じていることを証明しているのだ。

わたしたちの見ている近代の政府が、昔より強固な権威をもっているのは、昔ほどひんぱんに革命におびやかされていないのは、疑いもなく、キリスト教のおかげだ。キリスト教は政府そのものも昔ほど残忍でないものにした。これは、近代の政府と古代の政府とをくらべてみることによって、事実によって証明される。宗教がいっそうよく知られてくると、狂信は遠ざけられ、キリスト教徒の風習はいっそう温和になった。この変化は文化がもたらしたものではない。文化が栄えていたところではどこでも、そのために人間愛がいっそう尊重されたということはなかったからだ。アテナイ人、エジプト人、ローマの皇帝たち、中国人などの残酷さはそれを証拠だてている。福音はどれほど多くの慈悲ぶかい行為を生みだしたことだろう。告解ということは、カトリックの国でどれほど多くの名誉回復、損害賠償を行なわせていることだろう。わたしたちの国では、聖体拝受の時が近づくと、どれほど多くの和解がもたらされ、施しが行なわれることだろう。ヘブライ人の五十年節は、簒奪者たちの貪欲をどれほど押さえていたことだろう。どれほど多くの不幸をふせいでいたことだろう。友愛の掟が全国民を結びつけていたヘブライ人の国では一人の乞食《こじき》も見られなかった。信仰団体が無数にあるトルコ人の国でも乞食は見られない。トルコ人は宗教の原則によって客を歓待し、かれらの信仰の敵さえ客として厚くもてなすのだ。

シャルダン〔上巻二七〇ページの訳注参照〕によると、「マホメット教徒は、万人の復活につづく審査のあとで、すべての人の体は、プール・セルロと呼ばれる橋を渡っていくことになる、と言っている。それは永遠の火のうえに架けられた橋で、かれらの言うところによれば、第三の最後の審査、ほんとうの最後の審判と呼ばれうる橋だ。というのは、そこでこそ善人と悪人の区別がなされることになるからだ……」。

シャルダンはつづいて述べている。「ペルシャ人は、この橋のことで、たいへん夢中になっている。そして、だれかが侮辱をうけて、どんな方法によっても、いつになっても、その仕返しをすることができないときには、その人の最後のなぐさめは、こう言うことだった。『いいさ、生ける神にかけて、おまえは最後の日に、わたしに二倍のつぐないをすることになるだろう。おまえは、それまでにわたしの満足のいくようにしてくれなければ、プール・セルロを通れないだろう。わたしは、おまえの服の縁につかまって、おまえの股のあいだにはいってやる。』その恐ろしい橋を通るときに、そんなふうに、『おい、待て』と叫ぶ人がありはしないかと心配して、苦情を言っている者に赦してくれとたのんでいる多くのすぐれた人、あらゆる種類の職業の人に、わたしは会ったことがある。そういうことは、わたし自身にも百回も起こったのだ。うるさいことを言って、わたしが望んでいたのとはちがうやり方をわたしにさせた身分の高い人たちは、しばらくたって、わたしの不愉快な気持ちも消えたと思われるころ、わたしのところへやってきて、言うのだった。『きみにお願いする。』ハラル・ベコン・アントキフラ、つまり、例の件を、合法的なこと、正しいことにしてくれたまえ』と。さらに、ある人たちは、わたしがその人たちを赦し、喜んでそうするのだ、と言明するように、わたしに贈り物をしたり、サービスをしたりした。そのわけは、苦しめた人々に支払いをすませなければ冥界の橋を渡れないということを信じていたからにほかならない」(十二折り判、第七巻、五〇ページ)。

多くの不正をつぐなっているこの橋の観念も不正を防止することにはならないと考えられるだろうか。苦しめられている人々が暴君たちに、死んだあとで仕返しすることになるプール・セルロも、それに類したなにものも、存在しないことをなっとくさせて、ペルシャ人にこういう観念を失わせたとすれば、それは暴君たちを思いのままにのさばらせ、不幸な人たちをなぐさめようとする心づかいをなくさせることになるのは明らかではないか。だから、そういう教説は有害ではないというのはうそだ。だから、それは真理ではなくなる。

哲学者よ、きみの道徳の掟はたいへんけっこうなものだ。しかし、お願いだ、その制裁規定を示してもらいたい。たわごとを言うのはしばらくやめて、なにをプール・セルロのかわりにもってくるのか、はっきり言ってもらいたい。

三四　子どもの状態をぬけだしたばかりの者ほど、子どもを軽蔑の念をもって見る者はいない。それはちょうど、身分のちがいがそれほど大きくないので、下級のものと混同されることをみんながたえず心配している国ほど、身分制度がしかつめらしくまもられている国はないのと同じだ。

三五　「高等法院弁護士C・ル・ボー氏の冒険」第二巻、七〇ページ。〔シャルル・ル・ボーはフランスの歴史家、一七〇一―一七七八。〕

三六　ローマの聖職者はそれをひじょうに巧みに保存した。そして、それにならって、いくつかの共和国、とくにヴェネチア共和国もそうだった。だから、ヴェネチアの政府は国家が没落したにもかかわらず、昔の威厳を装って、いまでも完全に民衆の愛情と尊敬をうけている。そして、権力も権威ももたないが、その豪華な装いによって神聖な者とされ、総督帽をかぶり婦人の髪飾りをしている、ヴェネチアの総督ほど尊敬されている者は、冠を戴いた教皇を別にすれば、たぶん、国王にも専制君主にも、世界中のどんな人間にもいない。あのブチェンタウロの儀式は、愚か者にはあんなに笑われているのだが、ヴェネチアの下層民に、かれらの血のすべてを流しても、その圧制的な政府を維持する気にならせるにちがいない。〔ブチェンタウロとは、マストも帆もないガリオン船にかなりよく似た大きなすばらしい船で、毎年、昇天祭の日に、ヴェネチアの総督が海との象徴的な結婚式をあげるときに乗る船だった。この儀式は、一七九七年、カンポ・フォルミオの条約によって、ヴェネチアがオーストリアの権力下に移った時期に廃止された。〕

三七　都市国家の成員でなかった市民、そして都市国家の成員として主権に参与してなかった市民があったとでも言うのだろうか。しかし、フランス人は、かつてガリアの都市の成員にあたえられていたこの尊敬すべき市民という名を、横どりするのが適当と考えて、その観念をゆがめ、ついには、それがどういうものかもうわからなくなってしまったのだ。最近、「新エロイーズ」を非難して、ばかげたことをたくさん書いてよこしたある人は、その署名を「パンブーフ〔フランス西部の小さな町〕の市民」という称号で飾り、わたしに気のきいた冗談を言ってるつもりだった。

三八　このことは、「言語起源論」のなかで証明されている。この論文はわたしの著作集に収められることになろう。

三九　社交界の二人の婦人は、大いに楽しんでいるふりをするために、朝の五時にならなければ寝ないことにしている。きびしい冬のあいだ、その召使いたちは、通りで主人を待ちながら夜を過ごしているが、凍りついてしまわないようにするためにはどうしたらいいかと困りきっている。ある晩、正しくいえば、ある朝、召使いは、たいへん楽しんでいるその二人の婦人が時刻を気にすることもなく時を過ごしている部屋へはいっていく。召使いは、彼女たちが正確に二人きりで、それぞれ自分の肘掛け椅子に身をうずめて眠っているのを発見する。

四〇 「だれが有徳な妻をみつけるだろうか。それは遠くにいる。世界のはてからくるその妻は、高く評価されるだろう」(旧約「箴言」第三十一章第十節)。

訳注

ページ

八　アイオリア島の王アイオロスは、トロイアからの帰途、海上を漂泊していたオデュッセウスに、あらゆる方向の風が閉じこめてある牛の皮袋をあたえ、どの風を用いればいいか教えた。オデュッセウスは適当な風をもちいて航海をつづけ、故郷イタケーの町に立ちのぼる煙が見えるところまできたが、そこで眠ってしまった。かれが眠っているあいだに部下たちは、袋のなかに宝物がはいっているのだと思って、口をあけたために、激しい風が吹きだし、オデュッセウスは故郷に帰れなくなってしまった(『オデュッセイア』第十巻)。

一一　ロムルスは伝説上のローマの建設者で初代の王。牝狼の乳房を吸って成長したことになっている。

一三　「自分にたいする愛」と「自尊心」との同じような区別はヴォヴナルグ(フランスのモラリスト、一七一五—四七)にもみいだされる。

一六　ルソーは原稿で s'il y en a (天使というものがいるなら)と書いたのを、あとで s'ils en ont (天使にも情念があるなら)と訂正したらしい。ただし、ルソーの死後友人たちによって出版されたジュネーヴ版(一七八二年)では原稿のままになっている、と。ルソーは天使の存在にかなりこだわっていたらしい。二三〇、二六八ページ参照。

四一　「アエネイス」(ウェルギリウスの叙事詩)第一巻六三〇行、ディドがアエネアスにむかって言ったことば。

四五　十七世紀のモラリスト、ラ・ブリュイエールはつぎのように書いている。「民衆はほとんど才気をもたないし、貴族は人情をもたない。どちらかを選べといわれれば、わたしはためらいはしない。わたしは民衆でありたい」(「カラクテール」九の二五)。

四六　エピクテトスはローマ帝政時代の代表的なストア哲学者の一人。小アジアに生まれ、奴隷としてローマに連れてこられた。残酷な主人はかれに足かせをはめた。エピクテトスは主人にむかって、「あなたはわたしの足を折ろうとしている」と言った。そして、じっさいに足を折られてしまったとき、「あなたはわたしの足を折ろうとしている、とわたしは申しましたね」と言っただけだった。

六三　現在のパリ市庁まえ広場。昔、罪人の処刑が行なわれたところ。

七七　モンテーニュ「エセー」第一巻第二十六章。

八一　十七世紀のフランスの小説家ラ・カルプルネード作のこれらの小説をルソーは幼いころ読んでいる。

八三　ポリュビオスの名は上巻にも出ているが、ギリシャの歴史家、その「歴史」四十巻は前二六四—一四四の世界史。サルスティウスはローマ共和政末期の歴史家、「カティリナ戦記」などの著者。以下の歴史家についてかんたんにしるせばタキトゥスはローマ第一の歴史家、「ゲルマニア」、「年代記」などの著者、帝政ローマの暗黒面を克明に描いている。トゥキュディデスはペリクレス時代のギリシャの歴史家、「ペロポネソス戦史」の著者。ヘロドトスはその著作が現存するギリシャ最古の歴史家、「歴史学の父」。ティトゥス・リウィウスはアウグストゥス時代のローマの歴史家、その尨大な「ローマ建国史」はローマの起源から前九年までの歴史。「一万人の退却」とはクセノフォン(ソクラテスの弟子)の「アナバシス」(内陸行)のこと。これはペルシャの内乱に一万人のギリシャ兵とともに従軍したクセノフォンの従軍記。

八六　モンテーニュ「エセー」第二巻第十章。

八七　スエトニウスはローマの文人。カエサル、アウグストゥスからドミティアヌスにいたる十二人の「皇帝伝」の著者。

八八　プルタルコスはルソーの幼年時代からの愛読書。ここに引かれている逸話がみいだされる個所を河野与一氏訳「プルターク英雄伝」によって示しておく。ハンニバル、第三分冊(ファビウス・マクシムス伝)七五ページ。アゲシラオス(スパルタ王)、第八分冊一〇三ページ。カエサル、第九分冊一一六ページ。アレクサンドロス(これは上巻にも出ているよく知られた話だが)、第九分冊八一ページ。アリステイデス(アテナイの政治家、将軍)、第五分冊一七ページ。フィロポイメン(ギリシャの将軍)、第五分冊九五ページ。

八八　チュレンヌは十七世紀フランスの名将(一六一一—七五)、ラムジー(一六八六—一七四三)はスコットランドの人で、「チュレンヌ伝」を書いた。すぐあとに出てくるチュレンヌの甥というのはチュレンヌの兄にあたるブイヨン公の息子。

九一　ピュロスは無謀な征服者の典型として文学作品にたびたび引き合いに出されているエペイロ

スの王(前三一九—二七二)、イタリア、シシリア、ギリシャへ侵略を企てたが、アルゴスを占領したとき一人の老婆が投げた瓦によって殺された。キネアスはピュロスの賢明な臣。

九三　ワルスはローマの将軍で、アウグストゥスの姻戚にあたる人。西暦九年ライン川地方でゲルマン人のために全軍潰滅の憂き目にあい、自殺した。

九四　アウグストゥスの甥で、その養子になり、娘ユリアと結婚したマルケルスは十八歳で死んだ。アウグストゥスは、ユリアとその二度目の夫アグリッパとのあいだに生まれたガイウス、ルキウスの二人の孫に希望をかけたが、これも早く死に、末子小アグリッパはアウグストゥスの後継者ティベリウスによって処刑される。ユリアは素行がおさまらず、アウグストゥスの時代にすでに島流しにされたが、ティベリウスの時代になって、食物もあたえられず飢え死にした。ユリアの二人の娘、母と同名のユリアとアグリピナも島流しにされて死ぬことになる(ついでにしるせば、このアグリピナの娘で母と同名のアグリピナは、第五代の皇帝ネロの母で息子に殺される)。リウィアはアウグストゥスの三度目の妻だが、けっきょく、前夫の息子ティベリウスを皇帝にすることに成功した。

九四　アントニウスがクレオパトラの美貌に迷って身を滅ぼしたことをさしている。

九五　トラヤヌスは九八—一一七年ローマ皇帝。東方を征服、この時代ローマの領土は最大になった。

九五　このカトーは大カトーではなく、カエサルに対抗して自殺したウティカのカトー(小カトー)のことと思われる。

一〇〇　プラドンはラシーヌの名声を傷つけるためラシーヌの傑作「フェードル」と同じ主題の作品を同時に上演した劇作家として記憶される人。コタンはモリエールやボワローのしんらつな批評の対象となった才人。

一〇一　上巻三八九ページ以下参照。

一〇三　プルタルコス「ローマ人についての有名な話」一三。モンテーニュ「エセー」第一巻第四十一章にも出ている。このローマ人はカトゥルス・ラクタティウスという人。

一〇七　上巻二二七ページ以下参照。

一〇九　イタリア喜劇の老人役。

一〇九　ラ・フォンテーヌ「寓話集」第一巻三。全文の意味はつぎの通り。

一匹の蛙が牛を見て、
すばらしい体だなあ、と思った。
卵くらいの大きさしかない蛙は
うらやましくて、体をひきのばし、ふくらまし、一生けんめい
大きな動物と同じくらいの大きさになろうとしながら、
妹に言った。「よく見てちょうだい、ねえ、あんた、これくらい？　言ってちょうだい、まだでしょうか。」
「ええ、ええ、まだよ。」——「じゃ、これくらい？」——「とってもよ。」「ほら、これなら？」

「ぜんぜん問題にならないわ。」ばかな蛙は
あんまり力んだので、とうとうおなかが破裂してしまった。

世の中にはこの蛙と同じくらい賢くない人がいっぱいいる。
町人はみんな殿さまがたと同じような家を建てたがっている。
小さい国の王さまはみんな大使をもちたがっているし、
侯爵はみんなお小姓をもちたがっている。

念のためにいえば、ルソーは、第二編でも述べているように、ラ・フォンテーヌの文学的価値を否定しているのではなく、ラ・フォンテーヌをそのまま子どもに暗誦させるようなことをしている人々を非難しているのである。

一一〇　ラ・フォンテーヌ「寓話集」第一巻四。燕麦を積んだ騾馬《らば》と金の袋を積んだ騾馬が一緒に歩いていて、後者は得意になっていたが、賊があらわれて、この騾馬を倒して金を奪ったという話。「高いお役目はいつもけっこうなものとはかぎらない……」といった教訓がついている。

一三〇　旧約「創世記」第三十一章第十九節参照。

一三三　「イリアス」にはオイレウスの子とテラモンの子と二人のアイアスが出てくるが、これは前者のことだろう。このアイアスは、神を恐れぬ行為をしたために、トロイアからの帰途、暴風雨にあい溺死した。

一三五　異本――「ある者は人からマホメットをうやまわなければならないと言われて、自分はマホメットをうやまっていると言い、またある者は聖母をうやまわなければならないと言われて、自分は聖母をうやまっていると言う」(ガルニエ版でたんに「異本」とあるのはなにによるものか不明)。

一三七　プルタルコス「迷信論」二七。

一四一　ホラティウス「オード集」第二巻一。ルソーはここで「危険な題目」にふれることになる。

一四一　Vitam impendere vero(真理に身を捧げる)、ルソーはこのユウェナリスの句を標語としていた。

一四三　ルソーは十六歳のとき故郷ジュネーヴを去り、サヴォワのアヌシーでヴァラン夫人にめぐりあい、そのすすめで、イタリアのトリノへ行き、教護院にはいってカトリック教徒になった(ジュネーヴの教会に復帰するのは四十二歳になってから)。この「信仰告白」の前文には、そういう少年時代の追憶がおりこまれている。ルソーは教護院でいろいろいやな目にあっているが、ここに書いてあるように逃げだしはしなかったらしい(「告白」第二巻)。

一四四　この助任司祭のモデルは少年ルソーがトリノで親しくしたゲーム師と、アヌシーで教えをうけたガティエ師である(「告白」第三巻)。

一五六　ルソーはアヌシーを去ったあとのガティエ師の消息をつたえてつぎのように書いている。「この人はある娘に子どもを産ませたのだった。……司祭というものは、ふつう、既婚の婦人にしか子どもを産ませてはならないことになっている」(「告白」第三巻)。つまりガティエ師は、世間のしきたりに従わなかったためにスキャンダルを起こし、とらえられ、免職されたのである。なお、ルソーは右の引用にすぐつづいてつぎのように書いている。「……この人の不幸は深くわたしの心にきざみこまれ、『エミール』を執筆するにさいして、わたしはそのことを思い出した。そして、ゲーム氏とガティエ氏を結びつけて、この二人の尊敬すべき司祭をあのサヴォワの助任司祭の原型にした。模写はモデルになった人の名誉をけがすようなものとはならなかったとわたしは喜んでいる。」

一五九　デカルト「方法叙説」第一部参照。

一六五　クラークはイギリスの神学者(一六七五—一七二九)。

一七三　エルヴェシウスその他の感覚論者の哲学。

一八二　モンテーニュ「エセー」第二巻第十一章には、エピクロス派を反駁する人のことばとしてつぎのようなことが書いてある。「もし原子が偶然にそんなにたくさんの形をつくりだしたのだとすれば、……なぜ人は、同様に、数かぎりないギリシャ文字を一つところにぶちまけておけば、『イリアス』の名文をもつくりだすだろう、と信じないのか」(関根秀雄氏訳による)。

一八三　ニウヴェンティットはオランダの数学者、医者(一六五四—一七一八)、目的論者として当時大きな影響をおよぼした。その「自然の驚異によって証明される神の存在」(一七一六年)は一七二五年にフランス語に訳され、ルソーは青年時代にこれを読んでいる。

一八四　ルソーは当時の多くの人々と同じように種の不変性を信じていた。

一八八　ルソーははじめつぎのように書いている。「自然のなかの王者、少なくともかれが住んでいる地上の王者……」

一八八　これはエルヴェシウスにたいする皮肉と考えられている。エルヴェシウスはその「精神論」のなかでかれの人柄を否認するような理論を展開している。

一九六　以上三つの信条を要約すれば、一、ある意志をもつ存在(神)が物質世界を動かしている。二、神の英知は世界の運動に一定の秩序をあたえている。三、人間には行動の自由があり、したがって人間の魂は物質とはちがう本質をもつ。

二〇一　ブルトゥスはマケドニアのフィリッピの野でオクタウィウスとアントニウスの軍と戦って敗れ、「徳よ、なんじはことばだけのものだ」と叫んで自殺した。「ああ、ブルトゥス、ああ、わが子よ」はブルトゥスにたいするカエサルのことば、「わが子よ、おまえもか」を思い出させる。

二〇三　プルタルコス「エピクロスに従って幸福に生きることはできない」五九。

二〇三　異本――参照した全集版ではつぎに「わたしにはわからない」という文がはいる。

二〇六　異本――同じく全集版では、以下つぎの文がはいる。「また、かれらをいつまでも苦しんでいる状態におとしいれるのは、かれらをつくった者の善性と一致するかどうか……」

二〇八　異本――全集版では「理解しがたいその本質」。

二二六　ローマ共和政末期にキケロが告発したカティリナ事件の主謀者。

二二八　クセノクラテスはギリシャの哲人で、プラトンの弟子。かれの弟子たちは師をためすために美しい遊女ライスをかれの寝床に押しこんでおいたが、それでもかれは誘惑に屈しなかった(モンテーニュ「エセー」第二巻第三十三章)。

二二八　ルクレティアは前六世紀ローマ王政廃止のきっかけとなった有名な貞女。

二二八　サトゥルヌス神、ギリシャ神話のクロノス。クロノスは父ウラノス(天)を傷つけ、子ゼウスに滅ぼされたが、ローマではサトゥルヌスは農耕の神、豊穣の神として崇拝されていた。

二二九　エルヴェシウス「精神論」三の四。

二二九　「良心の掟をわたしたちは自然から生じるものと言っているが、それは習慣から生まれる。人はみな自分の周囲で承認されうけいれられている意見や習俗を心の中で尊敬しているから、そこから離れたことをすれば苦悶を感ぜずにはいられないし、それに合ったことをしていればかならず人々から賞讃される」(モンテーニュ「エセー」第一巻第二十三章)。

二三〇　ガルニエ版と二、三の版本によれば「……しかし、考慮にいれなければならない道徳的な善というものがあるとしたら」となるが、ほかの多くの版本に従って改めた。

二三四　この一節は「エミール」全編のなかでもっとも有名な文章である。

二三六　プロテウスは「オデュッセイア」にあらわれる海神、いろいろな秘密を知っていたが、それをもらすことをきらい、人に迫られると変身の術をもちいてのがれた。

二三五　オルフェウスは伝説にあるトラキアの楽人。その霊妙な音楽には獣たちも耳をかたむけた。

二三五　十八世紀の哲学者は「有神論《テイスム》」を「理神論《デイスム》」と区別し、理神論者は、神は世界に関心をもたず、魂は不滅ではないと考え、有神論者は、摂理というものがあって善人はあの世でむくいられると考える、というふうに解していた。

二四八　旧約「出エジプト記」第七―八章。

二五七　ボシュエは雄弁な説教によって文学史上に有名な十七世紀フランスの司教、その「カトリック教会教理講説」は当時ヨーロッパでひろく読まれていた。
二五八　ユダヤ教、キリスト教、回教の三つ。
二五九　旧約聖書(ヘブライ語)、新約聖書(ギリシャ語)、コーラン(アラビア語)。
二六〇　異本――「イエス・キリストは救世主《メシヤ》ではないと主張し、それを証明しようとする書物」。
二六五　ルソーははじめつぎのように書いたが、それを抹殺している。「処女が子を生み、神々が人間と同じように、生まれ、食い、苦しみ、死んでいく、そういうすばらしい国をどうか見に行かせてもらいたい。」
二六七　こういう合理主義的な議論はヴォルテールそのほか当時の理神論者に共通の議論である。
二六七　一七八二年のジュネーヴ版には、「そういう反論」のつぎに、「あるいはほかにもそれと同じような意味の反論」という語句がはいっている。
二六八　異本――以下つぎのようになる。「ローマではきわめて忠実なカトリックであるどれほど多くの人が、同じ理由で、メッカに生まれたとしたら、きわめて忠実な回教徒になることだろう。そして、逆に、アジアではきわめて善良なトルコ人であるどれほど多くのまともな人が、わたしたちのところにいれば、きわめて忠実なキリスト教徒になることだろう。」
二七一　この文章は、参照した全集版によればつぎのようになっている。「わたしはまた、聖書の崇高さはわたしの心に訴える論拠となること、それにたいしてなにか十分な回答をみいだせるならかえって残念に思うくらいだ、ということも言っておこう。」以下三ページ、これまで述べてきたこととは調子がちがって、敬虔なキリスト教徒らしいルソーの一面をうかがわせる。

二七三　プラトン「国家」第二巻。

二七三　ソフロニスコスはアテナイの彫刻家で、ソクラテスの父。

二七五　メラレード氏はトリノの貴族。ゲーム師(一四四ページ訳注参照)はその家の家庭教師をしていた。

二七七　異本——つぎに「教会の外に救いはない、と言わせたり」という句がはいる。

二七七　異本——「司祭区」のまえに「貧しい」がはいる。

二八一　こういう考えかたは「孤独な散歩者の夢想」第三の散歩でさらにくわしく述べられている。

二八二　新約「マタイによる福音書」第三章第九節にバプテスマのヨハネのことばとしてつぎのようにしるされている。「自分たちの父にはアブラハムがあるなどと、心の中で思ってみるな。……神はこれらの石ころからでも、アブラハムの子を起こすことができるのだ。」

二九五　「できるだけおそくまで童貞をもちつづけた者は周囲の人々から高く評価される。二十歳にならないうちに女を知ることは、かれらのあいだにあっては、このうえなく恥ずべきことの一つとされている」(カエサル「ガリア戦記」第六巻)。

三〇四　女神ディアナは狩猟を好み、ほかの女神とちがって永遠の処女だった。

三〇七　旧約「創世記」第二十一章、二十六章、十八章、三十一章を参照。

三〇八　トラシュブロスは前四〇四年アテナイの三十人僭主政を倒した人、タルクィニウスはここではローマ第四代の王タルクィニウス・プリスクスのことと思われる。——アレクサンドロスは母の手紙を友人に読ませたあとで、指環をぬいて、それでその友人の口に封をした(河野与一氏訳「プルターク英雄伝」第九分冊五九ページ)。――ゼノンはここではストア派の創始者キュプロスのゼノンのことだろう。ディオゲネスは例の樽のなかにいた哲学者。ゼノンはディオゲネスと同じ学派の人に学んでいる。ディオゲネスは新参の弟子に体裁のわるいことをさせてかれらを閉口させた、たとえば、街なかをニシンをひきずってあとからついてくるようにいいつけた、というが、ここはそういうことを暗示しているのかもしれない。

三〇九　ヘロドトス(「歴史」第四巻三一)によるこの贈り物の解釈はつぎのとおり。「鳥になって空を飛ばなければ、鼠になって地中にかくれなければ、蛙になって沼に跳びこまなければ、あなたがたはわたしたちからのがれられない。この矢によって滅びることになるだろう。」――スキュティア人は黒海北方に住んでいた民族。

三一五　アウレリウス・ヴィクトル(四世紀ローマの歴史家)の「高名な人々について」第八十六章。

三一九　セイレンの島を通過するとき、オデュッセウスは、セイレンの歌を聞くために、部下の者には蠟で耳を塞がせ、自分はマストにしばりつけてもらった。セイレンの歌を聞くと、かれは部下にいましめを解いてくれるようにたのんだが、部下はなおさら固くかれをしばりつけた。

三二九　ソフィーは「知恵子」とでも訳されよう。哲学の世紀(十八世紀)に好まれた名前だったのだろう。

三四六　モンテーニュ「エセー」第一巻第二十六章。

三五二　上巻三〇一ページとその個所の原注三九参照。

三五五　上巻三一六ページ参照。

三五六　デュクロ「現代風俗論」。原注七参照。

三六一　異本——以下つぎの文章がはいる。「たとえば、なぜある歌は趣味がいいのか、ある歌はそうでないのか、だれがわたしたちに言えるだろう。色の組み合わせについての原則をだれがわたしたちにあたえることができよう。芝生の区画では円よりも楕円のほうがなぜ好ましいのか、噴水のある池は楕円よりも円のほうがなぜ好ましいのか、だれがわたしたちに教えることができよう。」

三六八　三十年戦争でドイツ皇帝軍に属して、フランスの名将コンデやチュレンヌと戦い、ノルトリンゲンで戦死したフランツ・ド・メルシーの墓碑銘。

三六八　サルダナパロスの墓碑銘というのはローマの地理学者ストラボンもしるしているが、それによるとつぎのとおりである。「アナキュンダラクセスの子サルダナパロスは一日でアンキアレスとタルソスの町を建設させた。旅人よ、飲み、食い、楽しみたまえ、そのほかのことはみんな、なんのねうちもないのだ。」サルダナパロスは伝説上のアッシリアの王、遊惰な王として知られていた。

三六八　クセノフォン「アナバシス」二。

三六九　ヘロドトス「歴史」第七巻二二八。

三六九　碑銘文学アカデミーは一六六三年コルベールによって創設された。歴史・考古学の研究団体。

三七〇　十七世紀末から十八世紀初頭にかけての過渡期にフランスでは古代人と近代人といずれがす

ぐれているかという文学論争が行なわれた。当時の大作家の多くは古代派だった。ここに名が出ているフォントネル、ラ・モット、テラッソンらは近代派。

三七一　「アエネイス」第四巻はカルタゴの女王ディドとアエネアスの悲恋を歌っている。——ティブルスはウェルギリウスやホラティウスと同時代のローマの恋愛詩人。——「饗宴」は愛について論じている。

三七二　「演劇についてダランベール氏へ送る手紙」(一七五八年)において。

三七三　ナヴァール連隊は一六五八年創設され、革命まえのフランスでもっとも古い伝統をもっていた歩兵連隊の一つ。

三七六　アピキウスはアウグストゥス時代のローマの美食家。エジプトにはイタリアのイナゴより大きいイナゴがいると聞いて、それをさがしにエジプトまででかけた。

三七九　クロイソスは前六世紀リュディアの王。その富によって有名。

三八〇　マケドニア王フィリッポス二世(アレクサンドロス大王の父)のこと。プルタルコス、河野氏訳第四分冊六二ページ参照。

三八一　モンテーニュ「エセー」第二巻第一章。

三八二　十七、八世紀のフランスでは賭けごとが盛んだった。

三八三　パレ・ロワイヤルは十七世紀にリシュリューのために建てられた。その後オルレアン公の館になったが、そのガラスばりの回廊は有閑人や新奇をてらう人々の集まるところになっていた。

三八五　これはソクラテスの弟子で快楽主義の哲人アリスティッポスのことば。ライスは古代ギリシャの遊女の典型。

三九二　第五編で語られるソフィーの家の庭園。

四〇〇　ホラティウス「オード集」第二巻十。

四〇〇　異本――以下つぎの文章がはいる。「こういう方法でかれの趣味をやしなうことは書物による方法のかわりには十分なる。ホラティウスもショーリューもそれ以上のことは教えてはくれまい。ただ問題は、もういちど言っておくが、このばあい、教訓が漠然とした無意味なものか、それとも、かれにたいして適切なものか、それをしらべることだ。」――ショーリュー（一六三九―一七二〇）は当時高く評価されていたフランスの詩人。

エミール（中）〔全3冊〕
ルソー著

1963年7月16日 第1刷発行
2007年10月4日 第65刷改版発行
2025年4月4日 第79刷発行

訳 者 今野一雄《こんのかずお》

発行者 坂本政謙

発行所 株式会社 岩波書店
〒101-8002 東京都千代田区一ツ橋2-5-5

案内 03-5210-4000 営業部 03-5210-4111
文庫編集部 03-5210-4051
https://www.iwanami.co.jp/

印刷・理想社 カバー・精興社 製本・松岳社

ISBN 978-4-00-336222-8 Printed in Japan

読書子に寄す

——岩波文庫発刊に際して——

岩波茂雄

真理は万人によって求められることを自ら欲し、芸術は万人によって愛されることを自ら望む。かつては民を愚昧ならしめるために学芸が最も狭き堂宇に閉鎖されたことがあった。今や知識と美とを特権階級の独占より奪い返すことはつねに進取的なる民衆の切実なる要求である。岩波文庫はこの要求に応じそれに励まされて生まれた。それは生命ある不朽の書を少数者の書斎と研究室とより解放して街頭にくまなく立たしめ民衆に伍せしめるであろう。近時大量生産予約出版の流行を見る。その広告宣伝の狂態はしばらくおくも、後代にのこすと誇称する全集がその編集に万全の用意をなしたるか。千古の典籍の翻訳企図に敬虔の態度を欠かざりしか。さらに分売を許さず読者を繋縛して数十冊を強うるがごとき、はたしてその揚言する学芸解放のゆえんなりや。吾人は天下の名士の声に和してこれを推挙するに躊躇するものである。このときにあたって、岩波書店は自己の責務のいよいよ重大なるを思い、従来の方針の徹底を期するため、すでに十数年以前より志して来た計画を慎重審議この際断然実行することにした。吾人は範をかのレクラム文庫にとり、古今東西にわたって文芸・哲学・社会科学・自然科学等種類のいかんを問わず、いやしくも万人の必読すべき真に古典的価値ある書をきわめて簡易なる形式において逐次刊行し、あらゆる人間に須要なる生活向上の資料、生活批判の原理を提供せんと欲する。この文庫は予約出版の方法を排したるがゆえに、読者は自己の欲する時に自己の欲する書物を各個に自由に選択することができる。携帯に便にして価格の低きを最主とするがゆえに、外観を顧みざるも内容に至っては厳選最も力を尽くし、従来の岩波出版物の特色をますます発揮せしめようとする。この計画たるや世間の一時の投機的なるものと異なり、永遠の事業として吾人は微力を傾倒し、あらゆる犠牲を忍んで今後永久に継続発展せしめ、もって文庫の使命を遺憾なく果たさしめることを期する。芸術を愛し知識を求むる士の自ら進んでこの挙に参加し、希望と忠言とを寄せられることは吾人の熱望するところである。その性質上経済的には最も困難多きこの事業にあえて当たらんとする吾人の志を諒として、その達成のため世の読書子とのうるわしき共同を期待する。

昭和二年七月

《哲学・教育・宗教》〔青〕

ソクラテスの弁明・クリトン　プラトン　久保勉訳
ゴルギアス　プラトン　加来彰俊訳
饗宴　プラトン　久保勉訳
テアイテトス　プラトン　田中美知太郎訳
パイドロス　プラトン　藤沢令夫訳
メノン　プラトン　藤沢令夫訳
国家　全二冊　プラトン　藤沢令夫訳
プロタゴラス　—ソフィストたち　プラトン　藤沢令夫訳
パイドン　—魂の不死について　プラトン　岩田靖夫訳
アナバシス　—敵中横断六〇〇〇キロ　クセノポン　松平千秋訳
アリストテレス　ニコマコス倫理学　全二冊　高田三郎訳
アリストテレス　形而上学　全二冊　出隆訳
アリストテレス　弁論術　戸塚七郎訳
アリストテレース　詩学　ホラーティウス　詩論　松本仁助・岡道男訳
物の本質について　ルクレーティウス　樋口勝彦訳
エピクロス　—教説と手紙　出隆・岩崎允胤訳

生の短さについて　他二篇　セネカ　大西英文訳
怒りについて　他二篇　セネカ　兼利琢也訳
エピクテトス　人生談義　全二冊　國方栄二訳
人さまざま　テオプラストス　森進一訳
マルクス・アウレーリウス　自省録　神谷美恵子訳
老年について　キケロー　中務哲郎訳
友情について　キケロー　中務哲郎訳
弁論家について　全二冊　キケロー　大西英文訳
平和の訴え　エラスムス　箕輪三郎訳
エラスムス＝トマス・モア往復書簡　沓掛良彦・高田康成訳
方法序説　デカルト　谷川多佳子訳
哲学原理　デカルト　桂寿一訳
精神指導の規則　デカルト　野田又夫訳
情念論　デカルト　谷川多佳子訳
パンセ　全三冊　パスカル　塩川徹也訳
パスカル　小品と手紙　塩川徹也・望月ゆか訳
スピノザ　神学・政治論　全二冊　畠中尚志訳

知性改善論　スピノザ　畠中尚志訳
スピノザ　エチカ（倫理学）　全二冊　畠中尚志訳
スピノザ　国家論　畠中尚志訳
スピノザ往復書簡集　畠中尚志訳
デカルトの哲学原理　—附 形而上学的思想　スピノザ　畠中尚志訳
スピノザ　神・人間及び人間の幸福に関する短論文　畠中尚志訳
モナドロジー　他二篇　ライプニッツ　谷川多佳子・岡部英男訳
ノヴム・オルガヌム（新機関）　ベーコン　桂寿一訳
市民の国について　全二冊　ヒューム　小松茂夫訳
自然宗教をめぐる対話　ヒューム　犬塚元訳
君主の統治について　—謹んでキプロス王に捧げる　トマス・アクィナス　柴田平三郎訳
精選　神学大全　全四冊　トマス・アクィナス　山本芳久編　稲垣良典／訳
エミール　全三冊　ルソー　今野一雄訳
人間不平等起原論　ルソー　本田喜代治・平岡昇訳
ルソー　社会契約論　桑原武夫・前川貞次郎訳
言語起源論　—旋律と音楽的模倣について　ルソー　増田真訳
ディドロ　絵画について　佐々木健一訳

純粋理性批判 全三冊	カント	篠田英雄訳
カント 実践理性批判		波多野精一・宮本和吉・篠田英雄訳
判断力批判 全二冊	カント	篠田英雄訳
永遠平和のために	カント	宇都宮芳明訳
プロレゴメナ	カント	篠田英雄訳
人倫の形而上学 全二冊	カント	熊野純彦・宮村悠介訳
シュライエルマッハー 独白		木場深定訳
ヘーゲル 政治論文集 全二冊		金子武蔵訳
哲学史序論 —哲学と哲学史	ヘーゲル	武市健人訳
歴史哲学講義 全二冊	ヘーゲル	長谷川宏訳
法の哲学 —自然法と国家学の要綱	ヘーゲル	上妻精・佐藤康邦・山田忠彰訳
学問論	シェリング	西川富雄・藤田正勝監訳
自殺について 他四篇	ショウペンハウエル	斎藤信治訳
読書について 他二篇	ショウペンハウエル	斎藤忍随訳
知性について 他四篇	ショーペンハウエル	細谷貞雄訳
不安の概念	キェルケゴール	斎藤信治訳
死に至る病	キェルケゴール	斎藤信治訳
体験と創作 全二冊	ディルタイ	柴田治三郎・小牧健夫訳
眠られぬ夜のために 全二冊	ヒルティ	草間平作・大和邦太郎訳
幸福論 全三冊	ヒルティ	草間平作・大和邦太郎訳
悲劇の誕生	ニーチェ	秋山英夫訳
ツァラトゥストラはこう言った 全二冊	ニーチェ	氷上英廣訳
道徳の系譜	ニーチェ	木場深定訳
善悪の彼岸	ニーチェ	木場深定訳
この人を見よ	ニーチェ	手塚富雄訳
プラグマティズム	W・ジェイムズ	桝田啓三郎訳
宗教的経験の諸相 全二冊	W・ジェイムズ	桝田啓三郎訳
日常生活の精神病理	フロイト	高田珠樹訳
精神分析入門講義 全二冊	フロイト	高田珠樹・新宮一成・須藤訓任・道籏泰三訳
純粋現象学及現象学的哲学考案 全二冊	フッセル	池上鎌三訳
デカルト的省察	フッサール	浜渦辰二訳
愛の断想・日々の断想	ジンメル	清水幾太郎訳
ジンメル宗教論集		深澤英隆編訳
笑い	ベルクソン	林達夫訳
道徳と宗教の二源泉	ベルクソン	平山高次訳
物質と記憶	ベルクソン	熊野純彦訳
時間と自由	ベルクソン	中村文郎訳
ラッセル教育論		安藤貞雄訳
ラッセル幸福論		安藤貞雄訳
存在と時間 全四冊	ハイデガー	熊野純彦訳
学校と社会	デューイ	宮原誠一訳
民主主義と教育 全二冊	デューイ	松野安男訳
我と汝・対話	マルティン・ブーバー	植田重雄訳
アラン 幸福論		神谷幹夫訳
アラン 定義集		神谷幹夫訳
天才の心理学	E・クレッチュマー	内村祐之訳
英語発達小史	H・ブラッドリ	寺澤芳雄訳
日本の弓術	オイゲン・ヘリゲル述	柴田治三郎訳
似て非なる友について 他三篇	プルタルコス	柳沼重剛訳
ことばのロマンス —英語の語源	ウィークリー	寺澤芳雄・出淵博訳
ヴィーコ 学問の方法		上村忠男・佐々木力訳

国家と神話 全二冊 カッシーラー 熊野純彦訳
天才・悪 ブレンターノ 篠田英雄訳
人間の頭脳活動の本質 他一篇 ディーツゲン 小松摂郎訳
反啓蒙思想 他二篇 バーリン 松本礼二編
マキアヴェッリの独創性 他三篇 バーリン 川出良枝編
ロシア・インテリゲンツィヤの誕生 他五篇 バーリン 桑野隆編
論理哲学論考 ウィトゲンシュタイン 野矢茂樹訳
自由と社会的抑圧 シモーヌ・ヴェイユ 冨原眞弓訳
根をもつこと 全二冊 シモーヌ・ヴェイユ 冨原眞弓訳
重力と恩寵 シモーヌ・ヴェイユ 冨原眞弓訳
全体性と無限 全二冊 レヴィナス 熊野純彦訳
啓蒙の弁証法 —哲学的断想 M・ホルクハイマー T・W・アドルノ 徳永恂訳
ヘーゲルからニーチェへ —十九世紀思想における革命的断絶 全二冊 レーヴィット 三島憲一訳
統辞構造論 付『言語理論の論理構造』序論 チョムスキー 福井直樹 辻子美保子訳
統辞理論の諸相 方法論序説 チョムスキー 福井直樹 辻子美保子訳
快楽について ロレンツォ・ヴァッラ 近藤恒一訳
ニーチェ みずからの時代と闘う者 ルドルフ・シュタイナー 高橋巖訳

フランス革命期の公教育論 コンドルセ他 阪上孝編訳
人間の教育 全二冊 フレーベル 荒井武訳
旧約聖書 創世記 関根正雄訳
旧約聖書 出エジプト記 関根正雄訳
旧約聖書 ヨブ記 関根正雄訳
旧約聖書 詩篇 関根正雄訳
新約聖書 福音書 塚本虎二訳
文語訳 新約聖書 詩篇付
文語訳 旧約聖書 全四冊
キリストにならいて トマス・ア・ケンピス 大沢章 呉茂一訳
聖アウグスティヌス 告白 全二冊 服部英次郎訳
アウグスティヌス 神の国 全五冊 服部英次郎 藤本雄三訳
新訳 キリスト者の自由・聖書への序言 マルティン・ルター 石原謙訳
キリスト教と世界宗教 シュヴァイツェル 鈴木俊郎訳
カルヴァン小論集 波木居斉二編訳
聖なるもの オットー 久松英二訳
コーラン 全三冊 井筒俊彦訳

エックハルト説教集 田島照久編訳
ムハンマドのことば ハディース 小杉泰編訳
新約聖書外典 ナグ・ハマディ文書抄 荒井献 大貫隆 小林稔 筒井賢治 編訳
後期資本主義における正統化の問題 ハーバーマス 山田正行・金慧訳
シンボルの哲学 —理性、祭礼、芸術のシンボル試論 S・K・ランガー 塚本明子訳
ジャック・ラカン 精神分析の四基本概念 全二冊 ジャック＝アラン・ミレール編 小出浩之 新宮一成 鈴木國文 小川豊昭 訳
精神と自然 生きた世界の認識論 グレゴリー・ベイトソン 佐藤良明訳
精神の生態学へ 全三冊 グレゴリー・ベイトソン 佐藤良明訳
人間の知的能力に関する試論 全二冊 トマス・リード 戸田剛文訳
開かれた社会とその敵 全四冊 カール・ポパー 小河原誠訳

《歴史・地理》〔青〕

- 新訂 魏志倭人伝・後漢書倭伝・宋書倭国伝・隋書倭国伝 —中国正史日本伝1　石原道博編訳
- 新訂 旧唐書倭国日本伝・宋史日本伝・元史日本伝 —中国正史日本伝2　石原道博編訳
- ヘロドトス 歴史 全三冊　松平千秋訳
- トゥーキュディデース 戦史 全三冊　久保正彰訳
- ガリア戦記　カエサル 近山金次訳
- タキトゥス 年代記 —ティベリウス帝からネロ帝へ 全二冊　国原吉之助訳
- ランケ 世界史概観 —近世史の諸時代　鈴木成高・相原信作訳
- ランケ自伝　林健太郎訳
- 歴史における個人の役割　プレハーノフ 木原正雄訳
- 古代への情熱 —シュリーマン自伝　シュリーマン 村田数之亮訳
- 大君の都 —幕末日本滞在記 全三冊　オールコック 山口光朔訳
- アーネスト・サトウ 一外交官の見た明治維新 全二冊　坂田精一訳
- ベルツの日記 全二冊　トク・ベルツ編 菅沼竜太郎訳
- 武家の女性　山川菊栄
- インディアスの破壊についての簡潔な報告　ラス・カサス 染田秀藤訳
- ラス・カサス インディアス史 全七冊　長南実訳 石原保徳編

- インディアスの破壊をめぐる賠償義務論 —十二の疑問に答える　ラス・カサス 染田秀藤訳
- コロンブス 全航海の報告　林屋永吉訳
- 大森貝塚 —付 関連史料　E・S・モース 近藤義郎・佐原真編訳
- ナポレオン言行録　オクターヴ・オブリ編 大塚幸男訳
- 中世的世界の形成　石母田正
- 日本の古代国家　石母田正
- 平家物語 他六篇　石母田正 高橋昌明編
- クリオの顔 —歴史随想集　E・H・ノーマン 大窪愿二編訳
- 日本における近代国家の成立　E・H・ノーマン 大窪愿二訳
- 旧事諮問録 —江戸幕府役人の証言 全二冊　旧事諮問会編 進士慶幹校注
- ローマ皇帝伝 全二冊　スエトニウス 国原吉之助訳
- アリランの歌 —ある朝鮮人革命家の生涯　ニム・ウェールズ キム・サン 松平いを子訳
- さまよえる湖 全二冊　ヘディン 福田宏年訳
- 老松堂日本行録 —朝鮮使節の見た中世日本　宋希璟 村井章介校注
- 十八世紀パリ生活誌 —タブロー・ド・パリ 全二冊　メルシエ 原宏編訳
- ヨーロッパ文化と日本文化　ルイス・フロイス 岡田章雄訳注
- ギリシア案内記 全二冊　パウサニアス 馬場恵二訳

- オデュッセウスの世界　フィンリー 下田立行訳
- 東京に暮す —一九二八〜一九三六　キャサリン・サンソム 大久保美春訳
- ミカド —日本の内なる力　W・E・グリフィス 亀井俊介訳
- 増補 幕末百話　篠田鉱造
- 幕末明治 女百話 全二冊　篠田鉱造
- 日本中世の村落　清水三男 大山喬平・馬田綾子校注
- トゥバ紀行　メンヒェン=ヘルフェン 田中克彦訳
- 徳川時代の宗教　R・N・ベラー 池田昭訳
- ある出稼石工の回想　マルタン・ナド 喜安朗訳
- 革命的群衆　G・ルフェーヴル 二宮宏之訳
- 植物巡礼 —プラント・ハンターの回想　F・キングドン-ウォード 塚谷裕一訳
- 日本滞在日記 —一八〇四—一八〇五　レザーノフ 大島幹雄訳
- モンゴルの歴史と文化　ハイシッヒ 田中克彦訳
- 歴史序説 全四冊　イブン=ハルドゥーン 森本公誠訳
- ダンピア 最新世界周航記 全二冊　平野敬一訳
- ローマ建国史 全三冊(既刊上巻)　リーウィウス 鈴木一州訳
- 元治夢物語 —幕末同時代史　馬場文英 徳田武校注

岩波文庫の最新刊

ライプニッツ著／佐々木能章訳

形而上学叙説 他五篇

中期の代表作『形而上学叙説』をはじめ、アルノー宛書簡などを収録。後年の「モナド」や「予定調和」の萌芽をここに見る。七五年ぶりの新訳。

〔青六一六-三〕 **定価一二七六円**

ルートヴィヒ・ボルツマン著／稲葉肇訳

気体論講義(下)

気体は熱力学に支配され、分子は力学に支配される。下巻においてボルツマンは、二つの力学を関係づけ、統計力学の理論的な基礎づけも試みる。(全二冊)

〔青九五九-二〕 **定価一四三〇円**

若松英輔編

八木重吉詩集

近代詩の彗星、八木重吉(一八九八―一九二七)。生への愛しみとかなしみに満ちた詩篇を、『秋の瞳』『貧しき信徒』、残された「詩稿」「訳詩」から精選。

〔緑二三六-一〕 **定価一一五五円**

ゲルツェン著／金子幸彦・長縄光男訳

過去と思索(六)

亡命先のロンドンから自身の雑誌《北極星》や新聞《コロコル》を通じて、「自由な言葉」をロシアに届けるゲルツェン。人生の絶頂期を迎える。(全七冊)

〔青N六一〇-七〕 **定価一五〇七円**

……今月の重版再開……

ゴーゴリ作／平井肇・横田瑞穂訳

死せる魂(上)(中)(下)

〔赤六〇五-四〜六〕 **定価(上)八五八、(中)七九二、(下)八五八円**

定価は消費税10％込です　2025.2